LA RÉVOLUTION FRANÇAISE ET LES PAUVRES

DU MEME AUTEUR

Society and Politics in Revolutionary Bordeaux, Oxford University Press, 1981.

La Désertion en France sous la Révolution et l'Empire.

ALAN FORREST

LA RÉVOLUTION FRANÇAISE ET LES PAUVRES

Traduit de l'anglais par Marie-Alix Revellat

Librairie Académique Perrin
8, rue Garancière
PARIS

Titre original :

The French Revolution and the Poor

ISBN Edition originale, Basil Blackwell Publisher Ltd, Oxford : 0-631610371-6

ISBN 2-262-00410-2

Remerciements

Je tiens à remercier un certain nombre de collègues et d'amis qui m'ont aidé dans la mise au point de cet ouvrage. Dans sa conception, il doit beaucoup à la fois à Richard Cobb, dont la sollicitude à l'égard des petites gens et la saine méfiance à l'égard de la bureaucratie m'ont particulièrement inspiré, et à Olwen Hufton dont les travaux sur les pauvres de la France de l'Ancien Régime ont tellement contribué à réveiller l'intérêt de nos contemporains pour l'histoire de la misère et de la charité. Je ne puis exprimer ma gratitude à tous ceux qui m'ont assisté dans mes recherches. Qu'il me soit néanmoins permis de citer tout particulièrement Colin Jones, de l'université d'Exeter, qui a bien voulu me faire profiter de ses vastes connaissances sur l'assistance à Montpellier et dans le département de l'Hérault ; George Sussman, qui m'a envoyé ses articles encore inédits sur l'allaitement et les soins donnés aux enfants au XVIIIe siècle ; et Jean Paul Bertaud, de l'université de Paris-I, qui m'a apporté une aide efficace en ce qui concerne les questions de recrutement militaire. Grâce à l'hospitalité de Jonathan Dalby et à sa connaissance intime des archives du Cantal, j'ai découvert des matériaux précieux sur la conscription à Aurillac. Jean-Pierre Gutton de l'université de Lyon-II et René Lacour, ancien archiviste du Rhône, m'ont apporté leur concours pour la région de Lyon, région qui a fourni un fort pourcentage des documents locaux insérés dans ce livre. C'est surtout au cours de brefs séjours dans des villes de province que la complaisance des archivistes locaux m'a été d'un grand secours. Je me rappelle avec un plaisir tout particulier mes heures de lecture nocturnes clandestines dans des endroits aussi invraisemblables que la mairie de Bourges et la chambre de commerce de La Rochelle. A Londres, j'ai infiniment apprécié le chaleureux accueil de Geraint et Janice Thomas pendant mes multiples incursions à la British Library. Enfin, il importe de signaler les subventions que m'ont généreusement accordées la British Academy, le Sir Ernest Cassel Educational Trust et l'université de Manchester, ce qui m'a permis d'entreprendre ou de compléter les diverses recherches qui ont servi à la préparation de ce livre.

Alan Forrest.

Avant-propos pour l'édition française

A première vue, l'idée de chercher du côté des pays anglo-saxons un ouvrage général concernant l'impact social de la Révolution française sur les pauvres peut paraître surprenante. Cependant, cette démarche n'est pas illogique si l'on considère les tendances prépondérantes des historiographies française et britannique au cours des deux dernières décennies. Les récentes études françaises traitant de la Révolution ont un ton éminemment politique. Elles s'intéressent d'abord au sens politique de la Révolution et à sa place dans le développement de l'idéologie de l'Europe contemporaine. En conséquence, l'histoire sociale est plutôt réduite à un rôle de support.

Certes, cette tendance générale comporte de remarquables exceptions, tels l'ouvrage d'Albert Soboul sur les sans-culottes et ceux de Raymonde Monnier et de Haim Burstin sur les faubourgs révolutionnaires et leur tissu social pendant les années 1790. Pourtant, là aussi, c'est l'activité politique des faubourgs qui représente le centre d'intérêt. C'est également à cause de leur contexte politique que Mona Ozouf et d'autres ont mis en lumière l'importance historique des fêtes révolutionnaires.

En dépit de ces études novatrices, en dépit d'une multitude de travaux régionaux, l'histoire des années 1790 est, dans une large mesure, celle d'un mouvement politique. L'impact social de la Révolution reste dans l'ombre, sans doute parce que la décennie révolutionnaire s'intègre assez difficilement dans l'histoire de longue durée — une décennie au cours de laquelle les politiciens aspirent à changer des pratiques et des mentalités séculaires à la faveur d'initiatives législatives alors que les contraintes de l'histoire sociale sont violemment ébranlées par les discours et les prétentions des politiciens. C'est pourquoi rares sont les écrits qui concernent la politique sociale révolutionnaire et surtout ses effets sur la vie des pauvres — une catégorie qui reste très marginale pendant la Révolution bien que certains droits politiques lui soient conférés au nom de la citoyenneté.

La période fertile de la fin du siècle a produit des historiens éminents de la charité et de l'assistance, notamment Bloch et Tuetey, Adher et Bouchet, Lallemand et Parturier, Paultre et, un peu plus tard, Henri Sée. Cependant, ils s'attachent davantage à l'histoire des institutions charitables qu'à l'histoire des pauvres en tant que tels, dans la mesure où ils enferment leur sujet dans un cadre assez rigide, autrement dit, ils font passer les intentions législatives avant les effets sociaux.

Par contraste, des études récentes sur l'ensemble du XVIIIe siècle ont ouvert une voie nouvelle à l'histoire des pauvres et de la pauvreté. Contrairement à l'histoire de la Révolution, celle de l'Ancien Régime n'a fait l'objet d'aucune restriction dans ce domaine. En ce qui concerne cette dernière période, l'histoire s'est écartée des sentiers étroits imposés par l'étude des institutions et elle a tenté avec un succès éclatant de placer les pauvres, les illettrés, la majorité contrainte au silence, dans la structure de leur société.

Des études sociales régionales sur la Bourgogne, le Massif Central, la Provence et d'autres régions ont permis d'intéger la question de la pauvreté dans son contexte social et de la considérer comme un problème saisonnier et démographique dont l'évolution est fonction des résultats de l'année agricole. Des historiens tels que Jean-Pierre Gutton, François Lebrun, ou Michel Vovelle qui ont étudié respectivement la charité dans le Lyonnais, la mort en Anjou, la piété populaire et ses rapports avec le don des aumônes en Provence nous ont grandement éclairés sur la situation des pauvres et sur la culture qui les a engendrés. De même, tous ceux qui s'intéressent à la question de la pauvreté au XVIIIe siècle ne peuvent manquer de tirer profit de la lecture des ouvrages d'Yves Castan sur les relations sociales en Languedoc, de

Nicole Castan sur les procès criminels jugés par les cours du Toulousain, de Jean-Pierre Goubert sur la médecine populaire en Bretagne rurale ou de Michel Foucault sur la psycho-histoire des attitudes de la société à l'égard de la prison et de la répression judiciaire. Je ne cite ces auteurs qu'à titre d'exemple — car l'inventaire pourrait être beaucoup plus long — pour indiquer la richesse et la variété des lignes d'enquête qui nous ont aidés à apprécier la place des pauvres dans leur communauté locale, les épreuves économiques et climatiques qu'ils ont subies, les choix limités qui leur étaient offerts s'ils voulaient survivre à une mauvaise récolte ou à un hiver rigoureux.

C'est ainsi que les pauvres du XVIIIe siècle ont émergé de leur silence forcé pour prendre une identité à la fois plus riche et plus nuancée que celle que leur conféraient les étiquettes bureaucratiques dont les administrateurs les affublaient — indigents, mendiants, vagabonds, pauvres valides et ainsi de suite. Les travaux en question ont fourni de précieuses indications sur les attitudes sociales de l'époque, celles des pauvres eux-mêmes et celles de la société respectable confrontée aux problèmes et dilemmes de la misère. Comme les attitudes sociales ne changent que très progressivement — malgré les espoirs des optimistes de la France révolutionnaire —, les perceptions offertes par les « dix-huitiémistes » éclairent assez bien la situation des pauvres au cours des années 1790 dans la France de Mirabeau et même de Robespierre.

Si cette histoire novatrice ne s'est que très peu concentrée sur la Révolution, c'est sans doute parce que les développements des années 1790 évoluent par nécessité sous le couvert de la direction gouvernementale et de l'économie d'assistance. Les politiques révolutionnaires insistent sur le fait que leur rôle s'étend bien au-delà de l'action de la monarchie des Bourbons. En outre, la charge et la police des pauvres semblent présenter à leurs yeux un intérêt primordial — car l'assistance a toujours été une arme à double tranchant. Pendant un bref intervalle le social est absorbé par le politique. Après 1790, le centre d'intérêt se déplace de la communauté locale vers le centre, de la coutume séculaire vers les tentatives frénétiques du gouvernement pour balayer la coutume au nom sacré de la bienfaisance. C'est sûrement l'une des raisons principales pour lesquelles tant d'études sociales se terminent à la veille de la Révolution, réservant aux années 1790 une forme d'analyse plus politique.

A mon avis, la séparation entre l'Ancien Régime et la Révolution a marqué l'historiographie française plus fortement que celle du monde anglophone — en partie peut-être parce que, ni en Angleterre ni aux Etats-Unis, il n'existe de distinction pédagogique entre les sphères rivales de l'histoire moderne et de l'histoire contemporaine.

Si les Anglo-Saxons n'ont produit que peu d'ouvrages capables de rivaliser avec les grandes thèses sociologiques qui ont tellement rehaussé le prestige de l'historiographie française du XVIIIe siècle, ils se sont concentrés sur l'histoire de la Révolution proprement dite. Inspirés en particulier par Richard Cobb, les chercheurs anglais des quelque vingt dernières années ont soumis la Révolution à une dissection intensive, la considérant comme un creuset dans lequel les tensions sociales et régionales font surface et adoptent une identité politique. Ces recherches ont été largement empiriques — ce qui est peut-être le reflet à la fois des forces et des faiblesses de la tradition historiographique anglaise — et tendent à laisser les problèmes dialectiques de côté.

De nouvelles questions peuvent se poser, de nouvelles méthodes peuvent être mises au point en fonction de l'époque mais l'œuvre historique reste enracinée dans les témoignages d'archives et, le plus souvent, dans les documents des dépôts départementaux et communaux.

Le présent ouvrage découle de cette tradition, bien qu'il soit conçu comme une étude d'ensemble illustrée par des exemples locaux et non comme une thèse ou une monographie. L'auteur s'est, par un choix délibéré, abstenu de l'emprisonner dans la rigueur de la thèse pour essayer de projeter une image plus large de l'impact social créé par le bouleversement révolutionnaire. Il espère que ce livre pourra constituer un guide général de l'œuvre législative des gouvernements successifs des années 1790.

Il est fondé pour l'essentiel sur les matériaux d'archives et accorde plus d'importance aux effets de la législation sur les provinces françaises qu'au panégyrique des chefs politiques de Paris. Il n'est en aucun cas destiné à servir de substitut au *Bulletin des Lois*, ou d'anthologie des discours politiques publiés dans les pages du *Moniteur*.

Depuis 1981, date de la parution de ce volume, l'intérêt

qu'inspirent la charité et l'histoire des pauvres n'a nullement faibli, comme le montrent les écrits récents sur les gens de maison et leur statut, ou la publication en 1982 de l'excellente monographie de Colin Jones sur la charité et la bienfaisance dans la région de Montpellier (Cambridge University Press). Cependant, pour la période révolutionnaire elle-même, il me semble que les grandes lignes de cette étude restent valables. C'est pourquoi je me suis contenté de quelques corrections relativement mineures pour l'édition française et d'additifs limités à la bibliographie initiale.

Introduction

La France révolutionnaire se propose des objectifs très élevés dans le domaine de la politique sociale, et c'est par rapport à ces objectifs qu'il convient d'en juger le bilan. S'il faut en croire les déclarations de ses chefs politiques, la Révolution tend à rien moins qu'à la suppression de la pauvreté et au remplacement de toute charité privée par un ambitieux système d'assistance publique. Dès le début, le gouvernement a pris l'audacieuse initiative de créer un Comité de Mendicité chargé d'enquêter sur les incidences de l'indigence et de suggérer les remèdes efficaces qui pourraient être adoptés. Les rapports de ce Comité constituent l'une des sources principales des historiens de cette période car ils ont fait l'objet de recherches méticuleuses et représentent une tentative honnête en vue de quantifier le problème. Ils exposent aussi le point de vue fondamental qui sera partagé par les administrations révolutionnaires tout au moins jusqu'à la chute de Robespierre en juillet 1794 — à savoir que toute solution devra être fournie par l'Etat au moyen de la législation et des finances nationales. Cet ouvrage se propose d'examiner les mesures adoptées et d'évaluer leur impact sur la vie des pauvres et sur les institutions qui s'occupent d'eux.

Il est certain que la Révolution se doit d'assumer la responsabilité des pauvres : la perte progressive de la piété au cours du siècle précédent, la réduction des aumônes dans les églises paroissiales, la disparition des donations et des legs charitables, tout conspire à rendre la base traditionnelle de l'assistance cléricale de plus en plus aléatoire [1]. Déjà, au cours des vingt dernières années de l'Ancien Régime, les gouvernements royaux se sont vus contraints de jouer un rôle inhabituel et inopportun, autrement dit d'offrir des secours aux établissements charitables locaux menacés de faillite et d'extinction. Dans son étude sur la charité à Aix-en-Provence, Cissie Fairchilds souligne qu'à partir de 1760 la charité privée traditionnelle à motivations religieuses, dont les pauvres sont tributaires depuis si longtemps, est déjà pratiquement inexistante :

> En France, la période comprise entre 1760 et 1789 marque les premiers pas hésitants vers la naissance d'un système d'assistance publique, moderne, séculier, subventionné par l'Etat. Les années de crise financière avaient révélé l'inefficacité de la charité traditionnelle alors que le changement des mentalités associé à une diminution de la foi de plus en plus généralisée avait ôté au problème de la pauvreté son caractère religieux [2].

En conséquence, les auteurs des Lumières préconisent déjà une intervention énergique de l'Etat, bien que les administrations royales n'aient jamais été préparées à entreprendre des réformes radicales ni à accepter que l'assistance aux pauvres entre dans le cadre des attributions normales de l'Etat. D'ailleurs, au cours des années 1780, les gouvernements de Louis XVI se débattent dans des difficultés budgétaires inextricables et ne sont pas en mesure d'assumer des obligations financières supplémentaires. C'est donc à la Révolution qu'il appartiendra de mettre au point les réformes plus ou moins cohérentes déjà introduites par le mouvement des Lumières.

En 1789, il semble évident que le système d'assistance en vigueur ait cessé de fonctionner et que les souffrances des pauvres aient atteint un seuil intolérable. La nature et l'étendue de ces souffrances sont brièvement exposées dans le premier chapitre, afin que le lecteur ait un aperçu de la situation qui régnait avant la Révolution. Néanmoins, il devra se reporter à l'excellent ouvrage d'Olwen Hufton, *The Poor of Eighteenth-Century France* pour compléter ses connaissances sur la misère sous l'Ancien Régime.

Cet exposé devrait donner une idée de l'importance du problème auquel le XVIIIe siècle doit faire face. Il montre aussi que, même sans la perspective d'une révolution politique en 1789, une réforme immédiate et radicale s'impose. L'auteur n'a certes pas l'intention d'ajouter sa voix au chœur des historiens catholiques de la charité révolutionnaire — au premier rang desquels se range Lallemand [3] — qui s'efforcent de prouver que les problèmes des années 1790 découlent de l'intervention des révolutionnaires impies dans le fonctionnement régulier du système clérical dont des générations de Français ont bénéficié. Il était urgent de changer le système, d'autant plus que durant les premiers mois de la Révolution les droits féodaux restent impayés et que la Constitution civile du clergé élimine toutes les autres possibilités de secours charitables.

Il ne s'agit pas de savoir si la réforme est nécessaire mais si les solutions spécifiques apportées par la législation révolutionnaire sont appropriées ou efficaces, si une solution imposée à l'échelon national peut être positive alors que la pauvreté est, de par sa nature même, diffuse et régionalisée. Les législateurs sont bien mieux informés de l'étendue et de la nature de la pauvreté que ne l'étaient leurs prédécesseurs. Ils comprennent qu'il n'y a pas un problème général de la misère mais des problèmes de vieillesse et de maladie, de chômage et d'accidents de travail, de malnutrition et de mort prématurée.

Les pauvres sont classés par catégories et leurs besoins sont traités dans un torrent de lois et de mémoires, mais jusqu'à quel point cette réglementation est-elle applicable dans la pratique ? Les solutions qui conviennent à Paris sont-elles également appropriées aux Basses-Pyrénées ou au Pas-de-Calais ? Dans quelle mesure les pauvres en ont-ils réellement bénéficié ?

Ces questions nécessitent des réponses ponctuelles et ce sont ces réponses que la majeure partie de ce livre se propose de fournir. Le choix de la période, de 1789 à l'an VIII ou à l'an IX, est délibéré bien que quelque peu arbitraire en ce sens qu'à la fin de cette époque les grandes expériences des années révolutionnaires sont terminées ; déjà s'est opéré un retour à des formes de secours et à des ressources financières plus traditionnelles.

C'est aussi par un choix délibéré que j'insiste sur les exemples locaux et les études de cas, sans doute parce que je porte sur la Révolution le regard du provincial qui se méfie des panacées parisiennes, et surtout parce que je suis convaincu que c'est dans les provinces que le véritable impact de la législation sur la vie des gens doit être évalué. Paris est le centre des politiciens, ce qui lui permet d'exposer directement ses griefs et ses doléances aux autorités en place dans les sections et à la Commune. La situation est toute différente à Marseille ou à Mende et si les départements ont tendance à exagérer leurs privations pour forcer l'attention de la Convention, c'est néanmoins par les minutes et la correspondance de leurs hôpitaux et bureaux de bienfaisance que les effets des mesures révolutionnaires peuvent être le mieux appréciés.

J'ai donc réduit au strict minimum l'espace réservé aux lois et décrets étant donné que le texte de ces réformes est accessible ailleurs [4]. Je me suis concentré de préférence sur les documents locaux et les rapports des départements, à la fois dans la série F^{15} des Archives nationales et dans les archives départementales et municipales de plus d'une douzaine de départements. Les matériaux des hôpitaux sont particulièrement précieux dans le cas de Lyon, où les archives de l'hôtel-Dieu ont été conservées. Je me suis également penché sur de nombreuses études locales relatives aux œuvres de bienfaisance ou aux hôpitaux dans certains départements et villes : dans de tels ouvrages l'analyse couvre souvent une longue période de l'Ancien Régime, ce qui m'a permis de mieux comprendre le contexte à l'intérieur duquel opéraient les législateurs révolutionnaires [5].

Un dernier mot complétera cette introduction. Considérant que le rôle du gouvernement est de secourir les membres de la communauté incapables de conjurer le spectre de la pauvreté par eux-mêmes, il est logique que la Révolution ait dénigré le concept de charité. La législation sociale et les mesures d'assistance résident au centre de toutes les discussions sur l'action du gouvernement, elles forment le noyau de la politique gouvernementale à l'égard des pauvres.

Cependant, à mesure que la Révolution progresse, il est un autre domaine de la politique gouvernementale qui a un impact immédiat sur la vie des pauvres — une guerre en Europe avec toutes les charges et réquisitions qu'elle comporte. Les Français moyens qui ne sont guère affectés par l'ensemble des réformes politiques se trouvent bientôt obligés de servir dans l'armée, de quitter leurs familles, de renoncer à tout espoir d'acquérir la petite propriété qui peut garantir leur sécurité future, de dépendre entièrement du gouvernement pour leur salaire, leur pension et leur gagne-pain.

Alors que les luttes politiques entre Girondins et Jacobins laissent la plupart des pauvres indifférents, alors que la Terreur passe à côté d'eux, la guerre et ses exigences constantes affectent d'une manière intime et souvent tragique leur existence. C'est pourquoi l'impact de la Révolution sur les pauvres ne peut être considéré uniquement en termes de législation de bienfaisance, sans une certaine analyse des effets de la guerre sur leur vie quotidienne. Vers l'an II, les impératifs de la guerre s'imposent à l'esprit des familles ordinaires de l'hexagone, c'est-à-dire à ces mêmes individus qui sont censés bénéficier des réformes sociales du gouvernement. A leurs yeux, ces impératifs peuvent même constituer la partie essentielle de l'expérience révolutionnaire.

Note sur le calendrier révolutionnaire

Dans le cadre du processus de déchristianisation, les autorités révolutionnaires cessent d'utiliser le calendrier grégorien à partir de septembre 1793 et le remplacent par un autre de leur invention qui reste en usage pendant une grande partie de l'Empire. L'année révolutionnaire est divisée en douze mois de trente jours et le mois en trois décades.

Le tableau suivant donne les dates qui correspondent dans les deux calendriers pour l'an II.

AN II

MOIS	ÉQUIVALENT GRÉGORIEN	
Vendémiaire	22 septembre	— 21 octobre 1793
Brumaire	22 octobre	— 20 novembre 1793
Frimaire	21 novembre	— 20 décembre 1793
Nivôse	21 décembre 1793	— 19 janvier 1794
Pluviôse	20 janvier	— 18 février 1794
Ventôse	19 février	— 20 mars 1794
Germinal	21 mars	— 19 avril 1794
Floréal	20 avril	— 19 mai 1794
Prairial	20 mai	— 18 juin 1794
Messidor	19 juin	— 18 juillet 1794
Thermidor	19 juillet	— 17 août 1794
Fructidor	18 août	— 16 septembre 1794

Comme l'année révolutionnaire ne se compose que de trois cent soixante jours, les cinq qui restent sont comptés comme jours complémentaires. Par exemple :

Le 20 juillet 1794 devient le 2 thermidor an II ;

le 19 septembre devient le troisième jour complémentaire de l'an II.

1

Les pauvres dans la France du XVIIIe siècle

La Révolution française n'a pas créé les pauvres, bien que la pauvreté ait pu être exacerbée par un certain nombre de ses actions et initiatives politiques. Les pauvres des années révolutionnaires ne sont pas non plus très différents des hommes et femmes qui ont souffert de privations et de malnutrition sous l'Ancien Régime. Les « pauvres de la Révolution » ne constituent pas un phénomène social qui puisse être isolé après 1789.

Comme le démontre Ernest Labrousse, il est probable que le sort des membres les plus vulnérables de la société est devenu plus précaire dans la seconde moitié du siècle et que la hausse des prix dépasse nettement l'augmentation des salaires tandis que la pression démographique oblige les fils cadets et les métayers les plus pauvres à renoncer à leur espoir d'acquérir un statut indépendant [1]. Cependant, la misère, telle que la voient à la fois les autorités et les pauvres en général, est un problème de longue date.

L'excellente étude de Jean-Pierre Gutton sur les Lyonnais met en lumière la continuité dans les attitudes, les craintes et les aspirations sous-jacentes à toute la question de la pauvreté entre le milieu du XVIe siècle et la veille de la Révolution [2]. Aussi courageuses qu'aient pu être les intentions des révolutionnaires, ils doivent eux aussi faire face aux opinions profondément enracinées et aux traditions de la campagne française. Il est donc indispensable que toute histoire de la politique sociale révolutionnaire se place dans cette perspective plus vaste. C'est pourquoi, au lieu de commencer cette étude par un examen des philosophies sociales ou des programmes législatifs, je préfère l'aborder par un bilan de la situation des pauvres et des problèmes séculaires qui dominent leur vie quotidienne.

Qui sont les pauvres auxquels les autorités révolutionnaires consacrent tant de soins et d'énergie ?

Comme le Comité de Mendicité de 1790-1791 ne le découvrira que trop nettement il n'est pas facile de répondre à cette question avec des statistiques [3], car les gouvernements du XVIIIe siècle, y compris ceux des années révolutionnaires — en dépit de leur enthousiasme pour les recensements — ne tiennent pas de statistiques précises. Pas plus les autorités locales que le gouvernement national ne possèdent le personnel ni les moyens administratifs nécessaires pour établir de telles statistiques. D'ailleurs, un travail de ce genre aurait dépassé la sphère d'activités limitée des gouvernements de l'Ancien Régime.

L'imprécision de nos informations concernant les pauvres est également le reflet de la nature vague des pauvres eux-mêmes. A une époque dépourvue d'une bureaucratie telle que nous la connaissons aujourd'hui, ou de points de repère comme ceux que suggèrent Beveridge ou Rowntree, comment peut-on établir qui est pauvre et qui ne l'est pas ? Quelle unité de mesure les contemporains — ou les historiens de cette période — peuvent-ils appliquer ?

Questionnés sur le nombre des pauvres de leur paroisse, les prêtres locaux ne peuvent que hasarder un chiffre qui varie en fonction de leur conception subjective de la pauvreté. Plus mathématique mais guère plus précise est l'hypothèse selon laquelle les registres de la capitation peuvent fournir une réponse définitive puisqu'ils supposent une permanence et une continuité de la pauvreté qui ne tient aucun compte des incertitudes de la vie quotidienne. Pourtant, comme l'a démontré Olwen Hufton, c'est précisément vers de tels matériaux que les historiens sont obligés de se tourner pour la plupart de leurs informations [4].

Il est vrai que le pauvre ordinaire est trop souvent muet et passif. Il semble accepter son sort sans récrimination, car il ne laisse aucune trace semblable aux lettres ou aux mémoires qui ont permis à d'autres groupes de société d'imprimer leur caractère et leurs aspirations dans les écrits historiques. Il n'émerge de l'obscurité que lorsqu'il enfreint la loi, ou qu'il tombe malade et est inscrit sur les registres de l'hôpital local ou du dépôt de mendicité. C'est toujours à travers les yeux des autorités que nous le voyons, un objet de crainte et de répulsion, d'inquiétude et de compassion.

Avant que les récentes recherches du professeur Hufton aient contribué à arracher les pauvres à leur triste sort, ils sont, d'une manière presque invariable, présentés non comme des personnes à part entière mais comme des objets de charité, éventuellement passibles de poursuites, comme les instruments et non les artisans de l'histoire du XVIIIe siècle.

Il est donc très difficile d'appliquer à la France de cette époque des définitions précises qui pourraient satisfaire les spécialistes des sciences sociales. Il en résulte que le concept de pauvreté doit rester assez impressionniste. Nous n'avons pas une idée exacte du nombre de Français pauvres, mais nous savons que leur proportion varie considérablement en fonction de la qualité de la moisson et de la rigueur des hivers.

Dans son cinquième rapport, le Comité de Mendicité fait une première tentative pour assigner un nombre exact d'indigents aux différentes régions du pays, bien que l'absence de déclarations de quotas dans certaines provinces ne facilite pas les calculs. Néanmoins, les conclusions du Comité sont consternantes : la proportion des pauvres est en effet de un sur sept à Soissons, de un sur six à Montauban et de un sur dix à Metz [5]. La Rochefoucault-Liancourt, président du Comité, est tellement surpris par ces statistiques qu'il est tenté de croire que les autorités locales ont exagéré l'étendue du problème afin d'inciter le gouvernement à agir.

Des recherches récentes semblent accorder plus de crédit à ces chiffres calomniés, et les historiens contestent l'exactitude de l'assertion, formulée au XVIIIe siècle, selon laquelle les pauvres forment une classe à part, isolée du reste de la société. Les ouvrages de spécialistes comme Pierre de Saint-Jacob en Bourgogne et Jean-Pierre Gutton dans le Lyonnais montrent que la pauvreté peut, du moins provisoirement, frapper un large éventail de la population locale en cas de maladie et de chômage. Loin de former une classe distincte, la majorité des indigents est constituée par des familles ordinaires bien intégrées dans la société locale, provisoirement obligées de recourir à des expédients pour ne pas mourir de faim [6].

Dans son étude sur Bayeux, Olwen Hufton estime qu'un individu sur cinq dépend d'une forme d'assistance ou d'une autre pour survivre [7]. Mes propres travaux sur Bordeaux m'ont porté à croire qu'en période de crise cyclique, même dans l'une des régions les plus prospères de la France de l'Ancien Régime, la proportion des indigents n'est guère inférieure à cette évaluation [8]. La menace de l'indigence plane donc à tout moment sur un pourcentage substantiel des Français, de la ville comme de la campagne.

Dans une telle société, la peur existe à l'état endémique. Les gens du peuple ont peur de perdre leur indépendance, peur d'être privés de tout moyen de gagner le simple minimum vital indispensable, autrement dit peur de perdre leur emploi puisque le chômage est synonyme d'indigence dans la majorité des cas. La plupart des gens ne connaissent ni le luxe ni la richesse et, même en période de plein emploi, la pauvreté est la norme. Le chômage, même saisonnier ou provisoire, prend les proportions d'un désastre majeur rompant l'équilibre précaire maintenu entre une pauvreté acceptée comme inévitable et une misère écrasante.

Les contemporains semblent d'accord sur le fait qu'avant l'époque où les allocations de chômage sont prévues ceux qui travaillaient n'avaient pas grand-chose à craindre. Ce qui hante la plupart des gens c'est la menace constante de la privation du salaire qui permet au travailleur de faire vivre sa famille. A Lyon, un commentateur du XVIIIe siècle résume brutalement la situation de l'artisan ou de l'ouvrier rural : « Il faut qu'il travaille ou qu'il mendie [9]. » Tant de Français sont vulnérables dans les décennies qui précèdent la Révolution parce qu'il leur est facile de perdre la sécurité que seul un travail régulier peut fournir. A la campagne, pendant les mois d'hiver où la demande en main-d'œuvre est faible, la baisse des revenus est catastrophique. Les citadins ne sont pas plus en sécurité. Dans bien des cas, le schéma de l'emploi des villes françaises est trop rigide, une grande partie de la main-d'œuvre ne dépendant que d'une seule industrie, la soie à Lyon ou la meunerie à Toulouse, et la récession dans ces métiers peut entraîner une misère générale [10].

La distinction entre ville et campagne est beaucoup moins

nette qu'elle ne l'est aujourd'hui, car de nombreux citadins mènent une vie essentiellement agricole et les périphéries urbaines, aux limites incertaines, se fondent dans les hameaux de leur arrière-pays. Richard Cobb a effectué une étude minutieuse des liens qui unissent Paris à ses provinces [11]. Au XVIIIe siècle des rapports semblables relient toutes les grandes villes françaises. L'urbanisation en est encore à son premier stade et, même dans des villes comme Lyon et Bordeaux, de nombreuses familles dépendent toujours de la production primaire pour survivre. A Lyon, par exemple, des banlieues comme Vaise, La Guillotière, Les Brotteaux et les villages éloignés de la Croix-Rousse sont abandonnés à de petits propriétaires, maraîchers et charretiers qui apportent leurs produits aux marchés des villes. Il est certain que ces producteurs sont aussi vulnérables que les paysans qui travaillent aux champs dans le Lyonnais et la Bresse.

Cette vulnérabilité est encore accrue par les vicissitudes du climat. Le mauvais temps peut anéantir tous les efforts du paysan en quelques heures. Comme l'indique François Lebrun dans son ouvrage sur les mentalités rurales en Anjou, le temps peut avoir des effets tyranniques : le paysan souhaite une pluie abondante au printemps et au début de l'été, suivie par un chaud soleil pour la moisson et les vendanges. Une année de grande sécheresse comme 1719 ou 1785 ruine la récolte de lin qui est vitale pour de nombreuses familles de la région alors que les gelées, redoutées à juste titre par la communauté paysanne, attaquent le blé [12].

Les fermiers ont appris à faire face aux gelées d'hiver, ce sont les anomalies dans la distribution des saisons qui entraînent des désastres dans toute la communauté. Ainsi, un hiver pluvieux est générateur de récoltes pourries qui provoquent de graves maladies et souvent même la mort pour les consommateurs ; le seigle ergoté inspire une terreur superstitieuse dans certaines régions comme la Sologne [13].

Le temps peut avoir des effets encore plus catastrophiques sur une population qui est toujours à sa merci. La foudre frappe sans avertir au cours de ces orages électriques intenses si caractéristiques en Auvergne et dans le Midi. En 1782, à Saint-Martin-de-la-Place en Anjou, la foudre tue six paysans dans le même champ [14]. Les inondations aussi sont des phénomènes courants et les noyades sont fréquentes dans les fleuves et rivières en crue qui sont à la fois des sources de subsistance et des moyens de transport. Pont-de-Montvert est l'une de ces communes typiques qui ne sont jamais à l'abri des inondations quand le Tarn impétueux sort de son lit comme il l'a fait une nuit d'août 1697. Antoine Velay rapporte la scène dans son Journal :

> A deux heures du matin après une journée de pluie il y a eu des trombes d'eau si violentes que tous les moulins du Pont ainsi que six ou sept maisons ont été emportés sans laisser de traces [15].

Les gouvernements du XVIIIe siècle commencent à comprendre les sérieuses répercussions des caprices du temps. Ce n'est donc pas par hasard que des crédits limités, comme ceux qui sont votés par le gouvernement central pour l'aide aux nécessiteux avant la Révolution, sont souvent réservés à des régions frappées par des inondations ou des orages exceptionnels [16].

Si les conditions climatiques constituent souvent une menace de pénurie ou d'indigence pour la population française de l'Ancien Régime, certains autres désastres naturels ne sont pas moins terribles. Avant l'introduction des pratiques d'assolement ou l'emploi de fertilisants et des techniques de drainage, une perte de récolte est un drame pour le paysan qui ne tire qu'une maigre subsistance de la terre. Et pourtant c'est une éventualité courante. Les descriptions d'Arthur Young donnent une idée de l'état primitif de certaines fermes françaises de la Loire, du Limousin et de la Dordogne [17]. Il est vrai que les diverses exigences seigneuriales et les impôts royaux sont honnis dans toute la campagne française et que, après 1750, le fractionnement des propriétés chasse un nombre croissant de paysans de la campagne ou les oblige à sacrifier leur indépendance et à devenir métayers sans terres.

De même que les populations rurales du XIVe siècle étaient hantées par la peur de la peste, celles du XVIIIe redoutent par-dessus tout la maladie et la perte de leurs récoltes. Au cours de la décennie qui précède la Révolution française, de nombreuses épidémies ruinent beaucoup de petits fermiers et mettent fin à leur rêve d'indépendance. Dans plusieurs zones du Midi, par exemple, le phylloxéra ravage les vignobles, ce qui a un impact aussi sérieux sur l'économie domestique de la région que la perte de la récolte de blé en aurait eu plus au nord.

L'incidence de la fièvre aphteuse en 1785 cause un désastre quasi universel dans les régions pastorales du pays. En Bourgogne comme dans bien d'autres provinces, les paysans sont incapables de faire face à l'épizootie à cause du manque de fourrage : la maladie se répand d'étable en étable et, après un hiver des plus lamentables, les paysans sont obligés de cueillir des herbes, des branches et des feuilles pour renouveler la litière de leurs bêtes. Menacés de faillite, ils doivent vendre les animaux pour ne pas les voir mourir et, conséquence inévitable, les prix du marché sont affreusement bas ; par exemple, deux sous la livre de viande à Saulieu [18]. Le cas de la Bourgogne n'est pas exceptionnel et des rapports provenant de tous les coins de France indiquent à quel point la misère est grande dans le royaume, d'autant plus que, par une cruelle ironie du sort, les prix du grain sont également bas cet hiver-là.

Les pauvres de la France rurale acceptent l'indigence comme un fait inéluctable. La faim est une réalité toujours présente dans la population rurale, et l'expression de Poitrineau qui parle d'« obsession de la faim » n'a rien d'exagéré [19]. Une aide, qu'elle vienne du roi, du parlement local, de l'intendant ou du produit de la charité locale, n'est ni suffisante ni assurée. Dans la majorité des cas, les pauvres doivent lutter pour survivre sans aucune forme d'assistance.

Les ravages causés par le fait de Dieu — incendies, inondations, maladies, perte des récoltes — sont d'autant plus graves que la santé de la population est médiocre et l'assistance médicale insuffisante. Le régime alimentaire du peuple est frugal et manque des principes nutritifs nécessaires au maintien de la vie, d'autant que la plupart des membres les plus pauvres de la société sont astreints à de longues heures de travail physique pénible dans les champs, les ateliers, les marchés ou les ports des villes.

Les céréales représentent l'essentiel du régime normal du paysan, sous forme de pain ou de gruau. Le plat chaud de la journée est la soupe, dont l'élément de base est le pain. Ce repas est complété par des produits laitiers, quelques fruits et légumes, parfois du poisson, très rarement de la viande. Même dans les régions viticoles, le vin est réservé à la vente [20]. De nombreux Français mangent des haricots, surtout en cas de pénurie des grains. Dans de vastes secteurs d'Auvergne, les indigents doivent remplacer le pain par des châtaignes, denrée moins chère et dédaignée pendant une grande partie de l'année [21].

Il est intéressant de noter que, même menacés de famine, les pauvres sont très conservateurs dans leurs goûts et peu enclins à envisager les innovations. Les tentatives du gouvernement et des agronomes pour remplacer la culture des céréales par la culture du riz en période de disette n'obtiennent pas le soutien des gens ordinaires qui, même en temps de grande pénurie, considèrent le riz comme une source de maladies contagieuses. En Auvergne, par exemple, l'introduction du riz à une époque de grande famine est accueillie par des émeutes populaires [22]. Les efforts des gouvernements révolutionnaires pour modifier les goûts traditionnels du peuple par l'importation du riz sont également voués à l'échec [23]. En matière d'alimentation, comme dans bien d'autres domaines, les Français restent profondément ancrés dans leurs habitudes et toute tentative en vue de déranger ces habitudes est accueillie par la méfiance et l'agitation.

Le régime alimentaire n'est pas la seule cause du taux élevé de mortalité chez les pauvres de la France du XVIIIe siècle. La maladie est aussi fréquente en ville qu'à la campagne, en raison d'abord de l'indifférence des autorités publiques en matière d'hygiène et de santé. La réglementation concernant la santé publique est à peu près inexistante et le peuple ignore les précautions les plus élémentaires qui pourraient contribuer à limiter la propagation de la maladie. Des tas de tripes et des seaux de sang animal grouillant de mouches par temps chaud servent d'enseignes aux boucheries ; la plupart des égouts sont à ciel ouvert ; les cimetières qui dégagent une odeur fétide de chair à demi décomposée sont situés au milieu des villages et constituent une source majeure d'épidémies.

Gérard Bouchard montre, dans son étude du petit village de Sennely-en-Sologne, que les gens ne meurent pas de malnutrition ni de froid mais que leur constitution est à ce point affaiblie par les privations qu'ils sont vulnérables à toutes les infections qui sévissent dans la région. Leurs conditions de vie multiplient les risques d'épidémie. La petite vérole, la pleurésie et les maladies vénériennes déciment la population. Pire encore, dans des villages comme Sennely, de violentes attaques de fièvre saisonnière sont généralement fatales : les fièvres de 1709, parmi les plus tragiques du siècle, tuent un quart des habitants des hameaux environnants [24]. Le typhus ravage une grande partie de la Bretagne intérieure ; la malaria est mortelle dans de vastes zones du littoral méditerranéen et, dans toute la France, les marécages, les lacs pollués et les rivières en crue contribuent à répandre diverses formes de fièvres entériques [25].

Comme la médecine est encore assez primitive, les médecins croient que la nature doit suivre son cours aidée par des purges et des saignées régulières — traitements que l'opinion médicale de l'époque semble avoir adoptés à l'unanimité [26]. Il n'est donc pas surprenant que la plupart des gens n'aient qu'une confiance très limitée dans les médecins, qui leur inspirent plus d'appréhension que d'espoir. Les hôpitaux sont considérés comme des mouroirs. Les superstitions traditionnelles subsistent, de sorte que, dans certaines régions, les charlatans jouissent d'un plus grand prestige que le médecin du village et les cures spirituelles ont beaucoup plus de succès que les traitements médicaux [27]. Chez les individus menacés en permanence par le spectre de la mort, ces superstitions dénotent un sentiment fataliste d'impuissance et représentent une partie essentielle de la culture de la pauvreté.

Cette culture est née de l'expérience partagée de la peur, de cet équilibre instable entre la pauvreté ordinaire et la misère totale. C'est une société étroitement soudée où les liens de parenté sont puissants et où la famille est la source naturelle de secours quand le malheur frappe. Il arrive néanmoins que toute la famille soit aussi pauvre, une grande partie d'un même secteur subissant les mêmes conditions climatiques ; alors il faut bien essayer de chercher des secours ailleurs. Au moins, la communauté du village est une source de consolation. Il existe dans la société rurale une permanence et une stabilité qui est encore cimentée par une longue histoire de misère commune. Elle apporte un certain réconfort moral qui est totalement absent dans les sombres galetas solitaires des villes où les pauvres sont si souvent séparés de leurs amis et de leur famille et condamnés à affronter les épreuves de la vie quotidienne dans un environnement étranger, hostile [28]. La communauté villageoise a peut-être allégé les pires effets de la misère mais il est peu probable qu'elle ait pu faire davantage. Les taudis ruraux sont aussi sordides que les mansardes urbaines ; la malnutrition rurale peut conduire à la maladie et à la mort aussi sûrement qu'à Paris ou à Lyon.

Le taux de mortalité reste élevé d'un bout à l'autre du XVIIIe siècle. Les plus faibles, ceux qui résistent le moins à la maladie, sont des proies faciles pour la mort. Les adultes robustes survivent, sauf en période d'épidémie grave, tandis que les jeunes enfants et les vieillards courent le plus de risques.

Dans une région comme la Sologne où la pauvreté est omniprésente, la mortalité infantile est particulièrement répandue : 33 pour cent des enfants meurent au cours de leur première année : dans la commune de Saint-Laurent-des-Eaux, par exemple, Bouchard note que 22 pour cent meurent entre un et quatre ans et que, si 67,4 pour cent des nouveau-nés sont encore vivants un an plus tard, seuls 30,6 pour cent peuvent espérer atteindre l'âge de vingt ans. Ces chiffres ne diminuent pas au cours du siècle. A Sennely, alors que 53 pour cent de la population survivent jusqu'à l'âge de vingt ans en 1680, en 1779, le pourcentage de ceux qui arrivent à l'âge adulte est tombé à 38 pour cent [29].

Le nombre de nouveau-nés abandonnés à la veille de la Révolution est un symptôme tragique de la misère. L'abandon est l'un des principaux expédients pratiques que de nombreux individus adoptent pour permettre au reste de la famille de survivre malgré les risques encourus car, si l'enfant meurt, le tribunal peut encore condamner ses parents à la peine capitale. Pour des parents désespérés confrontés à la perspective d'une bouche de plus à nourrir, les solutions de rechange sont extrêmement réduites. L'infanticide n'est pas rare [30]. Certaines catégories de pauvres sont même contraintes de se débarrasser de leurs enfants, sous peine de perdre leur emploi. Les domestiques par exemple sont souvent chassées aux premiers signes de grossesse, ce qui les condamne à une vie de misère ou à la prostitution. La plupart des servantes sont obligées de cacher leur grossesse le plus longtemps possible et, soit d'abandonner leurs enfants à la naissance, soit de recourir aux services dangereux d'une faiseuse d'anges [31].

A part l'abandon de ses enfants ou l'acceptation passive d'une mort prématurée (mentionnée dans les rapports médicaux comme une « cause naturelle »), que peut faire le

Français ordinaire pour essayer de survivre ? Les moyens à sa portée sont limités et beaucoup échouent — de nombreux jeunes gens vieillis avant l'âge par les privations sont trouvés morts, recroquevillés dans un fossé ou désespérément entassés pour se tenir chaud dans les greniers de Paris. Quant aux autres, leur seul espoir de survie réside dans une série d'expédients qui, comme Olwen Hufton l'a si bien formulé, constituent la base même de l'économie des pauvres [32].

Si la famille est incapable de les aider, il est peu probable que l'Etat ou le fonds de secours local soit préparé à assumer le fardeau, sauf dans certains cas nettement définis. Les vieillards et les malades peuvent être admis à l'hôpital général ou hôtel-Dieu à condition de prouver qu'ils sont incapables de subvenir à leurs besoins et qu'ils n'ont ni enfants ni famille susceptibles de les prendre en charge. Ceux qui s'adonnent à la mendicité ou à la rapine peuvent être également institutionalisés bien que, d'après les décrets du gouvernement royal, les registres des prisons et des dépôts de mendicité, il semble que l'intention première des autorités soit presque toujours punitive.

Le curé distribue des secours limités aux familles les plus nécessiteuses de la paroisse mais, la plupart du temps, le produit de la quête du dimanche destinée aux aumônes est lamentablement insuffisant ; même quand le prêtre le complète par une contribution prélevée sur son maigre traitement, la proportion des indigents qui peut compter sur cette aide est infime. Dans les villes, l'assistance de l'Eglise est encore plus parcimonieuse [33]. Là, comme ailleurs, les pauvres doivent essayer de se tirer d'affaire par eux-mêmes.

Comme ils ne peuvent trouver de travail dans leurs propres villages, les pauvres valides n'ont d'autre solution que d'aller chercher ailleurs. Dans les régions de cultures, c'est un problème saisonnier limité aux mois d'inactivité relative compris entre la fin du temps de la moisson et le début des semailles. La migration tend aussi à suivre un schéma saisonnier : les paysans et les travailleurs ruraux quittent leur chaumière et leur famille pendant les mois de morte-saison dans l'espoir de se faire embaucher dans d'autres régions où les récoltes sont plus tardives. Ils vont ainsi de moisson en moisson, de vendanges en vendanges, et ceux qui ont la chance d'être près du littoral méditerranéen prolongent la saison par la cueillette des olives [34]. De la haute Auvergne, région réputée pour l'aridité de son sol et la dureté de son climat, les hommes et les jeunes gens partent tous les ans pour l'Italie, l'Espagne ou le Portugal en quête de travaux manuels [35].

Il est évident que tous ne peuvent trouver un emploi dans l'agriculture et, parmi les villageois des régions montagneuses, certains particularismes se manifestent déjà vers le milieu du XVIIIe siècle. L'Auvergne en particulier est considérée comme une pépinière de menuisiers, de maçons, de charpentiers et de colporteurs [36]. Ces migrations, qu'elles soient saisonnières ou « à temps », ont une importance économique considérable à une époque où la croissance des villes est rapide et où la demande en main-d'œuvre est très élevée dans certaines industries, notamment celle du bâtiment. Ce n'est pas une coïncidence si, à Paris, par exemple, les emplois dans les métiers de la construction ont attiré une importante majorité de Creusois et Corréziens, dont la migration a cessé d'être temporaire.

Ce phénomène a également aidé l'économie des villages où le sol est trop aride pour nourrir la population tout l'hiver. Les salaires rapportés au printemps par les hommes qui ont travaillé tout l'hiver contribuent à maintenir l'équilibre instable de l'économie pendant le reste de l'année. Sans l'exode annuel de villages comme Saint-Jean-d'Ollières, le degré de souffrance des zones les plus pauvres du Massif Central aurait été encore plus intolérable.

Pour ceux qui restent sans emploi et sans ressources, la perspective est beaucoup plus sombre. Tous ne peuvent pas faire à pied le voyage long et pénible d'une moisson à une autre, ou aux docks et marchés de Paris, de Bordeaux ou de Nantes. Il faut être en bonne condition physique. Les femmes et les enfants, les malingres et les infirmes sont contraints de rester avec les vieillards inaptes au travail. Quand ils sont à court de vivres et de bois de chauffage, ils doivent se résigner à la mendicité pour survivre.

Cependant, la mendicité ne résout pas le problème de la misère la plus noire, surtout dans les secteurs où le nombre des mendiants atteint des proportions massives et où le nombre des fermiers aisés est réduit [37]. Dans de tels cas, une simple prière provoque rarement une réaction charitable et le mendiant doit recourir à la ruse. Les tentations des désespérés sont puissantes, surtout chez les jeunes gens dont la constitution semble solide, le groupe le moins susceptible de s'attirer la compassion du paysan endurci. Les vieillards ou les femmes entourées d'une nombreuse progéniture qui gémissent à la porte des églises peuvent espérer une aumône généreuse, mais d'autres sont moins favorisés et les rapports de la maréchaussée prouvent que les mendiants ne sont pas toujours les saints hommes glorifiés dans les légendes catholiques. Ils découvrent trop souvent que la seule pitié humaine ne les sauvera pas de la déchéance et ils ne craignent pas d'employer la menace et la violence pour soutirer de l'argent aux propriétaires récalcitrants. Les femmes louent des enfants pour attirer la compassion. Certains se blessent volontairement et entretiennent avec soin leurs plaies pour inspirer la peur de la maladie aux passants horrifiés. La nuit, les mendiants se groupent en bandes pour donner plus de poids à leurs requêtes.

Vers la fin du XVIIIe siècle, les autorités sont très conscientes des dangers que présentent les mendiants, d'autant plus qu'il est souvent difficile de les distinguer des voleurs et des bandits. Le vagabond est particulièrement honni — l'indigent qui a quitté sa localité pour aller de hameau en hameau en quête de nourriture. Il se mêle à la population des itinérants — voyageurs de commerce, colporteurs, baladins et soldats — et la rumeur locale l'associe à toute sorte d'actes de violence — incendies, viols, crimes, enlèvements. Cependant, ce que les riches et les autorités considèrent comme une source majeure de violence, un véritable fléau social n'est pour les pauvres qu'une possibilité d'échapper à la famine.

La misère revêt une grande variété de formes, de l'enfant innocent qui demande l'aumône aux portes des églises au criminel endurci comme le Rouge d'Auneau ou le Beau-François de la Bande d'Orgères qui opèrent sur les routes de l'Orléanais et de la Beauce [38].

Les attitudes à l'égard des pauvres varient dans des proportions considérables. A une extrémité prévaut la tendance séculaire de l'Eglise et des libéraux émus de compassion qui jugent que les nantis doivent leur venir en aide. A l'autre, l'opinion, fondée sur la peur et la répulsion, selon laquelle les pauvres sont les artisans de leur propre misère et rien ne les distingue des assassins et des bandits, des voleurs à la tire et des prostituées. Tout au long du XVIIIe siècle, ce dernier point de vue s'accrédite de plus en plus. L'attitude du public à l'égard des pauvres se durcit à mesure que la crainte de la violence s'enracine. Les possédants se montrent moins tolérants vis-à-vis des hommes et des femmes qu'ils associent à la déchéance, hommes et femmes qui ne se conforment pas à leur propre code éthique [39].

La Révolution française, qui conteste avec succès le bien-fondé de tant de théories politiques fondamentales de la vie du XVIIIe siècle, manifeste une connaissance remarquable des problèmes de la pauvreté et une volonté non moins remarquable de traduire cette connaissance en mesures sociales pratiques. Cependant, elle reste par essence une révolution de la classe moyenne, conçue et dirigée par des hommes qui partagent la plupart des préjugés et prédilections des groupes sociaux auxquels ils appartiennent. La politique révolutionnaire à l'égard des pauvres et des indigents ne peut que refléter les tendances de l'époque, les idées des avocats et hommes d'affaires qui prédominent dans chaque gouvernement de l'Assemblée nationale de 1789 à la fin du Directoire, dix ans plus tard.

La Constitution de 1793 accorde aux pauvres des libertés civiles dont ils n'avaient jamais joui, l'égalité devant la loi, le droit de vote, mais, dans la pratique, leur survie et leur bien-être restent l'affaire de gouvernements où ils n'ont aucun représentant et sur lesquels ils n'exercent guère d'influence. C'est donc sur les attitudes et les philosophies du gouvernement révolutionnaire que nous devons nous pencher.

2

La Révolution et l'idée d'obligation sociale

Les attitudes de la société à l'égard de la pauvreté et de la charité sont profondément enracinées et ne peuvent changer du jour au lendemain. La Révolution en elle-même ne peut guère modifier les préjugés de base de la masse de la population française. Comme au siècle précédent, mendiants et vagabonds restent des objets de crainte et de haine dans les zones rurales. Ils représentent une menace pour ceux qui ont encore la chance de ne pas mourir de faim, menace dont divers événements ne font que confirmer la réalité — crises économiques de 1788 et 1789, conditions de vie qui détruisent les moyens d'existence de nombreux paysans, émeutes de printemps et, par-dessus tout, les rumeurs qui circulent pendant la Grande Peur.

La panique populaire et la théorie largement répandue d'un complot tendant à affamer le peuple, le rôle des boulangers et des marchands dans la démonologie des classes populaires sont les thèmes constants qui marquent les années révolutionnaires d'une empreinte indélébile comme ils ont marqué l'Ancien Régime. Les éléments étrangers au village — agents chargés du recrutement ou de la réquisition, bandes de paysans affamés des communes voisines — font l'objet de la plus profonde méfiance. La peur est omniprésente : peur de la population des provinces avoisinantes, par exemple la peur que les paysans de la plaine forézienne ressentent à l'égard des Auvergnats montagnards qu'ils décrivent dans leurs contes comme des maraudeurs brutaux et incendiaires [1], peur de ceux qui appartiennent à un groupe social différent, le genre de peur qui, en 1789, persuade les paysans de Vesoul qu'un simple accident au cours d'une cérémonie est le point de départ d'une campagne entreprise par la noblesse pour exterminer le Tiers Etat [2].

Il est facile de traiter des craintes de cette nature par le mépris, car elles ne sont que le produit d'une imagination populaire extrêmement impressionnable. Peut-on prendre au sérieux par exemple l'idée que les chirurgiens de l'Ecole de médecine de Lyon enlevaient les enfants des pauvres pour se livrer à des expériences de vivisection ? Pourtant, cette rumeur reçoit en 1768 une large audience à Lyon où elle provoque une violente émeute populaire [3]. La crainte des gens « qui ne sont pas des nôtres » est ancrée au plus profond de l'imagination populaire et contribue à former les attitudes sociales et les préjugés qui ont cours dans la grande majorité de la société française du XVIIIe siècle. A ce niveau, la logique n'a guère de valeur car aucun raisonnement n'a prise sur les individus. Ces craintes survivront intactes aux assauts à la fois des philosophes et du gouvernement révolutionnaire.

L'attitude des autorités de l'Etat à l'égard de l'assistance des pauvres est déjà bien établie avant la fin du XVIIIe siècle. De même que dans d'autres pays catholiques, toute la gamme des institutions charitables relève de l'Eglise et les autorités politiques lui apportent une aide minimale en période de catastrophe. Comme en Espagne et en Italie, le soin des pauvres et des malades est considéré comme une partie fondamentale du rôle de l'Eglise dans la société, rôle qui s'est développé au Moyen Age et s'est réaffirmé à l'époque de la contre-Réforme [4]. C'est l'un des principaux moyens par lesquels l'Eglise médiévale a contribué à maintenir la structure de la société, soulignant l'obligation pour le riche de faire l'aumône aux nécessiteux, pour le seigneur de faire des provisions pour les pauvres dans ses domaines.

Ainsi, la charité est présentée aux catholiques comme un acte à la fois moral et social ; c'est un acte chrétien qui profite non seulement au bénéficiaire mais aussi au généreux donateur. L'Eglise attache un grand prix à ce message. Elle insiste sur le fait que le Christ lui-même n'a pas hésité à s'humilier en lavant les pieds des pauvres. La générosité envers les déshérités est un sacrifice nécessaire pour le chrétien qui espère sauver son âme immortelle. En conséquence, aux XVIIe et XVIIIe siècles, la charité doit être considérée sur un plan éminemment clérical.

Comme il n'existe aucun service officiel chargé de contrôler la distribution des dons, c'est l'Eglise qui assume la responsabilité de l'organisation quotidienne des secours sous l'Ancien Régime. La plupart des hôpitaux sont des fondations cléricales, créées grâce à des dons qui remontent à une époque lointaine et toujours gérées selon des principes strictement chrétiens. Les soins hospitaliers sont confiés à l'un des grands ordres charitables comme les sœurs grises, l'administration est assurée par des prêtres. Les personnalités les plus respectées et les mieux payées de la hiérarchie hospitalière sont les conseillers spirituels, les aumôniers, qui supervisent les aspirations morales des malades et administrent les derniers sacrements aux mourants [5]. Souvent l'importance même de l'hôpital est le reflet du rôle que joue une ancienne abbaye ou un monastère dans la vie d'une communauté. Ainsi, c'est en grande partie à cause d'une forte présence bénédictine à Aurillac que cette ville devient un grand centre hospitalier pour toute l'Auvergne au XVIIe siècle [6]. De même, grâce aux secours à domicile, l'Eglise catholique joue un rôle prédominant jusqu'en 1789.

Rares sont les communes qui disposent de fonds indépendants destinés à soulager la misère ; la principale source de secours reste le tronc des pauvres, les aumônes que le prêtre distribue aux pauvres de sa paroisse. Comme le démontre Timothy Tackett dans son étude sur le rôle du curé dans le diocèse de Gap, le prêtre est un notable local qui commande le respect et possède un statut dans la communauté, en partie du moins parce qu'il exerce un contrôle sur ses ressources vitales. Mieux que quiconque il connaît ses paroissiens et leurs conditions de vie familiale : il peut émettre une opinion sur le bien-fondé de leurs demandes de secours, sur leur moralité et leur degré de dévotion. Or, comme les promotions sont d'une désespérante lenteur pour le curé du XVIIIe siècle, il connaît souvent plusieurs générations de la même famille et, par conséquent, personne n'est plus apte à juger de la situation d'un indigent dans la communauté et de l'acuité de ses souffrances [7]. Cette position lui confère une haute influence en période de famine ou d'épidémie. D'après la loi, il est membre du conseil d'administration de l'hospice local et il assume en grande partie la responsabilité des greniers d'abondance ou réserves de grains destinées aux pauvres en période de disette [8]. C'est aussi le curé qui appelle le médecin local si l'un de ses paroissiens a besoin de soins urgents. C'est lui qui recommande les admissions à l'hôpital dans la plupart des zones rurales ; c'est lui enfin qui répartit les aumônes entre les pauvres qu'il juge les plus dignes d'être secourus. La bourse des pauvres, fruit de générations de petits legs, est confiée à ses soins vigilants [9].

Monastères et couvents jouent aussi un rôle éminent dans la distribution des secours, particulièrement dans l'ouest de la France. Dans une ville comme Angers, l'Eglise jouit d'un monopole virtuel en tant qu'agence d'assistance et de bonnes œuvres ; avec sa cathédrale, ses cinq églises collégiales, son palais épiscopal, son administration diocésaine et un grand nombre d'importantes fondations monastiques dans sa périphérie immédiate, la cité offre un tableau flatteur de la charité cléricale et de la cohésion de la société de l'Ancien Régime. Ses citoyens sont dominés par l'influence de la religion dans la presque totalité des domaines de la vie et, en temps de disette, ils peuvent compter sur l'Eglise pour les secourir [10].

Néanmoins, les villes ne sont pas toutes comme Angers. Avec les mouvements croissants de population au cours du siècle et l'urbanisation accélérée qui s'ensuit dans un grand nombre de régions, les disparités entre les besoins et les fonds cléricaux sont de plus en plus manifestes. Déjà au XVIIe siècle, la pression de la population impose une lourde charge à la charité bénévole dont le succès dépend du maintien de petites communautés paroissiales étroitement unies où le seigneur et les plus riches fermiers assument leurs responsabilités de chrétiens et où le curé occupe une place assez importante dans la vie locale pour pouvoir identifier les cas de pauvreté authentique. Il existe de nombreux villages de ce genre encore intacts au début de la Révolution, bien qu'ils soient incapables de faire face d'une manière efficace aux catastrophes exceptionnelles comme l'inondation, la peste ou l'incendie.

Même en temps normal, pour être efficace, la solidarité doit reposer sur un équilibre délicat entre la richesse et la pauvreté, entre la générosité et la souffrance, équilibre qui devient de plus en plus illusoire. Il est vrai que dans quelques régions de l'Ouest, par exemple, l'urbanisation en est encore au stade des balbutiements, l'identité du village reste forte et la provision des legs et des donations permet à l'Eglise de surmonter les difficultés de la vie quotidienne. Cependant, cette situation est exceptionnelle dans la France rurale. Dans certaines régions la charité est impuissante face à la misère. En Lozère par exemple, les riches ne sont pas assez nombreux pour aider le reste de la communauté en période de crise car la terre est aride et le niveau de vie très bas. En outre, la région est plutôt tiède en matière de religion et l'Eglise n'est pas assez influente pour répondre aux besoins quotidiens d'une population affamée [11].

Plus grave encore est le défi opposé à la charité catholique par la déchristianisation effective de vastes zones de la province. L'aide privée ne peut fournir une solution au problème de la misère que dans une société où la croyance religieuse est profonde et où les membres les plus prospères de la communauté reconnaissent que l'exercice de la charité est une partie intégrante de leur devoir de chrétien. Déjà, bien avant la Révolution, de larges secteurs du royaume subissent une sérieuse perte de la foi, annonçant, comme le montre Michel Vovelle [12], la politique de déchristianisation de l'an II. En Provence, à partir de 1720, les gestes traditionnels du banquet funèbre et les legs aux pauvres destinés à assurer le salut des âmes des morts ont disparu ou sont dépourvus de toute signification religieuse, et Vovelle démontre que la déchristianisation a pour effet de réduire dans des proportions considérables le montant des sommes laissées aux hôpitaux et bureaux de bienfaisance [13]. Avec la perte des pratiques religieuses disparaît une association de charité séculaire. La base même sur laquelle s'édifiait l'assistance aux pauvres sous l'Ancien Régime est inexorablement désagrégée par les changements profonds qui interviennent au siècle des Lumières.

Si la base de la charité est attaquée dans les zones rurales, elles est beaucoup plus vulnérable encore dans les villes. Le travailleur immigrant de la campagne est particulièrement exposé aux privations à court terme pour maladie, infirmité ou chômage, et la dépression cyclique le frappe durement quand il n'a pas son carré de légumes pour se nourrir. D'ailleurs, trop de villes dépendent d'une industrie unique ou d'une seule activité économique et quand celle-ci périclite

— comme par exemple l'industrie de la soie à Lyon une douzaine d'années avant 1789 —, la misère atteint des proportions endémiques. La région environnante souffre aussi et les artisans, les petits boutiquiers et tous les employés du commerce partagent la pauvreté des travailleurs industriels sans emploi. Telle est l'expérience de Carcassonne où la plupart des habitants dépendent de l'industrie textile pour vivre, industrie particulièrement vulnérable au marasme économique. A Carcassonne, l'aide bénévole ne suffit pas à assurer la distribution périodique des vivres aux chômeurs et les crises récurrentes obligent un grand nombre de travailleurs à recourir à la mendicité ou au dépôt de mendicité [14].

L'Eglise ne peut décliner toute responsabilité de cet état de choses car il est manifeste qu'elle n'a pas réussi à s'adapter aux mouvements de population pendant toute la période antérieure à la Révolution, préférant concentrer ses ressources dans des zones où elle était par tradition puissante et établie sur des bases solides. D'importants secteurs de cités en expansion comme Paris et Lyon sont cyniquement abandonnés par les autorités cléricales dont la présence dans les nouveaux faubourgs réservés au logement des artisans et ouvriers agricoles n'est guère que nominale. A Bordeaux, par exemple, où trois paroisses du centre comptent moins de deux mille habitants en 1790, les curés de la banlieue populaire s'efforcent désespérément de prodiguer leurs soins à vingt mille paroissiens chacun : 21 939 personnes sont entassées dans la paroisse de Sainte-Eulalie, 18 593 à Saint-Seurin et 18 599 à Saint-Remy, le quartier de nombreux bateliers et mariniers [15]. Dans de telles conditions, l'existence d'un fonds de secours est tout à fait impensable.

L'insuffisance de la charité cléricale en période de crise et les flagrantes inégalités de la distribution des secours incitent les impies à contester l'opportunité du rôle de l'Eglise dans les affaires sociales bien avant 1789. Sur le plan intellectuel, les Lumières engendrent une nouvelle race de philosophes rationalistes très peu enclins à croire que l'assistance aux pauvres doit nécessairement s'insérer dans la structure institutionnelle du christianisme, surtout lorsque le christianisme semble échouer dans sa mission charitable. Dans les années de famine générale — 1709, ou 1747-1748 en Guyenne — cet échec est particulièrement sensible.

Certains écrivains, comme Voltaire et Helvétius, sont implacables dans leurs attaques sarcastiques contre l'Eglise. Ils font ressortir le contraste cruel qui existe entre la richesse manifeste de la hiérarchie et la misérable condition des pauvres.

Les moines en particulier sont la cible du mépris des écrivains des Lumières qui leur reprochent de vivre confortablement en parasites alors qu'ils ont fait vœu de pauvreté et devraient se consacrer aux bonnes œuvres. Après avoir demandé comment un moine peut justifier son existence, Voltaire répond avec brutalité qu'elle n'a aucune raison d'être, qu'un moine est un être aussi inutile qu'improductif, lié par un serment inviolable qui fait de lui un esclave et un imbécile tout juste bon à vivre aux dépens des autres [16].

Cette opinion trouve un large écho dans une grande partie de la population, comme le démontrent les conclusions des cahiers de doléances rédigés en 1789. Moines et nonnes sont invectivés de tous côtés [17]. Les cordonniers de Laval attaquent les propriétés monastiques, critiquent les moines — « ces pieux fainéants » — pour leur paresse et leur style de vie fastueux, l'élégance des abbés et la richesse de leur suite. Les ordres mendiants sont tout aussi maltraités car de nombreux membres du Tiers Etat jugent que leur mendicité inopportune aggrave le sort des nécessiteux au lieu de l'alléger. Loin de voir les monastères comme une source précieuse d'aide charitable, les artisans de Pont-l'Abbé réclament âprement leur fermeture et leur vente, dont le produit servira à compenser la dette nationale.

Cette attitude est engendrée non par la Révolution mais par des années de souffrances et l'expérience personnelle de la misère. Au XVIIIe siècle, elle vient renforcer les idées des philosophes et contribue à créer un nouveau climat intellectuel qui entraînera la suppression du contrôle clérical de la charité.

Pour les philosophes, il est évident que l'homme est le centre de l'univers et le véritable objet de toute compassion et de toute discussion. Le concept d'humanité est fondamental à la pensée éclairée et donne naissance à un puissant courant d'humanitarisme dans les salons intellectuels de l'époque. Comme l'a déclaré Shelby McCloy, le concept est si profondément ancré dans les esprits sous le ministère Turgot qu'il a fini par acquérir le statut d'un absolu moral, une valeur en fonction de laquelle tous les actes et motivations doivent être jugés [18]. Les encyclopédistes sont très prolixes sur la question de la perfectibilité de l'homme : dans *De l'esprit,* Helvétius affirme que les inégalités ne sont pas héréditaires mais résultent des influences de l'environnement qui, à leur tour, peuvent être éliminées par l'éducation. Dans son *Système de la nature,* d'Holbach spécifie que la morale des hommes se perfectionnerait si seulement leur environnement physique s'améliorait. Dans son célèbre traité sur l'éducation, *Emile,* Rousseau essaie de montrer comment un enfant peut être élevé jusqu'à l'âge adulte sans être soumis aux pressions et aux contraintes de l'Etat.

La population française, illettrée et réduite à la mendicité à la suite de mauvaises récoltes ou de tempêtes, constitue le principal sujet de discussion des Lumières, et les académies et cercles de toutes les provinces de France lisent et digèrent des communications détaillées sur les tristes effets de l'environnement sur les pauvres [19]. L'idée que les maux de la structure fiscale sont à la base de la misère et du vagabondage gagne du terrain et, en 1777, l'académie de Lyon, qui, parmi tant d'autres, développe ce thème, consacre son concours annuel à la question de savoir s'il est possible de résoudre le problème de la mendicité et par quels moyens [20]. C'est là une façon nouvelle d'aborder le problème, tout à fait propre au XVIIIe siècle et qui va à l'encontre du ton général de l'enseignement catholique.

En effet, de même qu'elle enseigne la vertu de charité, l'Eglise accepte l'existence des pauvres, « enfants souffrants du Christ », comme un moyen de salut accordé aux plus fortunés. Au XVIIIe siècle, cette foi touchante dans la vertu des bonnes œuvres et la mise en application de l'enseignement de saint Vincent de Paul ne suffisent pas à remédier à la situation. Effrayé par les bandes de mendiants affamés et désespérés, le peuple est de moins en moins disposé à suivre l'ordonnance de l'Eglise tandis que les auteurs des Lumières sèment le doute sur la validité philosophique de son diagnostic.

Les attaques les plus virulentes contre les idéaux catholiques de la charité sont peut-être plus centrées sur l'inefficacité que sur l'insuffisance des aumônes distribuées. Les physiocrates ont une tendance croissante à considérer la charité comme une activité purement économique, dénuée de signification chrétienne, ce qui les conduit à examiner les effets pratiques de la distribution des aumônes dans un esprit plus critique. Ils notent que la charité catholique est pratiquée sans discrimination et beaucoup plus pour satisfaire la conscience des donateurs que pour soulager les souffrances et les misères. Les physiocrates sont convaincus que d'énormes sommes d'argent consacrées à l'achat de vêtements et de nourriture sont dépensées inconsidérément. Appuyés par les pamphlétaires les plus venimeux de l'époque, les écrivains des Lumières notent l'augmentation de la mendicité et des bandes de vagabonds qui pullulent autour des centres de charité religieux — abbayes et monastères — pour aboutir à la conclusion que l'Eglise porte en grande partie la responsabilité de la prolifération des parasites dans la société respectable [21].

Montesquieu et Voltaire comptent parmi les nombreux écrivains qui insinuent que la structure existante de la charité cléricale fait plus de mal que de bien aux déshérités. Implacable, Voltaire soutient que c'est dans des pays comme l'Espagne et l'Italie où la charité religieuse est le plus librement pratiquée que se trouvent les pauvres les plus misérables de l'Europe [22]. Dans *l'Encyclopédie,* Turgot prétend que la majorité des institutions de charité traditionnelles va à l'encontre du résultat prévu par leurs fondateurs car elles subventionnent la paresse, réduisent la capacité de production du pays et élèvent les niveaux de taxation. Ainsi, avec la croyance obstinée des physiocrates dans la vertu de la production économique, Turgot conclut que la charité chrétienne a failli à sa mission fondamentale puisqu'elle a augmenté le nombre des familles assistées et aggravé ainsi d'une manière indirecte les souffrances de ceux qui sont déjà classés dans la catégorie des pauvres [23].

Au cours du demi-siècle qui précède la Révolution, cet ensemble de critiques concernant la validité de l'aide privée donne naissance à une nouvelle tentative d'approche de la pauvreté et de l'assistance. Alors que ces problèmes étaient précédemment du ressort de l'Eglise et de la philanthropie individuelle, le sentiment que l'Etat a le devoir d'intervenir dans les libres activités de l'économie se fait de plus en plus puissant.

Cette attitude comporte un certain dualisme, reflétant les forces jumelles de la pensée éclairée et de la peur populaire. Convaincus de la perfectibilité humaine, les écrivains des Lumières ont à la fois le puissant désir d'améliorer la qualité de la vie et la certitude que le sort des pauvres n'est en aucune façon lié au vice ou à la fragilité humaine. Ils n'acceptent plus la théorie selon laquelle la pauvreté est un péché et préfèrent la considérer comme l'un des effets du changement économique.

En 1784, Necker écrit que la pauvreté est malheureusement « une des conditions inséparables de l'état de société », condition à laquelle sont inévitablement soumis tous ceux qui n'ont hérité ni talent ni fortune de leurs parents. Avec son expérience du gouvernement et sa connaissance des ressources dont peut disposer le Trésor, Necker ajoute que l'Etat a une responsabilité qu'il a le devoir d'assumer.

> C'est au gouvernement, interprète et dépositaire de l'harmonie sociale, c'est à lui de faire, pour cette classe nombreuse et déshéritée, tout ce que l'ordre et la justice lui permettent ; il doit profiter attentivement de tous les moyens qui lui ont été laissés pour adoucir la rigueur des anciennes conventions et pour tendre une main secourable à ceux qui ont besoin de protection contre les lois elles-mêmes [24].

Tel est le point de vue humanitaire standard : le bien-être économique exige que certains individus croupissent dans la misère et que le gouvernement intervienne pour soulager leur détresse.

Bien que Necker soit très en avance sur son temps en suggérant que les pauvres et les chômeurs aient droit à l'assistance de l'Etat, ses propositions n'ont rien de socialiste car il ne préconise ni l'abolition de la pauvreté ni la diminution des inégalités [25]. L'assistance est généralement considérée comme un palliatif, pas comme un remède. Une grande partie de la noblesse libérale et de la haute bourgeoisie admet la nécessité de larges inégalités dans la société. En 1793, les représentants du haut négoce bordelais font valoir avec force que les inégalités sociales et financières sont indispensables pour que les affaires et le commerce extérieur puissent prospérer sans entraves. A cette fin, ils sont prêts à tolérer l'indigence comme une conséquence triste mais nécessaire et à contribuer au financement de l'assistance, considérée comme une dette qui doit être honorée par la société [26].

La tendance en faveur de l'intervention n'est pas entièrement inspirée par des motivations paternalistes. Le déclin des idées chrétiennes sur la mendicité engendre une attitude plus réaliste à l'égard des mendiants et vagabonds. Au milieu du XVIIIe siècle, les prétendus enfants de Jésus ont adopté un comportement moins vertueux et sont présentés comme des êtres violents, menaçants, alcooliques dont les requêtes doivent être rejetées dans l'intérêt de toute la communauté.

En 1764, dans un pamphlet largement diffusé, Guillaume Le Trosne réclame des mesures de contrôle supplémentaires [27]. Il dépeint les mendiants des campagnes comme des marginaux, une engeance à la fois indisciplinée et dangereuse, étrangère à la communauté au sein de laquelle elle vit. Selon lui, les mendiants inspirent la peur partout où ils vont, de sorte que les aumônes volontairement consenties dans les centres urbains deviennent obligatoires dans la France rurale pour quiconque veut sauvegarder sa famille et sa propriété. Ils représentent « une rébellion sourde et continuelle » et, en la combattant, la France est engagée dans une guerre civile interminable. Qui plus est, Le Trosne voit dans cette lutte un problème de plus en plus grave, puisque les bandes de vagabonds recrutent jour après jour de nouveaux membres, ce qui entraîne une sérieuse ponction dans les ressources de la France rurale à la fois en produits et en main-d'œuvre efficace. En vue de combattre ce fléau, Le Trosne réclame de lourdes pénalités pour le crime de mendicité et préconise que l'Etat assume un rôle de répression actif.

D'autres pamphlétaires et porte-parole politiques le soutiennent avec force et insistent pour que la charité institutionnelle soit réduite au minimum et que les pauvres se prennent en main eux-mêmes [28]. L'élément de peur toujours présent dans les fermes isolées des zones rurales provoque une réaction positive à ses propositions, bien que peu de pamphlétaires de l'époque aient employé un ton aussi dur. Le Trosne recommande que le vagabondage soit puni par les galères et même par la peine de mort pour les récidivistes. Il demande aussi que des archers soient chargés de mettre les mendiants au pas dans chaque paroisse et que les paysans aient l'autorisation d'arrêter eux-mêmes les vagabonds [29].

Ce changement d'attitude n'échappe pas aux milieux gouvernementaux et, sous les règnes de Louis XV et Louis XVI, on observe une augmentation manifeste du degré d'intervention de l'Etat dans le domaine de l'assistance aux pauvres. Les catastrophes telles que la famine et les inondations commencent à réveiller la conscience publique, et l'Etat est poussé à prendre des mesures spéciales face à cette situation. En cas de perte des moissons dans une province particulière, des secours d'urgence sont expédiés pour prévenir une disette mortelle.

Il arrive aussi que des crédits spéciaux soient votés pour compenser les dépenses d'un incendie ou d'un désastre naturel, mais le cas est exceptionnel. Sous l'Ancien Régime, l'assistance aux pauvres reste essentiellement une affaire locale qui doit donc être assurée par les fonds locaux sans intervention de la capitale. C'est d'abord vrai dans les pays d'états, qui couvrent la moitié du territoire rural et où la tradition de la responsabilité gouvernementale est pratiquement inexistante. Ainsi, en 1766 ce sont les états de Provence qui accordent des crédits aux régions du Midi où la récolte des olives est désastreuse en raison de la maladie qui frappe la plupart des oliviers [30].

Mais à partir de la seconde moitié du XVIIIe siècle, le gouverneur central commence à reconnaître ses responsabilités en matière d'assistance, et Paris entre plus fréquemment en lice. C'est le gouvernement royal de l'Ancien Régime qui s'efforce le premier d'établir une nette distinction entre les pauvres jugés dignes d'être assistés et les personnes valides dont le comportement est suspect. C'est aussi le gouvernement royal qui, en 1764, ordonne à la maréchaussée d'arrêter non seulement les vagabonds mais tous les individus pris en flagrant délit de mendicité et ne pouvant justifier d'aucune source d'emploi régulier [31]. C'est toujours le gouvernement royal qui, en 1767, établit dans chaque généralité un réseau de dépôts de mendicité où peuvent être envoyés tous les individus soupçonnés de vivre d'aumônes.

Cette augmentation de l'activité gouvernementale n'est pas totalement humanitaire dans son inspiration, elle est plutôt le fruit de l'influence physiocratique dans les milieux du gouvernement au cours des années 1760. Les projets d'assistance aux pauvres, comme celui que propose le ministère Bertin, réunissent un grand nombre des idées fondamentales des physiocrates et visent à augmenter la richesse et la production du pays [32]. Ces projets annoncent les travaux du Comité de Mendicité instauré en 1790 et les grandes lignes du modèle d'intervention de l'Etat qui sera adopté au cours des années révolutionnaires.

Le modèle est tracé mais aucune politique sociale efficace et cohérente n'est encore instaurée. Les gouvernements de l'Ancien Régime se sont toujours opposés à l'idée d'une intervention plus consistante, de sorte que les initiatives de Paris n'ont jamais été que des réactions sporadiques aux crises à mesure qu'elles éclataient. Si des dons d'argent sont parfois accordés pour atténuer les effets de la famine, ils sont rares et tout à fait disproportionnés aux besoins d'une société où la pauvreté est la norme et la charité privée déjà sur le déclin. Si un intendant imaginatif comme Turgot a institué des travaux publics pour résoudre le problème du chômage massif dans les circonscriptions de son ressort, c'est à lui seul qu'en revient le mérite. Son initiative n'a jamais été généralisée. Le gouvernement n'effectuait pas même les recherches qu'il aurait fallu pour établir où se situait la pire incidence de la misère.

Quant aux mesures de répression adoptées, elles manquent du degré de consistance qui aurait pu les rendre efficaces. Les définitions du mendiant et du vagabond varient en fonction du zèle du ministre de l'Intérieur en poste. La maréchaussée reçoit l'ordre de combattre la mendicité dans son secteur en arrêtant tous les mendiants, et notamment ceux qui parcourent la région en bandes organisées. Cependant, le budget de la police est à ce point insuffisant et la force locale si faible que les fermiers ne peuvent guère compter sur elle pour les protéger, et les vagabonds les plus dangereux restent généralement libres de rôder à leur guise [33]. Une mesure provisoire de 1767 tendant à augmenter l'efficacité de la police en lui offrant une prime pour chaque mendiant arrêté ne tarde pas à être abrogée : elle est source de corruption et d'abus car les agents appréhendent les faibles, les pauvres honteux authentiques qui ne leur offrent aucune résistance alors qu'ils laissent les bandes armées dangereuses chercher refuge dans les montagnes [34].

Même en ce qui concerne les dépôts de mendicité, innovations institutionnelles les plus importantes de l'Ancien Régime, la politique du gouvernement manque singulièrement de cohérence. Leur financement est trop souvent confié à des autorités locales peu enthousiastes et les instructions de Paris fluctuent d'une manière alarmante. C'est ainsi que le dépôt de Montpellier, comme tant d'autres, est ouvert conformément au décret de 1768, fermé en 1775 lorsque le gouvernement s'en désintéresse et rouvert à la suite de la promulgation d'une nouvelle ordonnance deux ans plus tard [35].

La loi n'est pas très explicite en ce qui concerne le traitement des pensionnaires des dépôts. En général, les individus coupables d'un premier délit peuvent être libérés sur la recommandation d'un protecteur, en principe un notable respecté par la maréchaussée. Quant aux autres, ils sont souvent condamnés à une peine de trois mois, au cours desquels ils se laisseront séduire par une vie de vagabondage [36].

Certains réformateurs comme Montlinot, l'administrateur du dépôt de Soissons, ne reçoivent ni fonds suffisants ni encouragements officiels du gouvernement [37]. Le tableau d'ensemble n'est guère réjouissant. L'intervention de l'Etat augmente mais d'une façon fragmentaire et fortuite, et sans l'infrastructure bureaucratique qui seule aurait pu la rendre efficace. D'ailleurs, le caractère général de cette intervention est plus répressif que constructif. Il est visible qu'elle tend plus à détruire les signes extérieurs de la mendicité qu'à résoudre les problèmes économiques et sociaux de la pauvreté.

La Révolution française ne réduit en rien la gravité des problèmes sociaux qui se posent aux autorités. En 1788 et 1789, les moissons sont catastrophiques dans de larges secteurs des provinces productrices de blé, et la Révolution augmente encore la pénurie en répandant la confusion et le malaise dans la paysannerie. Impôts, taxes, dîmes, redevances féodales restent impayés car les paysans se persuadent allègrement que la réunion des états généraux et la prise de la Bastille ont apporté un règlement définitif à leurs revendications de longue date.

De plus, les travaux des champs — semailles et moissons — sont perturbés par les débats politiques et les célébrations, par les attaques armées et les paniques locales. La loi et l'ordre si essentiels à la bonne marche de l'agriculture sont affaiblis dans de nombreuses parties du pays et l'approvisionnement en grain en subit les conséquences. La misère et la souffrance augmentent à vue d'œil en même temps que le nombre des mendiants et des vagabonds qui prennent la route en voyant poindre le spectre du chômage. A mesure que la Révolution progresse, la pauvreté devient l'un de ses problèmes les plus urgents. Les ouvriers en chômage de plusieurs industries traditionnelles, les veuves et les familles des hommes tués ou estropiés à la guerre viennent s'ajouter à la longue liste des nécessiteux.

Les causes de la misère varient suivant les régions. A Lyon, elle est dans une large mesure imputable au marasme de l'industrie de la soie. Au Havre, où l'économie de la ville est étroitement liée à celle des Antilles, l'insurrection de Saint-Domingue réduit au chômage les charpentiers des chantiers navals et d'autres artisans. Dans le Jura rural, de violentes tempêtes de grêle provoquent de tels ravages en 1790 et 1791 que des récoltes entières sont détruites et de nombreux fermiers ruinés[38].

Le service militaire permet de créer des emplois artificiels pour les classes les plus déshéritées mais quand les hommes reviennent d'une campagne, comme par exemple les volontaires de Bordeaux qui ont accompli leur service en Vendée, en 1793, ils n'ont aucun métier et leur seule solution est d'aller grossir les rangs déjà pléthoriques des indigents[39].

A la suite de l'émission des assignats, une inflation incontrôlable ajoutée au désordre financier supprime toute possibilité de crédit pour les pauvres et même les aliments de base deviennent inaccessibles à une grande partie de la population laborieuse. Les problèmes des pauvres sont aussi ardus qu'au cours des décennies précédentes. Il est toujours vrai que seules les familles dont le gagne-pain a la chance d'exercer un emploi stable peuvent éviter de déraper dans le monde marginal des mendiants et des vagabonds.

On est donc en droit de se demander en quoi la Révolution a amélioré le sort d'hommes et de femmes trop souvent méprisés par les administrations de l'Ancien Régime. En réalité, comme le montreront les chapitres suivants, les bienfaits ont maintes fois été plus théoriques que pratiques. Les descriptions bouleversantes de la misère humaine qui règne à Paris sous le Directoire prouvent que, s'ils ont eu de bonnes intentions, les législateurs de la France révolutionnaire n'ont pas toujours réussi à traduire ces intentions en mesures capables de soulager la misère.

Dans ces conditions, il n'est que trop facile de dénigrer leurs motivations et leur jugement[40]. Pourtant, l'ironie est mal fondée, tout au moins aux premiers stades de la Révolution où les députés de l'Assemblée nationale et leurs successeurs immédiats croient naïvement au pouvoir des lois et décrets mais n'en sont pas moins sincères dans leur résolution d'entreprendre des réformes. Ils appartiennent à cette génération qui a été profondément influencée par les Lumières. Nés au cours des années 1750 et 1760, ils se sont nourris des œuvres de Rousseau et des encyclopédistes. Le fait qu'une grande proportion de leurs compatriotes soit réduite à la mendicité ou à la délinquance pour pouvoir survivre est, à leurs yeux, une source d'humiliation nationale. Ils voient dans l'existence même de la déchéance humaine un défi à la nouvelle société qu'ils veulent construire. L'indigence est pour eux un reproche constant et une insulte à l'idéal sacré d'égalité qui représente une partie essentielle du mythe de la Révolution dont ils sont les artisans.

Dans cette société égalitaire, le travail doit être le droit fondamental de tout Français et non un privilège qu'il faut acquérir ou conquérir de haute lutte. Tout au long des années 1770 et 1780, ils vont développer ces idées au cours de discussions interminables dans le confort douillet des salons parisiens et des clubs de lecture provinciaux. Une fois au pouvoir, ils se voient dans l'obligation de mettre leurs théories en application. C'est pour eux un devoir sacré. Le projet de loi proposé par Malouet le 3 août 1789, pressant le gouvernement d'assumer ses responsabilités à l'égard de la masse croissante des chômeurs, est le précurseur de bien d'autres et le reflet exact du nouvel état d'esprit qui règne dans le pays [41].

Pendant la Révolution, l'assistance aux pauvres figure parmi les priorités explicites du gouvernement national et, pour la première fois, il ne semble pas douteux que c'est à l'Etat qu'incombe cette responsabilité. Sous les Assemblées constituante et législative, des comités de députés s'établissent sur une base permanente en vue d'étudier les questions d'aide aux indigents — le Comité de Mendicité, de 1790 à 1791, qui se concentre sur les problèmes de diagnostics et de remèdes, et un Comité des secours sous la Législative qui est chargé de la distribution des allocations, de l'approvisionnement des hôpitaux et des asiles, en même temps qu'il répond aux revendications et pétitions.

Contrairement à de nombreux remèdes appliqués sous l'Ancien Régime, les mesures envisagées ne sont pas de simples palliatifs ni l'effet de réactions épidermiques. Les députés prennent leurs responsabilités très au sérieux, passant au crible les témoignages de leurs départements et promulguant des lois tendant à combattre ce qu'ils considèrent comme des anomalies et des injustices. Dans une étude de la législation sociale de l'époque, Ferdinand Dreyfus note que la Législative vote à elle seule cinquante-six décrets comprenant des mesures destinées à soulager la misère [42].

L'administration des fonds de secours est de plus en plus centralisée tandis que les autorités locales, privées d'autres sources de revenus plus traditionnelles, dépendent davantage du Trésor public. C'est en particulier le cas sous la Convention, lorsque l'initiative locale est strictement réglementée et que tous les principaux départements de distribution sont concentrés dans les grands Comités de Paris.

De même que les autres Comités d'Etat, le Comité des secours publics constitue un bureau exécutif centralisé qui, avec l'aide du nouveau réseau de départements et de districts, essaie d'assurer la distribution équitable de l'argent en fonction des nécessités locales. A cet égard la Révolution jouit de l'avantage d'une structure bureaucratique inconnue sous l'Ancien Régime. Pour la première fois, il existe une chaîne de commandement reliant les Comités et ministères parisiens aux départements, districts et communes, permettant ainsi une uniformisation qui aurait été impensable sous l'Ancien Régime. L'importance des secours alloués ne dépend plus de facteurs tels que le niveau moyen des revenus de la communauté, son inclusion dans un pays d'état ou pays d'élection, la générosité du seigneur local ou, comme au Moyen Age, la fondation d'un monastère ou d'une abbaye.

Si les premières administrations révolutionnaires ont accordé une haute priorité aux questions sociales, le mérite en revient surtout aux membres du Comité de Mendicité. Energiques et enthousiastes, ils ne cessent d'attirer l'attention du gouvernement sur les problèmes et les besoins des pauvres. Ce Comité est né à la suite du débat organisé à l'Assemblée le 21 janvier 1790 sur la possibilité de lancer une souscription pour soulager la misère à Paris. Il commence son action avec des pouvoirs d'investigation très étendus et la responsabilité de soumettre à l'Assemblée ses idées « sur les moyens de détruire la mendicité [43] ». Sous cette forme, il va se développer en groupe de pression formidable, obligeant l'Assemblée à reconnaître ses obligations envers les pauvres et formant d'ambitieux projets de dépenses publiques.

Quatre commissaires désignés par l'Assemblée composeront le noyau du Comité. Parmi eux figurent Prieur, le député du Tiers Etat de Châlons-sur-Marne, et La Rochefoucauld-Liancourt, l'aristocrate qui représente Clermont-en-Beauvaisis et qui inspire sa création [44]. Liancourt est bientôt nommé président et c'est lui qui, par des rapports vigoureux, transforme le Comité en organisme de propagande. Champion impénitent de la cause des pauvres, infatigable dans ses efforts pour édifier la réputation et améliorer les compétences de ses collègues, il invite des experts en matière de bienfaisance à participer aux délibérations. Boncerf et La Millière sont bientôt cooptés ainsi que Montlinot, le directeur du dépôt de mendicité de Soissons, un avocat bien connu des réformes éclairées, auteur de quelques éminents traités sur la charité, publiés dans les dernières années de l'Ancien Régime [45].

Au cours des dix-huit mois suivants, le comité se réunit soixante-dix fois et les fruits de ses réunions — un *Plan de Travail* et sept rapports sur les divers aspects de la pauvreté et de l'assistance aux indigents — constituent la base de la nouvelle manière d'aborder la question qui va dominer la pensée de l'Assemblée législative et de la Convention, notamment la Convention jacobine de l'an II [46].

Les recommandations du Comité sont appuyées par des enquêtes détaillées et systématiques sur la nature et l'étendue des problèmes sociaux de la France. Le Comité coordonne ces recherches en collationnant les statistiques fournies par les quatre-vingt-cinq départements, exercice impressionnant, et scientifiquement dirigé selon les méthodes de l'époque, qui ne ressemblent en rien aux procédés souvent vagues et trompeurs utilisés sous l'Ancien Régime.

Bien que les administrateurs locaux désireux d'obtenir des fonds pour le financement de leurs projets aient pu exagérer le nombre des pauvres ou les pertes subies par leurs hôpitaux depuis la Révolution, les Comités de gouvernement ont tout de même à leur disposition un tableau synoptique des nécessités sociales à l'échelon national. Ils sont au courant par exemple des problèmes saisonniers de l'Auvergne qui réduisent à la misère chaque hiver presque toutes les familles de villes comme Saint-Jean-d'Ollières [47]. Ils connaissent le degré de souffrance de la population locale de Rodez où, en 1791, un sixième des habitants se trouve dans le dénuement le plus complet et un sur neuf est mendiant vagabond [48].

Pour les villes les plus importantes, le Comité reçoit les statistiques détaillées que les sections populaires lui envoient en 1793 et au cours de l'an II pour réclamer leur part des fonds publics destinés à l'assistance. Ils connaissent ainsi non seulement le nombre des indigents *intra muros* — information assez contestable car l'existence d'un hôpital ou hôtel-Dieu dans une grande ville attire souvent les mendiants des environs — mais aussi la distribution de ces hommes et femmes par district et par occupation [49]. Hôpitaux et asiles sont obligés de révéler aux Comités les détails les plus intimes de leur bilan, le nombre des membres de leur personnel, les listes hebdomadaires des malades traités et la perte de revenu qu'ils ont subie depuis le début de la Révolution. Cette mine d'informations est soigneusement triée et analysée ; elle permet au Comité de Mendicité et à ses successeurs de répartir aussi équitablement que possible les fonds limités disponibles.

Le Comité n'est pas responsable de la seule distribution des allocations, bien que cette opération soit sa tâche la plus immédiate. A plus long terme, il doit aussi fournir à l'Assemblée une analyse exhaustive des problèmes des pauvres et des propositions de solutions. Les statistiques qu'il demande aux départements ne sont pas de simples notes introduites dans un dossier de sécurité sociale mais des matériaux destinés à effectuer un exercice ambitieux et d'une relative complexité reflétant l'esprit de recherche né des Lumières. Le Comité veut connaître l'étendue des poches locales de misère, mais aussi les causes de leur existence. Les communes sont invitées à expliquer pourquoi elles souffrent davantage depuis la Révolution. Les réponses fournies forment la base d'une sorte de vue d'ensemble de la situation sociale des Français. Le chômage est la cause la plus citée ; à Evreux, en Normandie, le déclin du filage est le premier responsable ; les autorités locales ajoutent que les emplois agricoles sont rarissimes et que l'aide privée a disparu depuis 1790 [50]. Dans l'Ariège, c'est aussi l'absence de travail qui figure en tête des sources d'indigence. Tarascon supplie le Comité de rouvrir les mines de charbon qui peuvent ressusciter l'industrie de la métallurgie dans la région [51].

Dans les zones de cultures et de vignobles, le problème des vieillards est souvent signalé — à savoir celui des travailleurs que leur âge ou leurs infirmités frappent d'incapacité physique et qui restent sans moyen d'existence. Les rapports du district de Cadillac, en Gironde, sont caractéristiques : la plupart des vieillards indigents sont d'anciens vignerons qui dépendent de la seule charité publique après toute une vie de travail manuel pénible s'étendant dans un cas sur soixante-quatre ans [52].

Les localités déplorent couramment que les fonds de secours ne soient pas proportionnés à l'incidence géographique de la souffrance. De Tarbes, dans les Hautes-Pyrénées, par exemple, émane une demande de rationalisation des fonds car les revenus de la région sont répartis d'une façon scandaleuse et les pauvres sont atteints par les effets malencontreux de l'aide privée [53].

Grâce aux registres d'impôts et à d'autres sources, le Comité peut établir un tableau d'ensemble de plus de la moitié des départements français, tableau qui produit une profonde impression sur l'assemblée des députés en 1791. En effet, dans cinquante et un des départements qui ont fourni des rapports complets le nombre des mendiants est stupéfiant : 1 928 064 sur une population de 16 634 466 âmes, soit une proportion de près de un sur huit [54].

Jamais les gouvernements précédents n'avaient disposé de telles statistiques, et même si l'on tient compte des exagérations habituelles, des méthodes primitives employées pour les établir, du problème des travailleurs itinérants — moissonneurs, saisonniers, colporteurs et autres qui devaient figurer sur les rapports de plusieurs départements —, elles fournissent aux autorités la base d'une nouvelle politique d'assistance aux indigents. Les chiffres sont ahurissants. Ils confirment les estimations des historiens d'aujourd'hui mais, à l'époque, il ne semblait pas évident que la pauvreté puisse poser un problème à l'échelon national.

En fait, il concernait une si vaste partie de la main-d'œuvre non spécialisée ou semi-spécialisée qu'il ne pouvait plus être circonscrit à un groupe de vagabonds professionnels. Il existait certes des classes dangereuses mais elles ne constituaient pas une catégorie sociale nettement distincte ; elles formaient des groupes qui pouvaient souvent se confondre avec les classes laborieuses. En analysant les causes de la pauvreté dans leurs propres provinces, la plupart des représentants de l'autorité locale mettent en avant les forces économiques, les conditions climatiques, la vieillesse et le chômage.

Il est rare qu'ils se lancent dans de vertueuses diatribes contre la paresse et l'immoralité, et ceux qui le font appartiennent à ce groupe de départements privilégiés où le travail ne manque pas. Dans le district de Marseille, par exemple, le sort des mendiants ne semble guère éveiller l'intérêt. Les autorités signalent sur un ton quelque peu acide que les chiffres du recensement de la ville sont d'une inexactitude grossière et qu'il est donc impossible d'obtenir une estimation précise concernant le nombre des indigents. Les raisons invoquées tendent à expliquer cette fin de non-recevoir : la ville de La Ciotat met la mendicité sur le compte de la fainéantise, du jeu, du cabaret, des vices des individus eux-mêmes ; Cassis déclare avec amertume que le véritable problème est le goût de l'oisiveté et que le travail est accessible à tous ceux qui en veulent : « Il n'y a que l'ordre et la subordination qui puissent ramener au travail les vagabonds sous une inspection sévère[55]. » Quand le Comité a fini de mettre au point sa série de rapports détaillés sur l'indigence dans l'ensemble du territoire, une telle prise de position devient de plus en plus difficile à soutenir.

En vérité, le Comité n'a pas toujours réussi à créer une philosophie révolutionnaire des services sociaux, ni à adopter à l'égard des pauvres une attitude cohérente qui soit le fruit de l'expérience révolutionnaire. Le dualisme qui caractérise les cinquante dernières années de l'Ancien Régime est toujours profondément enraciné dans l'état d'esprit qui règne pendant les années 1790. La charité privée n'a plus cours ; les révolutionnaires croient que l'Etat a le droit d'imposer des normes à la société et, comme nous l'avons vu, ils ont développé une bureaucratie à cette fin.

Cependant, la question continue à se poser : quel rôle l'Etat est-il censé jouer ? Les pauvres doivent-ils être considérés comme des « enfants naturels de la Patrie » envers lesquels la société a une dette d'honneur comme le prétendent les humanitaristes ? Ou bien sont-ils un fléau social qui doit être extirpé dans l'intérêt de la nation ? C'est la différence entre la tendance humanitaire et la tendance répressive qui existait déjà avant 1789 mais qui, depuis que l'Etat est prêt à prendre de nouvelles initiatives hardies en matière de politique sociale, s'impose plus que jamais. Les deux tendances sont représentées dans le Comité de Mendicité, comme elles ont toutes deux des porte-parole dans tous les gouvernements des années révolutionnaires.

La théorie selon laquelle tous les hommes doivent avoir les moyens de se nourrir et de se vêtir est à la base de la pensée révolutionnaire. La notion du « droit à la subsistance » revient dans la plupart des déclarations sur le sujet de la pauvreté. En 1793, les sections de Paris proclament que cet idéal est le leur, mais la formule avait déjà été adoptée par des administrations révolutionnaires de diverses tendances. Dès janvier 1790, La Rochefoucauld-Liancourt déclare avec force que le concept de charité tel que le comprennent ses contemporains est erroné et démodé. Il ne faut pas que la charité soit l'apanage des riches, qu'ils la pratiquent par piété, par compassion sincère ou par condescendance. Comme la pauvreté est un sous-produit fâcheux mais inévitable du changement économique et social, c'est à la société qu'incombe le devoir d'assister ceux qui sont incapables de subvenir à leurs besoins. La connotation même du mot « charité » est offensante, ajoute-t-il :

> Chaque homme ayant droit à sa subsistance, la société doit pourvoir à la subsistance de tous ceux de ses membres qui pourront en manquer, et cette secourable assistance ne doit pas être regardée comme un bienfait : elle est, sans doute, le besoin d'un cœur sensible et humain, le vœu de tout homme qui n'est pas lui-même dans l'état de pauvreté ; devoir qui ne doit être avili ni par le nom ni par le caractère de l'aumône ; enfin, elle est pour la société une dette inviolable et sacrée [56].

Liancourt prend soin de noter que la société, de même que le pauvre, doit bénéficier de cette nouvelle attitude, car il croit que la misère est la cause fondamentale de la plupart des crimes qui constituent un fléau dans la majorité de la France rurale. Il souligne ses implications politiques, croyant, comme de nombreux membres réformistes de la Constituante, que l'indigence ne peut que prolonger la soumission et la servitude dans la population, une attitude incompatible avec le nouvel esprit de liberté [57]. C'est pourquoi il est généralement admis que la suppression de ce mal social doit figurer en tête de la liste des priorités des autorités révolutionnaires.

Les effets pratiques de cette démarche assez idéaliste n'échappent pas aux contemporains dont plusieurs sont épouvantés à l'idée des énormes sommes qui seront prélevées sur les deniers publics pour être versées aux mendiants ruraux haïs et redoutés. Les vieux préjugés ont la vie dure : au niveau local, on trouve même des plaintes concernant le laxisme de l'administration et des notes exigeant le renforcement de la surveillance dans l'intérêt de l'économie et de l'ordre public [58].

Il est communément admis qu'il n'existe aucune panacée aux maux des pauvres et que la distribution de sommes d'argent à tous ceux qui sont incapables de joindre les deux bouts risque à la fois de mettre le budget en déficit et d'encourager la fainéantise dans de vastes secteurs de la population. De même que sous l'Ancien Régime, il paraît nécessaire de trouver une formule qui permette de définir les groupes qui ont un droit légitime à l'assistance sans détruire la volonté de travail chez les autres. Cette définition sera inévitablement bureaucratique et quelque peu arbitraire. Elle devra servir de point de départ aux débats ultérieurs.

Dans son troisième rapport, en date de septembre 1790, le Comité de Mendicité décrète que tous ceux dont les impôts sont inférieurs au salaire d'une journée de travail ont droit à une assistance immédiate, ceux qui ne paient pas plus de deux ou trois journées de salaire pourront demander des secours en cas d'accident ou de maladie grave et prolongée [59].

Le Comité essaie aussi d'établir des distributions qualitatives entre les pauvres : il dissocie les voleurs, les vagabonds, les paresseux, les ivrognes de tous ceux qui sont manifestement inaptes au travail, les vieillards et les invalides, les aveugles et les infirmes. Le Comité décide que les pauvres valides ne seront assistés que par des offres d'emploi : la distribution d'argent ou de vivres aux individus en état de travailler est désormais abolie [60]. Cette mesure est accueillie avec faveur par l'ensemble de la population. Jean-Baptiste Bô, député de l'Aveyron, exprime l'opinion quasi unanime de ses collègues dans un rapport à la Convention, daté de l'an II, où il insiste pour que le gouvernement garantisse l'emploi et non la subsistance aux personnes valides puisque c'est « le droit à la subsistance par le travail » qu'elles peuvent revendiquer [61].

L'éthique du travail est très stricte dans la France révolutionnaire, et encore renforcée par cet austère esprit puritain qui est la marque de toute révolution. Si l'assistance est trop libérale, il est à craindre que l'oisiveté devienne respectable et, partant, que l'individu soit moins empressé à servir l'Etat. Pour les Jacobins, en particulier, l'intérêt de l'Etat passe avant tout, et ceux qui ne contribuent pas au bien commun manquent à leur devoir le plus élémentaire. En conséquence, ils doivent être privés de leurs privilèges de citoyens. Jourdain, de l'Ille-et-Vilaine, est l'un des nombreux députés du Directoire qui réclament que les principes du *Contrat social* de Rousseau soient appliqués aux pauvres et que l'oisiveté, l'abstention des obligations envers l'Etat soient considérées comme des délits passibles de peines au même titre que tous les autres délits [62]. Bertrand, député de Normandie, va jusqu'à proclamer que tout individu oisif est un fardeau pour la société qui, par conséquent, ne lui doit rien [63].

Il est vrai que tous les députés ne partagent pas son opinion. Certains pensent que leurs collègues confondent oisiveté et indigence. Ainsi, Baudin fait valoir avec juste raison que ces propositions sont discriminatoires au détriment des pauvres puisqu'elles attaquent l'oisiveté aux plus bas échelons de la société tout en ignorant les oisifs qui sont des parasites bien plus coupables [64]. Néanmoins, tous sont d'accord pour admettre que la bienfaisance ne doit pas être libérale au point d'inciter les pauvres à la fainéantise. Il ne faut pas permettre que le niveau de vie du pauvre valide sans emploi puisse rivaliser avec celui du travailleur. C'est pourquoi les secours attribués aux individus valides sont surveillés de près et distincts de l'aide plus généreuse allouée aux malades, aux vieillards et aux infirmes.

Cette sévérité est renforcée par ce que certains considèrent comme les implications politiques de la mendicité. Pour eux le vagabondage n'est pas seulement une insulte aux bons citoyens qui travaillent sans récriminer et contribuent à la prospérité de la France ; c'est une école du crime. Les bandes de mendiants vagabonds sont présentées comme des pépinières de bandits semblables à ceux qui terrorisent les voyageurs sur les routes de l'an VI et l'an VII et interrompent les communications essentielles entre Paris et les grands centres provinciaux [65]. Ces mendiants ne sont pas tous poussés dans cette voie par la misère et la menace de la famine ; certains ont le goût de l'aventure et trouvent que le brigandage est une activité lucrative.

Dans une lettre adressée aux états généraux en 1789, un notaire du Dauphiné écrit que, outre le fait que les vagabonds représentent une menace pour l'ordre public, ils privent les indigents authentiques des secours qui leur sont indispensables. Selon lui, ils forment une classe à part, « une classe de mendiants qui mendient non seulement sans besoin mais encore par avarice et spéculation [66]. » Si de tels individus sont supportables sous un gouvernement despotique, ils représentent une tache intolérable pour la réputation d'un régime qui leur a apporté la liberté. Quelques députés, comme Chabot, croient même que, sous l'Ancien Régime, la mendicité était une forme de protestation populaire assez redoutable pour forcer les rois et leurs ministres tyranniques à faire des concessions [67], mais que, après 1789, ce genre d'argument ne peut être retenu.

En fait, lorsque les activités des vagabonds ne donnent aucun signe de relâchement, d'invraisemblables hypothèses s'échafaudent, fortement imprégnées des souvenirs de la Grande Peur et de la chouannerie. En l'an VIII, par exemple, Porcher soumet au Conseil des Anciens un article d'une grande sévérité sur le crime rural : il souligne qu'il existe un lien étroit entre le vagabondage et les ennemis de la République, les chouans, les prêtres réfractaires et les émigrés. Il accuse les mendiants de servir de messagers aux contre-révolutionnaires qui veulent renverser le régime [68]. Chabot considère le mendiant comme l'allié des ennemis extérieurs de la France et l'« instrument de la contre-révolution... C'est pour anéantir la République qu'il se livre chaque jour au pillage et aux assassinats [69] ». Il est évident que les hommes qui portent un pareil jugement sur le phénomène de la mendicité ont une attitude répressive.

Le Comité de Mendicité a une parfaite connaissance des craintes et des soupçons du peuple français : plusieurs de ses dix-neufs membres ont joué un rôle important dans le débat sur la charité qui a suscité de vives polémiques au cours des années 1770 et 1780 dans les académies provinciales et dans la presse pamphlétaire. Ils ne préconisent pas une révolution dans le comportement social mais s'appliquent avec soin à adapter les nouvelles idées d'assistance à la mentalité et aux capacités de la France révolutionnaire. Leurs propositions ont un caractère éminemment pratique qui découle à la fois de l'insuffisance des réformes précédentes et des théories physiocratiques sur la richesse et la prospérité.

Les problèmes sont bien compris : ils sont analysés avec une extrême lucidité par l'Assemblée provinciale de Rouen en 1787, comme ils le sont par le Comité trois ans plus tard [70]. De même que cette Assemblée, le Comité s'inquiète des dépenses. Il croit que la garantie de l'emploi contribuera le mieux au bien-être des pauvres valides ; il doute de l'utilité des subventions coûteuses aux petits hôpitaux et se méfie des institutionalisations. Tout compte fait, le système des secours à domicile lui paraît plus économique et plus commode sur le plan social en période de crise à court terme [71]. Ainsi, à bien des égards, le Comité est représentatif de l'opinion éclairée de la seconde moitié du XVIIIe siècle.

C'est par l'influence qu'ils exercent que les membres de ce comité se distinguent des hommes qui ont préconisé la réforme au cours des vingt ou trente années précédentes. Ils ont en Liancourt un porte-parole et un propagandiste de la plus haute qualité qui poursuit ses projets de réforme et les impose aux députés et aux administrateurs des hôpitaux avec un zèle inlassable. Qui plus est, le Comité peut signaler avec force les besoins des pauvres. Il fait ressortir par exemple que quelques-unes des premières mesures révolutionnaires dans d'autres domaines ont eu pour effet de ponctionner les fonds indépendants des hôpitaux, les rendant ainsi encore plus inefficaces si l'Etat n'intervenait pas pour combler la brèche.

La méfiance que lui inspirent l'Eglise et son influence politique ancre davantage le Comité dans l'idée que l'Etat doit être désormais le principal pourvoyeur des pauvres et des indigents, l'agence de distribution des fonds en cas de nécessité, puisque seul l'Etat est capable d'assurer une équitable répartition des ressources. Le Comité devient de plus en plus un groupe de pression, opposé à la charité cléricale et favorable à une sorte d'état de prospérité dans lequel la France révolutionnaire assumerait la responsabilité des malades, des invalides et des indigents. L'assistance ne serait plus une forme de charité mais un droit humain fondamental, une dette que la nation a contractée envers ses citoyens.

La force de persuasion du Comité et le climat humanitaire des premières années révolutionnaires se reflètent dans le fait que ces idées sont acceptées et qu'une série de lois tente de les traduire dans la réalité entre 1790 et la chute de la Montagne en juillet 1794. Des hôpitaux financés par les fonds gouvernementaux, un système rationnel de pensions d'Etat, des projets de travaux publics pour les chômeurs et une protection assurée aux enfants abandonnés, tels sont les éléments essentiels d'un plan général d'assistance appliqué d'une manière équitable d'un bout à l'autre du pays et dont les dépenses seront couvertes par les impôts. C'est un idéal noble, et les gouvernements révolutionnaires comptent sur leur nouveau système administratif centraliste pour le réaliser. Les Jacobins y croient. Pour les Thermidoriens, c'est un rêve chimérique qui place l'idéologie anticléricale et l'égalitarisme au-dessus des besoins des pauvres et épuise le budget. Pourtant, malgré ses faiblesses, c'est l'ébauche d'un projet de prospérité publique qui dénote de grandes qualités d'imagination et qui illustre l'enthousiasme idéaliste des débuts de la Révolution.

3

La Révolution et les hôpitaux I : Du comité de mendicité au centralisme jacobin

Si les théories sociales des autorités révolutionnaires semblent assez pertinentes, les conséquences pratiques de leur mise en application ne peuvent être appréciées qu'au niveau local. Les théories sociales sont souvent formulées en termes très vagues, de sorte qu'il n'est pas facile de les mettre en pratique dans un pays où la structure existante des institutions charitables a été construite pièce à pièce, sans méthode, au cours des siècles. Pendant les dix courtes années de la période révolutionnaire, les autorités n'ont pu modifier les habitudes séculaires que jusqu'à un certain point. Il est évident que plusieurs des changements accomplis n'ont pas été des opérations de chirurgie radicale dans l'infrastructure bien établie des services sociaux.

C'est particulièrement vrai dans le domaine des services hospitaliers car, surtout dans la France urbaine, l'hôpital est devenu le principal foyer de la charité de l'Ancien Régime, la seule institution de nombreuses villes et bourgs qui s'occupe des pauvres et des malades. Il fait l'objet des legs et des dons des personnalités éminentes de la communauté. Les hôpitaux sont administrés par de respectables représentants de l'élite locale, membres de l'aristocratie ou de la bourgeoisie qui croient pouvoir jouir de la considération de leurs concitoyens en retour des services qu'ils rendent. Plusieurs hôpitaux sont des fondations catholiques charitables qui se sont développées au hasard des nécessités et qui n'ont commencé à s'organiser rationnellement que dans le courant du XVIIIe siècle.

Au début de la Révolution, cette rationalisation commence à porter des fruits. Les petits hospices sont amalgamés et chaque grand centre urbain est doté d'un hôpital général capable de traiter les maladies courantes et d'héberger les vieillards de la région. En 1789, le diocèse de Bordeaux, par exemple, possède sept hôtels-Dieu dont la capacité varie, s'échelonnant de l'hôpital Saint-André — situé dans la ville même — qui compte quatre cents lits, à la petite maison de santé de Saint-Macaire qui ne peut loger plus de six patients à la fois [1]. Cette structure reste quasi inchangée pendant toute la période révolutionnaire.

Il en va de même pour la destination des hôpitaux. Comme sous l'Ancien Régime, ils sont au service des pauvres et des vieillards, de ceux qui, en raison d'une terrible pénurie ou de l'absence de tout parent en état de les aider, n'ont d'autre solution que de chercher refuge dans une institution prévue à cet effet. Aux yeux de la majorité des Français, l'hôpital est un simple mouroir où les malheureux viennent finir leurs jours. Ce sort est celui des vieillards épuisés par un travail physique pénible et dénués de ressources.

En 1684, l'intendant de Poitiers brosse un sombre tableau de l'économie rurale et ajoute que, dans sa région, « les artisans sont si pauvres qu'il faut les mettre à l'hôpital dès qu'ils cessent de travailler [2] ». La Révolution ne fait guère d'effort pour corriger cette impression, profondément ancrée dans la démonologie des pauvres. Les hôpitaux restent des lieux de refuge pour les classes inférieures et inspirent une sorte d'horreur aux Français moyens. Le registre des admissions de l'hôtel-Dieu de Lyon, l'un des plus vastes hôpitaux du pays, est significatif à cet égard : il énumère avec une certaine monotonie les noms des canuts, des servantes, des blanchisseuses, des empeseurs — occupations courantes des classes laborieuses et du groupe artisanal le plus pauvre de la société lyonnaise [3].

Dans leur rapport de novembre 1790 sur la gestion de l'hôpital, les administrateurs de l'hôtel-Dieu de Saint-Etienne vont jusqu'à déclarer que le nombre des patients est strictement réglementé par le climat économique général de la ville, étant donné que Saint-Etienne est une communauté de quelque quarante mille individus « dont le plus grand nombre sont des artisans et journaliers qui n'ont d'autre ressource que leur travail et qui dans la moindre maladie sont forcés d'avoir recours à l'hôtel-Dieu [4] ». Il s'ensuit que la situation des services hospitaliers pendant la période révolutionnaire est une affaire de la plus haute importance pour les membres les plus pauvres et les plus vulnérables de la société française.

Ou, tout au moins, elle est de la plus haute importance dans la mesure où la Révolution ne peut offrir à une substantielle proportion de pauvres nécessiteux une autre solution que « le recours à l'hôtel-Dieu ». Compte tenu de l'odeur de mort et de misère qui se dégage des hôpitaux, ils ne constituent guère une base appropriée au système de bienfaisance révolutionnaire. En outre, comme ils sont essentiellement situés dans les centres urbains, ils ne peuvent satisfaire les besoins de vastes zones de la France rurale.

Aux premiers stades de la Révolution, le Comité de Mendicité examine avec un esprit de plus en plus critique la situation des hôpitaux et leurs fonctions. Représentent-ils un moyen efficace de garantir la société contre l'indigence et la maladie ? Ne gaspillent-ils pas les ressources en imposant une institutionalisation inutile à grands frais alors qu'une allocation à court terme ou une pension pourrait aider une famille à traverser une période de détresse temporaire ? Dans quelle mesure peuvent-ils être autorisés à conserver des privilèges — fiscaux et autres — qui ont leurs racines dans cette même législation féodale que la Révolution attaque dans d'autres domaines ? Ces questions sont toujours présentes à l'esprit des membres du Comité et des législateurs qui lisent leurs rapports [5].

A l'époque, il ne leur paraît pas nécessaire de conserver à l'hôtel-Dieu son rôle central dans la structure de l'assistance. Les dirigeants politiques visent moins à garantir le statut des hôpitaux qu'à les intégrer dans l'organisation plus généralisée d'un programme d'assistance sociale. Pensions et aides à court terme pour les pauvres — assistance à domicile — doivent compléter l'action de la charité institutionalisée. De nombreux révolutionnaires préfèrent cette forme d'assistance qui leur paraît moins onéreuse pour l'Etat et moins portée à provoquer des malaises dans la communauté.

Pour la majeure partie de la période révolutionnaire — et certainement jusqu'à la chute des Montagnards en thermidor de l'an II, nous devons essayer d'évaluer l'efficacité globale de la politique sociale au lieu de nous concentrer sur le sort de certaines institutions majeures. Dans ce chapitre et les suivants, nous examinerons tour à tour les questions des hôpitaux, des plans de secours, des ateliers publics et des enfants trouvés, qui forment les principales composantes du programme d'assistance sociale financé par l'Etat dont rêvent les révolutionnaires. Après Thermidor, ce projet ambitieux est bien près d'échouer, et les hôpitaux, éléments permanents les plus stables de toute la structure, vont reprendre une fois de plus leur rôle traditionnel.

Les effets les plus marquants et les plus immédiats de la Révolution sur les services hospitaliers sont incontestablement d'ordre financier. Au XVIIIe siècle leurs revenus proviennent de sources très diverses qui ne bénéficient pas toutes de l'approbation inconditionnelle des législateurs de l'Assemblée nationale et de la Convention. Dans l'ensemble, ces revenus sont de quatre sortes : le produit des loyers payés par les tenanciers pour les terres qu'ils cultivent ; le produit des terres directement exploitées par les hôpitaux ; les droits féodaux ; et une vaste gamme de legs, donations et aumônes.

Naturellement, il existe d'énormes différences d'une région à l'autre, d'un hôpital à l'autre. En Gironde, par exemple, le revenu des loyers semble avoir joué un rôle légèrement supérieur à celui des droits féodaux mais tous sont substantiels, constituant environ un tiers du revenu total [6]. En revanche, le principal hôpital de Toulouse, l'hôpital général de la Grave, n'est guère alimenté par de telles sources : en 1765, il avait versé une grosse somme au Trésor royal, de sorte qu'une grande partie de ses terres sont rapidement liquidées et qu'il dépend pour la presque totalité de ses revenus courants d'une pension annuelle de 60 000 livres que lui alloue la Couronne [7].

Plusieurs hôpitaux sont de gros propriétaires fonciers, le rendement et l'étendue de leurs terres variant considérablement. Ainsi, l'hôtel-Dieu de Sens reçoit un revenu annuel de 8 600 livres venant de propriétés qui s'étendent sur une vingtaine de communes et comprenant des prés à Courtois, des vignobles à Paron, des forêts à Villeperrot et de bonnes terres arables à Jouy. L'hôpital peut être considéré comme un entrepreneur rural doué d'une puissante imagination et favorisé par le succès [8]. Dans une zone industrielle comme Saint-Etienne, les administrateurs des hôpitaux peuvent espérer profiter d'une partie de la nouvelle richesse de leur région. Dans ce cas, nous constatons que le revenu vient non seulement des terres, forêts et loyers des maisons de la ville mais encore d'entreprises spéculatives comme les mines de charbon et une carrière de pierres[9]. En résumé, les hôpitaux se comportent comme tous les propriétaires : ils exploitent leurs domaines pour en tirer le maximum d'avantages.

Cependant, ils ne comptent pas que sur leurs terres et sur les rentes car, nous l'avons vu, la tradition des bonnes œuvres reste assez puissante au XVIIIe siècle, vivement encouragée par la hiérarchie ecclésiastique. Bien que la Révolution ait tendance à mépriser cette forme de charité qui lui apparaît comme une sorte de paternalisme et un défi insolent au principe d'égalité, il n'en est pas moins vrai que, jusqu'en 1790, elle joue un rôle majeur dans la fondation des hôpitaux ; elle les aide en outre à combler les déficits croissants dont de nombreux trésoriers sont bien obligés de faire état.

Les petits hôpitaux qui exercent une influence séculaire sur les localités proches bénéficient souvent de legs et de dons hors de proportion avec leur capacité d'accueil, surtout dans le Sud où la féodalité est moins enracinée et la grande propriété plus limitée. Colin Jones note que, dans l'Hérault, par exemple, une infime fraction du revenu des hôpitaux, environ 5 pour cent, vient de la propriété, contraste frappant par rapport à ce que perçoivent de nombreux hôpitaux municipaux du Nord qui peuvent figurer parmi les gros propriétaires terriens de leur région[10]. En 1791, les dépenses du petit hôpital Saint-Jacques à Libourne s'élèvent à quelque 9 494 livres, alors que le revenu de toutes les formes de propriété ne dépasse pas 5 408 livres. La différence, plus de 4 000 livres, doit être couverte par le produit des aumônes et donations[11]. Certains hospices moins favorisés ont déjà été forcés de fermer avant la fin de l'Ancien Régime.

En conclusion, bien que faussée par ses résultats fragmentaires et par les contestations des trésoriers, l'étude du Comité de Mendicité sur les revenus des hôpitaux tend à faire ressortir les disproportions flagrantes qui existent entre le revenu et les besoins[12]. Quelques-uns des hôpitaux les mieux dotés font l'objet de trop rares demandes. C'est ce déséquilibre, cette répartition inéquitable des ressources, qui choque l'esprit rationaliste de la Révolution et incite les députés à chercher un système de financement mieux conçu. Cette recherche occupe l'attention de tous les gouvernements entre 1790 et 1794, à mesure qu'ils progressent vers l'idéal du juste système de distribution étatisé dont rêve La Rochefoucauld-Liancourt.

Cependant, la désintégration des anciennes ressources des hôpitaux résulte de l'impact de la récession économique et non des innovations introduites dans le système. A la fin des années 1780 et au début des années 1790, les récoltes sont mauvaises et le prix des denrées de base s'en ressent terriblement, le non-paiement des taxes et l'effondrement des industries de luxe ont de graves répercussions sur l'infrastructure économique, ce qui est encore aggravé par l'entrée en guerre de la France après 1792. Le pays souffre pardessus tout d'une crise monétaire quasi permanente dans les années 1790, en particulier après la décision que prend le gouvernement d'émettre un papier monnaie, l'assignat, dont la valeur était assignée sur les biens nationaux.

Il en résulte un accroissement effrayant du taux d'inflation qui ne peut être contenu que par l'application rigoureuse de la loi du Maximum et l'emploi de la terreur économique en 1793 et 1794. Les dépenses des hôpitaux montent en flèche avant même les tentatives désastreuses des Thermidoriens et du Directoire pour ramener la France à une économie de marché libre. Ce n'est pas seulement le prix des denrées alimentaires qui s'envole, c'est aussi celui de la main-d'œuvre et des matériaux de construction nécessaires aux réparations et à l'entretien des hôpitaux. A Paris, le salaire journalier d'un maçon augmente de deux livres dix sous, en juin 1792, à cinq livres, en messidor de l'an II, et celui d'un menuisier de deux livres quinze sous à six livres pour la même période [13].

Il n'est pas étonnant que les réparations essentielles n'aient pas été entreprises, car le gouvernement n'a pas prévu ce niveau d'inflation en établissant le budget des hôpitaux. Il n'a pris en compte que les dépenses courantes sans s'inquiéter des considérables arrérages qui s'accumulent dans la majorité des maisons [14]. Ce n'est que tardivement et avec répugnance qu'il reconnaît le préjudice causé aux finances des hôpitaux par d'autres échecs de la politique révolutionnaire. Le domaine des œuvres charitables en est un exemple probant. En effet, la plupart de ceux qui peuvent donner sont riches et nobles, c'est-à-dire ceux-là mêmes que la Révolution condamne à l'exil, à l'émigration, à la ruine économique et parfois à la mort. La vague de l'émigration commencée avec la prise de la Bastille prive les services hospitaliers de revenus indispensables.

De même que l'assistance aux pauvres, l'aide charitable aux hôpitaux est stimulée par la piété religieuse, une source de financement qui se tarit dès 1790 en même temps que la Révolution décrète la séparation de l'Eglise et de l'Etat. Les donateurs potentiels sont encore plus découragés lorsque les administrateurs révolutionnaires décident d'utiliser les legs déjà existants à leurs propres fins. Aux Incurables de Paris, l'Etat s'approprie arbitrairement les lits mis à la disposition du clergé de la paroisse [15]. A Agen, les autorités en quête de revenus supplémentaires utilisent les legs privés pour faire face aux dépenses quotidiennes de l'hôpital local [16]. Les actes de ce genre n'encouragent guère les riches et les dévots à perpétuer la longue tradition de la charité privée.

L'attaque de la Révolution contre les droits féodaux et seigneuriaux est mieux calculée car, dès le début, l'abolition de ces droits figure parmi les principaux objectifs politiques et sociaux de l'Assemblée nationale. Cette attaque n'est pas dirigée spécifiquement contre les hôpitaux et les fondations charitables, bien qu'aucun effort n'ait été fait pour les exclure des effets financiers d'une législation destinée d'abord à détruire l'aristocratie et l'Eglise. Les décrets n'établissent pas de distinctions très subtiles et, aux yeux de la loi, de nombreux hôpitaux avec leurs propriétés rurales et urbaines sont des seigneuries féodales comme les autres. Leurs bénéfices peuvent être alors très substantiels. Les comptes de l'hôpital Saint-André de Bordeaux pour 1790 indiquent que le revenu global des droits féodaux de toute sorte — dîmes, cens, lods et ventes sont les plus lucratifs — s'élève à 51 436 livres, une somme très importante dans son budget total de 131 667 livres. Cette perte se fait terriblement sentir lorsque de tels revenus sont abolis par le grand démantèlement de la féodalité, au début des années 1790 [17].

Il est vrai que le gouvernement prend conscience des souffrances qu'il risque de causer et qu'il exclut parfois les services hospitaliers de l'impact financier de sa législation. Ainsi, en avril 1790, il décrète que les hôpitaux peuvent continuer, dans l'immédiat, à exploiter leurs propriétés et à recueillir les aumônes [18]. En octobre 1790, les hôpitaux sont momentanément exclus de la législation concernant ce qui constitue désormais les biens nationaux : ils peuvent, dans le court terme, continuer à posséder, à cultiver et à louer à bail les terres agricoles [19]. En 1791, une autre loi leur permet de continuer à encaisser les revenus de leurs propriétés pour une seule année. Mais à partir du 1er janvier 1792, ces sources de revenus seront supprimées [20]. Ce sont là des concessions mineures qui ne font que retarder les effets de la législation antiféodale mais, en aucun cas, les gouvernements révolutionnaires n'ont l'intention de traiter les hôpitaux avec plus de mansuétude que tout autre seigneur féodal.

La vigueur avec laquelle la législation antiféodale attaque les finances des hôpitaux privés varie d'une région à l'autre. Dans le Midi, les pertes sont moins importantes que dans les terres agricoles du Nord et du Bassin Parisien. Cependant, partout les réformes ont pour effet d'augmenter l'insécurité et la dépendance des hôpitaux au moment même où ils sont le plus vulnérables : le déclin de la charité dû à l'émigration, le faible rendement des moissons, le refus de paiement des taxes dans de vastes secteurs du pays réduisent singulièrement les revenus des services hospitaliers.

S'il faut en croire les chiffres fournis par le Comité de Mendicité pour les 1 438 hôpitaux qui se sont donné la peine de soumettre des rapports, le revenu total tombe de 20 874 665 livres en 1788 à 13 987 778 livres en 1790 [21].

L'abolition des dîmes se fait largement ressentir étant donné que les hôpitaux constituaient un cas exemplaire de leur prélèvement pour répondre à un besoin social réel et manifeste. Dans certains hôpitaux, comme Saint-Alexis à Limoges, la contribution des dîmes est considérable. Elle constitue environ un sixième du revenu total [22]. Plus grave encore est l'effet de l'abolition de la dîme sur certains petits hôpitaux de campagne qui n'ont guère d'autres sources de revenus, d'autant plus que la communauté locale n'est pas riche ; à Gaillac, dans le Tarn, l'hôpital Saint-André déclare que les dîmes représentaient plus de la moitié de ses dépenses courantes [23].

Les innombrables octrois et taxes locales constituent également une grosse partie du revenu des hôpitaux et des institutions charitables. Leur suppression en 1791 est à l'origine de réelles souffrances. Dans le cas de l'hôpital Saint-Charles de Sète, par exemple, le revenu des octrois représente 40 pour cent de ses ressources totales [24]. Dans les grandes villes, l'octroi est souvent une précieuse source de fonds. A Lyon, l'hôtel-Dieu bénéficie des recettes régulières des droits d'entrée imposés sur toutes les expéditions de vin qui arrivent dans la ville par voie terrestre et fluviale. En 1790, le produit des huit péages s'élève à près de 16 000 livres [25] — une forme de revenu très utile, même si la majeure partie des sommes vient des pauvres eux-mêmes, c'est-à-dire du groupe social que l'hôpital est censé secourir [26].

D'autres sources de revenus locaux moins spectaculaires sont elles aussi perdues. De nombreux hôpitaux, comme ceux de Marseille, bénéficient sous l'Ancien Régime de l'argent prélevé sur les amendes imposées par les tribunaux, concession qui est abolie comme tant d'autres en 1790 [27].

D'autres jouissent aussi d'un monopole sur l'approvisionnement en viande pendant le carême — un apport certainement assez modeste mais qui intéresse les services hospitaliers de tout le pays : au petit hôtel-Dieu de Feurs dans la Loire, il s'agit d'un revenu supplémentaire de 148 livres par an, à l'hôpital Saint-André de Bordeaux, d'une somme de plus de 23 000 livres [28]. C'est en effet grâce à des recettes de ce genre d'une part et aux donations d'autre part que de nombreux hôpitaux peuvent éviter la faillite dans les années qui précèdent la Révolution.

L'ensemble des nouvelles mesures a pour effet de supprimer une importante partie des revenus indépendants des hôpitaux. L'un après l'autre, les trésoriers de ces établissements signalent au Comité de Mendicité que le maintien des normes existantes est désormais impossible.

Un exemple peut servir à illustrer la triste situation des services hospitaliers dans l'ensemble du territoire. En janvier 1793, le trésorier de l'hôpital général de Limoges produit des chiffres destinés à démontrer les incidences du nouveau code de lois sur son budget annuel : le revenu des terres a baissé de 3 000 livres ; les dîmes sont supprimées dans leur totalité ; les cens, lods, ventes et autres droits féodaux sont également abolis ; le produit des aumônes et quêtes des églises de la paroisse est épuisé. Les sommes dues par le clergé local sont annulées. Les pertes de l'hôpital se montent à environ 11 000 livres. Il ne lui reste que l'argent des loyers qui lui ont été laissés [29]. Aucun trésorier ne peut faire face à de telles pertes avec sérénité, d'autant plus que l'inflation s'accélère et que les nécessités du service imposent un lourd fardeau à ses finances déjà fort endommagées.

Il est vrai que la loi du Maximum accorde un léger répit aux hôpitaux comme aux individus mais, en septembre 1793, à la veille du vote de la loi du Maximum, la situation de nombreux hôpitaux est désespérée. Il leur est quasi impossible de nourrir leurs malades et de pourvoir à leurs besoins les plus urgents car ils ne peuvent se passer d'un certain nombre d'articles de première nécessité. Un trésorier de Marseille signale avec amertume que ces denrées essentielles sont celles dont les prix ont subi l'augmentation la plus sensible : le prix du pain a doublé, celui des légumes, de l'huile, du bois de chauffage, de la paille et du savon a quintuplé [30]. En même temps, les revenus des hôpitaux ont subi des baisses considérables, de sorte que, pour la plupart, la faillite et même la fermeture semblent inévitables.

Naturellement, quelle que soit leur idée sur le rôle que doivent jouer les services hospitaliers auprès des vieillards et des malades, les députés ne tiennent en aucune manière à les voir disparaître. Le Comité de Mendicité propose que les fonds perdus par suite de la modernisation de la société féodale soient remplacés par des dons du Trésor central répartis en fonction des besoins et du nombre des patients. Tous les Français auront accès aux soins hospitaliers, quel que soit leur lieu de résidence. L'argent des impôts servira à payer les frais. Une somme de plusieurs millions de livres est votée chaque année pour le budget des hôpitaux et versée aux départements sur la base de leur taux de population pour être répartie entre les divers hôpitaux de leur territoire [31].

En théorie, c'est une saine mesure, car les quelque deux mille hôpitaux existants ne peuvent assurer le bien-être que la Révolution s'est engagée à créer si le gouvernement central n'assume pas la responsabilité de leur gestion. Toutefois, entre la théorie et la pratique le gouffre se creuse un peu plus chaque année. Les millions votés à Paris semblent devoir résoudre le problème mais les sommes allouées sont trop souvent calculées sur les dépenses de l'année précédente alors qu'elles sont dépassées par l'inflation et la perte des revenus privés. A partir du 1er janvier 1791, les hôpitaux sont obligés de payer des impôts sur leurs terres et immeubles, ce qui leur enlève un autre de leurs privilèges [32]. Les administrateurs reçoivent leurs allocations de plus en plus tard, leurs créanciers perdent patience et leurs dettes s'accumulent.

Ces retards ne sont pas dus au manque de bonne volonté des ministres mais à la faillite quasi permanente du Trésor, d'autant plus épuisé par les dépenses de guerre et de la révolution politique que les impôts ne rentrent pas. Les hôpitaux ne représentant qu'une priorité parmi tant d'autres — équipements des troupes armées, pensions aux veuves et aux orphelins, et une multitude d'autres dépenses urgentes.

La nourriture des malades est de plus en plus frugale ; en floréal de l'an II, le Comité de Salut public décrète solennellement que la ration de viande des hôpitaux parisiens sera réduite à seize onces tous les dix jours et, en l'an III, même la ration de pain est restreinte [33]. A Bordeaux, il arrive que la viande soit introuvable sur les marchés et, pendant ces périodes, les malades sont même privés du bouillon jugé essentiel à la reconstitution de leurs forces [34]. Sous le gouvernement jacobin, de nombreux hôpitaux souffrent de pénurie mais le contrôle des prix et les réquisitions permettent de maintenir l'acheminement des denrées essentielles vers leurs administrations aux abois. C'est lorsque ces contrôles sont supprimés, après le démantèlement de la bureaucratie centralisée de la période jacobine, que commencent les véritables difficultés.

Les Jacobins laissent à leurs successeurs un service hospitalier dépouillé de ses ressources privées et placé sous l'étroite dépendance de la volonté et de la prospérité de l'Etat. Les secours publics ont été constitués en une section du gouvernement central au sein de laquelle les hôpitaux sont censés répondre à un ensemble de nécessités bien définies. Sous les Assemblées constituante et législative, alors que les revenus féodaux sont abolis, les octrois levés et de nouveaux impôts établis, les hôpitaux n'en sont pas moins autorisés à conserver leurs terres et à les cultiver ou à les louer. Pour de nombreux hôpitaux c'est leur dernière source de revenus réellement indépendants, leur dernier recours lorsque les allocations tardent à arriver de Paris.

Par la loi du 23 messidor de l'an II, le gouvernement supprime cette dernière ressource en déclarant que les terres et immeubles des hôpitaux doivent désormais être considérés comme des biens nationaux et mis en vente au même titre que les propriétés confisquées aux aristocrates émigrés ou au clergé [35]. Les motivations des Jacobins sont mélangées ; d'une part, ils veulent intégrer ces centres de privilèges d'Ancien Régime dans leur service social mais, d'autre part — et beaucoup plus immédiatement — ils ont besoin de l'argent que rapporteront les ventes à d'autres fins et en particulier pour le budget de la guerre. A ce niveau, l'opération n'est guère qu'une liquidation hâtive et opportuniste de biens immobiliers destinée à réunir des fonds.

Ses effets sont extrêmement variables selon les hôpitaux, quoi que puissent en penser certains historiens conservateurs comme Lallemand qui dénoncent ce décret [36] : à l'autre extrême, Watteville allègue que la mesure n'a eu aucun impact puisqu'elle n'a jamais été appliquée, ayant été différée en l'an III et annulée deux ans plus tard [37]. La vérité n'est jamais aussi évidente. Dans les localités où les administrateurs agissent avec promptitude et efficacité et où ils sont soumis à de fortes pressions politiques, les ventes s'effectuent sans tarder, souvent dans les conditions les plus défavorables car de vastes propriétés sont mises sur le marché et leur prix est au plus bas. Ainsi, l'hospice municipal de Tarbes est obligé de liquider neuf fermes composées de prairies et de terres arables sur les instructions de la Convention [38]. D'autres hôpitaux, comme celui de Saint-Etienne, sont contraints de vendre des terres et immeubles qui sont partie intégrante de l'hôpital lui-même pour des sommes aussitôt dépensées [39]. L'impact de la loi est très inégal puisque de nombreux hôpitaux tirent leurs revenus d'autres sources que les terres et ne sont donc pas concernés. D'autre part, la prorogation du décret après Thermidor sauve les propriétés des retardataires ou des malins.

Il existe des cas isolés où la vente de la propriété des hôpitaux peut être considérée comme un bien, par exemple celui de l'hôtel-Dieu de Lyon qui obtient l'autorisation de se débarrasser de certaines terres incultes qu'il possède aux Brotteaux, sur l'autre rive du Rhône [40]. Mais, la plupart du temps, ces ventes sont forcées et contraires à l'avis des économes qui voient dans ces terres un dernier rempart contre la faillite et ne comprennent que trop bien que c'est le dernier vestige de leur indépendance économique qui s'écroule. En l'an IX, Chabot, le député de l'Allier, récapitule la période révolutionnaire et reconnaît que la loi du 23 messidor an II a contribué à aggraver les souffrances, et que les intérêts réels des hôpitaux ont été sacrifiés aux nécessités financières immédiates des autorités locales [41].

Dans ces conditions, il peut être surprenant que la majorité des hôpitaux ait survécu au bouleversement financier de l'époque. Quelques-uns, il est vrai, sont obligés de fermer à cause de leurs difficultés budgétaires. Tel est le cas de l'hospice des Pauvres Passants dont la ville de Lyon assure le maintien dans le Faubourg de La Guillotière, quartier populaire de réputation douteuse qui s'est développé sur l'autre rive du Rhône. Pendant plus d'un siècle, l'hospice a recueilli les malades et les nécessiteux dans un secteur où la misère est endémique et la souffrance monnaie courante. Or, en 1790, les droits seigneuriaux de Lyon sur la Guillotière sont abolis, et le faubourg, annexé au département de l'Isère, devient un refuge pour les voleurs, les bandits de grand chemin, les proxénètes et les assassins, car il ne dépend plus de la juridiction de la police de Lyon. Obligés de réduire leurs dépenses, les Lyonnais reconsidèrent leurs responsabilités à l'égard des pauvres de « La Guille », surtout à la lumière des nouvelles divisions bureaucratiques qui découlent de la départementalisation. Aussi, en février 1791, le conseil municipal décide-t-il de supprimer le don annuel de 900 livres qu'il accorde à l'hospice, de le fermer et de vendre l'immeuble et les terres au plus offrant [42].

Heureusement, il est rare que des institutions charitables soient arrachées d'une manière aussi brutale à leur destination première, bien que tous les services hospitaliers soient obligés de réduire considérablement leurs dépenses. En réalité, les fermetures sont souvent des opérations tendant à permettre la centralisation des ressources disponibles et à augmenter l'efficacité des services. L'existence de certaines fondations de l'Ancien Régime se justifie mal sur le plan financier. A Saint-Mandé, par exemple, l'hospice est logé dans de vastes bâtiments situés sur un terrain de quarante acres qui nécessite les services de vingt-trois anciennes religieuses, employées comme infirmières, de quinze cuisinières, blanchisseuses, femmes de ménage et autres domestiques. Cependant, il n'héberge que dix vieilles femmes infirmes. Le conseil municipal de Saint-Mandé est effaré par l'énorme déficit de l'hôpital (environ 15 000 livres à la fin de 1793) et par ce qu'il considère comme un affreux gaspillage de ressources, aussi exige-t-il qu'« une telle monstruosité » prenne fin sans délai [43].

Une rationalisation s'impose aussi dans les Bouches-du-Rhône où le conseil fait ressortir en l'an IV, avec un certain sens des réalités, que la ville d'Aix n'a pas besoin de huit hôpitaux séparés pour ses cinq cents malades et que deux des institutions d'Arles peuvent être fermées [44]. En fait, les hôpitaux qui sont obligés de fermer à cause de la perte de leurs revenus indépendants ne sont pas très nombreux.

Cependant, l'argent est désespérément rare et plusieurs hôpitaux en sont réduits à recourir à des mesures de fortune et à des expédients pour trouver des fonds et tenir leurs créanciers en respect. L'hôpital de Besançon, bondé de soldats blessés du front de l'Est, prie la Convention de l'autoriser à vendanger pour assurer sa provision de vin, bien que les vignobles qui constituent son bien le plus précieux aient été nationalisés [45].

L'hospice général de Lyon manifeste un autre aspect de son sens des affaires dans ses efforts pour résoudre ses problèmes financiers. En l'an II, il est accusé de se procurer des fonds en faisant payer un droit aux visiteurs qui viennent voir un malade et en réservant un certain nombre de chambres pour les patients payants, bien que ces deux pratiques soient interdites par les autorités jacobines comme antiégalitaires [46].

La solution de l'hôpital de Saint-Etienne est à la fois plus lucrative et moins spectaculaire. Il décide une augmentation considérable des baux des fermes qui restent en sa possession. Ainsi, le revenu qu'il tire de ses terres cultivables s'élève de 3 070 à 15 160 francs, soit cinq fois plus. Dans un cas extrême, Jean Magaud constate que le montant de son bail est douze fois plus élevé : il passe de 600 à 7 600 francs [47]. Aussi dures que de telles mesures puissent paraître, elles ne représentent que le minimum indispensable pour que les malades puissent être nourris et soignés.

Elles sont d'autant plus nécessaires que de nombreux hôpitaux doivent accueillir un nombre sans cesse croissant de patients au moment même où leurs revenus s'épuisent. Des rapports émanant de différents coins du pays montrent que, à mesure que la Révolution progresse, le surpeuplement des salles devient une menace aussi grave pour le bien-être des malades que le sont les pertes d'argent et le manque d'équipement de plus en plus alarmant des services hospitaliers. Dans les dernières années de l'Ancien Régime, les salles étaient bondées de patients et les membres du personnel surmenés, mais les problèmes de cette époque paraissent insignifiants comparés à la situation de nombreux établissements à la fin des années 1790.

A Saint-André de Bordeaux, un hôpital de 260 lits, le nombre des malades augmente régulièrement pendant la Révolution. En 1791 il s'élève à 440 ; en 1792, il dépasse 500 ; en l'an VIII il se monte à 607 pour vingt-trois infirmières qui s'efforcent d'accomplir leur tâche consciencieusement dans des conditions de pression quasi intolérables. Pendant une certaine période de la même année, il y a jusqu'à 850 malades et blessés entassés dans les salles et les couloirs [48].

La guerre porte la principale responsabilité de cette spectaculaire augmentation de la demande en soins médicaux. De nombreux hommes valides, adultes et jeunes gens, sont appelés à combattre sur les frontières, de sorte que les vieillards et les individus les plus fragiles, qui ne peuvent compter sur leurs parents et amis pour les secourir, n'ont d'autre ressource que l'hospice en cas d'incapacité totale. Cependant, les difficultés sont surtout imputables aux militaires. Les soldats blessés ou malades sont transportés du front dans les hôpitaux civils. Or, comme les sommes qui doivent compenser les dépenses arrivent avec plusieurs mois de retard et ne suffisent pas à couvrir les frais de traitement, les administrateurs et les trésoriers sont fondés à considérer l'invasion de leurs établissements par l'armée comme un fardeau supplémentaire pour leur budget déjà en déficit [49].

La Révolution ne se contente pas de vider les coffres des services hospitaliers. Le personnel soignant et les administrateurs font l'objet de la surveillance vigilante des autorités révolutionnaires qui voient en eux une menace pour la fibre morale et politique de la France : ils s'occupent des individus ordinaires au moment où ils sont les plus vulnérables, souvent atteints de maladies incurables et par conséquent très impressionnables. Contrôlant la réglementation et le financement des hôpitaux, surtout dans des affaires politiquement délicates comme l'administration des sacrements aux malades, ils se trouvent en position de force. Etant donné qu'ils appartiennent pour la plupart aux couches supérieures de la société locale, les autorités jacobines craignent qu'ils n'aient tendance à abuser de leur influence. Jusqu'en 1791, par exemple, les nouveaux administrateurs désignés pour l'hôpital Saint-Jacques de Toulouse constituent une petite clique composée des principaux notables de la ville dont les noms sont assez connus pour inspirer confiance à la société toulousaine. Il est intéressant de noter qu'ils comptent dans leurs rangs plusieurs représentants du commerce et de la justice : cinq marchands, deux anciens procureurs et cinq tabellions [50]. Ces hommes sont fiers de leur statut dans la communauté et se conforment naturellement aux valeurs de leurs pairs. Il est évident que les hôpitaux reflètent ces valeurs : ils sont gérés dans le respect de l'économie et surtout de la religion et de la morale.

Les révolutionnaires notent avec une répugnance marquée que la religion continue à jouer un rôle prédominant dans la routine quotidienne de la vie de l'hôpital. L'aumônier est un membre respecté du personnel permanent. Comme le fait ressortir un rapport de 1790 sur La Charité à Paris, dès leur entrée à l'hôpital, les patients sont soumis à diverses formes de pratiques religieuses :

> Aussitôt que les malades sont couchés on leur propose de se confesser. On dit au moins deux messes par jour dans les salles. Presque tous les malades peuvent l'entendre. Indépendamment de la messe, un religieux fait la prière soir et matin dans chaque salle, et à midi une lecture spirituelle [51].

A mesure que la Révolution se développe, les tensions inhérentes à la société française se libèrent et les administrateurs des hôpitaux s'estiment particulièrement menacés. Dans certains cas, il est vrai, de sérieuses considérations d'économie et d'efficacité conduisent à la centralisation des services et à la fermeture de quelques-unes des institutions les moins importantes, mais il arrive souvent que les licenciements d'administrateurs d'hôpitaux soient motivés par des raisons plus ouvertement politiques.

En effet, les nouvelles autorités locales se méfient toujours de ceux qui ont servi les régimes réactionnaires précédents. Leur méfiance a quelquefois ses racines dans des rumeurs de scandale financier, et, comme en grande partie les revenus des hôpitaux sortent des poches du public, il est normal que les nouvelles autorités exigent que leur comptabilité soit étalée au grand jour. En 1792, la ville de L'Arbresle, dans le Rhône, déclare aux autorités du district qu'elle ne peut avoir accès aux documents de l'hôpital ni obtenir les renseignements dont elle a besoin pour rédiger le rapport statutaire sur sa maintenance et sa position financière — circonstances qui la conduisent à soupçonner le directeur de l'hôpital de spéculation [52], mais ce genre de plaintes est relativement rare.

Les accusations sont beaucoup plus souvent d'ordre politique. Ainsi, à Nogent, le conseil d'administration de l'hôpital fait l'objet d'une étroite surveillance politique en l'an VI ; à Evreux, le président du conseil d'administration, un aristocrate, est destitué pour prétendue attitude contre-révolutionnaire ; et, à Auxonne, malgré la répugnance des autorités locales, l'un des administrateurs est congédié parce qu'il a la malchance d'être apparenté à un émigré [53].

En 1791, le conseil municipal de Lyon remplace tous les administrateurs des principaux hôpitaux de la ville, ce qui est strictement conforme aux termes de la loi car il peut affirmer qu'il ne fait qu'obéir aux exigences de son patriotisme et de sa conscience civique. Pourtant, tous les hommes ainsi renvoyés ont fidèlement servi la ville pendant des années et, en témoignage de leur désir d'alléger la misère humaine, ils ont prêté sans intérêt des sommes considérables aux institutions qu'ils administraient, sommes que les nouvelles autorités ne leur ont jamais remboursées [54]. La reconnaissance ne joue pas un grand rôle dans la prise de décision révolutionnaire, et les administrateurs sont souvent victimes de jalousies mesquines et de haines personnelles.

En l'an II, à Montbrison, le député Claude Javogues en mission dans la Loire prend le prétexte d'une mauvaise gestion financière pour supprimer l'administration révolutionnaire de l'hôpital des Pauvres, un organisme récemment créé par de respectables Jacobins comme Maigret et Couthon, et pour rappeler les anciens administrateurs à leurs postes d'origine. Il est possible que la gestion n'ait pas été parfaite mais, compte tenu du tempérament belliqueux et de l'esprit partisan de Javogues, il est beaucoup plus probable que les administrateurs aient été les victimes des querelles intercommunautaires qui marquent l'histoire de la Révolution dans le département [55].

Prêtres et religieuses courent encore plus de risques que les administrateurs, surtout après l'opération de déchristianisation de 1793. Tous les hôpitaux de l'Ancien Régime emploient un ou plusieurs aumôniers qui ont pour tâche d'apporter les secours de la religion aux malades, de réconforter les parents inquiets et d'assister les mourants. Plus que tout autre, le prêtre représente un soutien moral dans les services hospitaliers. Néanmoins, aux yeux des révolutionnaires, leur rôle est plus insidieux : ils sont les apôtres de la réaction, spéculant sur les craintes de la population pour l'éloigner de la cause révolutionnaire et l'inciter à adopter le parti des émigrés et des réfractaires. Pour le farouche adepte de la déchristianisation, sous tout aumônier se cache un officier recruteur de l'armée vendéenne qui sème les graines de la désaffection dans l'esprit confus des individus politiquement ignorants.

L'envie ne fait que s'ajouter à l'intensité de la haine dont font l'objet les aumôniers, car ils figurent parmi les membres du personnel les mieux payés de la plupart des hôpitaux et jouissent de bénéfices marginaux substantiels. A l'hôpital général Saint-André de Bordeaux qui souffre d'une importante pénurie de personnel, on ne compte que quatre médecins et deux chirurgiens pour répondre aux besoins physiques des malades, mais trois aumôniers s'occupent de leurs besoins spirituels et chacun perçoit un salaire annuel de 400 livres, plus la nourriture et le logement gratuits — rémunération très confortable pour l'époque, surtout pour des hommes qui ont fait vœu de pauvreté [56]. Dans de nombreuses régions de France, l'opinion publique réclame la cessation de tels abus.

Finalement, un décret du 26 août 1792 ordonne que tous les aumôniers qui auraient dû quitter la France en tant que prêtres réfractaires soient contraints de partir sans délai. Des rapports émanant de diverses parties du pays indiquent que la promulgation de cette loi a été accueillie avec enthousiasme. A Beaune, la destitution des prêtres du vieil hospice médiéval est accompagnée de manifestations de joie populaire [57]. A Toulouse, le conseil municipal n'attend même pas que la nouvelle loi soit officiellement mise en vigueur. Il renvoie les aumôniers de sa propre initiative, sans même en aviser Paris [58].

Alors que les prêtres et aumôniers sont souvent chassés

des hôpitaux au milieu de l'enthousiasme populaire, les sœurs grises qui prodiguent leurs soins aux malades et aux blessés sont traitées avec plus de respect et de circonspection. Les religieuses ne sont pas détestées par la majorité des Français. Elles s'efforcent d'alléger les souffrances des malades, et leur dévouement est, à juste titre, très apprécié par les patients qui envisagent la perspective de leur admission à l'hôpital avec appréhension. Leur tâche n'est ni facile ni agréable dans un univers sinistre de maladies contagieuses et de gangrène, de salles d'opération mal aérées où les anesthésiants sont inconnus et les traitements prescrits souvent horriblement primitifs. En 1791, les infirmières de l'Hôtel-Dieu de Paris signalent à l'Assemblée nationale que leur dévouement a pour origine les vœux sacrés qu'elles ont prononcés et que ces vœux seuls peuvent expliquer les treize cents années de services que leur ordre a consacrées aux malades au risque de leur vie, les condamnant à de longues heures de travail dans des salles fétides au milieu des râles des mourants [59]. Qui plus est, ayant prononcé le vœu de pauvreté, elles perçoivent des salaires ridiculement bas qui ne leur permettent même pas de faire face aux nécessités les plus élémentaires de la vie.

Il convient de noter qu'au début de la Révolution de nombreux hôpitaux se penchent pour la première fois depuis des décennies sur la question de ces salaires, constatant, comme l'hôtel-Dieu de Lyon, que le climat social a changé et que les sœurs grises ne seront bientôt plus des filles de riches familles aristocratiques comme elles l'étaient dans le passé. Cependant, après de longues délibérations, le traitement fixé — une somme de 9 livres par an sous forme d'honoraires, avec la garantie de quinze jours de congé — montre à quel point les prévisions sociales de la Révolution restent dépendantes de l'attitude de l'Eglise médiévale en ce qui concerne la protection des malades et des pauvres [60]. Lorsqu'en 1790 la Révolution rompra avec Rome en proclamant la Constitution civile du clergé, le tribut à payer dans le domaine social sera très lourd.

C'est pourquoi les autorités révolutionnaires s'efforcent de ne pas indisposer les ordres hospitaliers. Elles les traitent avec la plus grande prudence, du moins jusqu'à l'accession des Jacobins au pouvoir. La Constitution civile les exclut spécifiquement du vœu d'obéissance à l'Etat qui est imposé à d'autres ordres religieux ; la loi du 17 avril 1791 étend cette disposition à tous ceux qui sont concernés par l'éducation et l'instruction publique et, bien que certains conseils municipaux — comme celui du Havre — essaient d'alléguer que cette stipulation inclut les infirmières, le gouvernement s'empresse de les démentir [61]. Ce n'est qu'en 1793 que la Convention admet que cette concession est irrationnelle et que la Constitution civile du clergé devra s'appliquer aux sœurs grises comme à tous les serviteurs de l'Etat.

Seuls les partisans les plus acharnés de la déchristianisation applaudissent à cette décision, bien que certains aspects du comportement social et politique des religieuses soient souvent critiqués. A Saint-Brieuc, par exemple, leur style de vie communautaire est l'objet de sourdes attaques et la municipalité suggère qu'il serait préférable que les communautés se dispersent et que, malgré les difficultés pratiques de cette solution, les religieuses prennent des logements en ville [62]. A Toulouse, les sœurs de l'hôpital Saint-Jacques sont soupçonnées de pratiquer une discrimination vis-à-vis de leurs patients en négligeant ceux qui sont bien disposés à l'égard de la Révolution et en prodiguant leur attention aux sympathisants catholiques et contre-révolutionnaires [63]. Toutefois, dans l'ensemble, les Français ne se montrent pas ouvertement malveillants à l'égard des religieuses, rendant ainsi hommage au travail qu'elles ont accompli au cours des siècles.

Cependant, même avant le coup d'Etat jacobin, les anciens préjugés ont progressivement disparu et le cours de la vie hospitalière est bouleversé d'une manière irréversible. Aux yeux de nombreuses infirmières, la Révolution en elle-même est l'Antéchrist. Ses dirigeants n'ont-ils pas été condamnés par le pape, et n'a-t-elle pas attaqué les libertés les plus fondamentales de l'Eglise catholique ? Dans une période d'inflation, leur maigre salaire est devenu une source majeure de griefs, d'autant plus que les terres et les rentes de leur ordre sont le plus souvent consfisquées par le gouvernement ou l'autorité locale sans la moindre compensation. C'est ainsi qu'à Toulouse la municipalité s'approprie arbitrairement une maison leur appartenant et servant à loger quatorze religieuses, et les loyers payables à l'ordre sont supprimés par une décision tout aussi arbitraire [64].

Ce qui est pire encore pour l'avenir de leur ordre, les

sœurs grises reçoivent l'interdiction d'instruire des novices, car l'Assemblée décrète qu'il est illégal d'imposer aux jeunes filles des vœux aussi contraires à la nature. En 1791, les sœurs qui travaillent à l'Hôtel-Dieu de Paris attirent l'attention de l'Assemblée sur l'impact d'une telle législation par rapport à la situation générale de l'hôpital. En temps normal, ajoutent-elles, leurs effectifs se composent de 150 sœurs soignantes et 64 novices, mais elles sont obligées de faire le même travail avec 64 infirmières et seulement 11 novices. Or, à moins que la loi ne soit abrogée, la réserve de novices sera bientôt épuisée et, avec elle, disparaîtra tout espoir de recrutement futur [65].

L'expulsion et l'emprisonnement des aumôniers démontrent ce que plusieurs d'entre elles soupçonnaient déjà, à savoir que la religion n'a pas sa place dans l'ordre social révolutionnaire. Aussi, le décret du 26 août 1792 ne fait-il que confirmer leurs pires craintes : à Bordeaux, les sœurs grises qui servent à Saint-André répondent à cette dernière provocation en refusant de travailler et en menaçant de quitter définitivement l'hôpital, perspective que les autorités locales du Sud-Ouest envisagent avec une appréhension compréhensible. Les sœurs gagnent la partie car, dans leur effort pour restaurer le calme et éviter les souffrances inutiles, les conseillers du district se hâtent d'ordonner la libération immédiate des aumôniers [66]. Mais la détérioration des relations entre les religieuses et les autorités révolutionnaires est irréversible.

Ces relations sont définitivement rompues par la législation jacobine qui déclare que les soins aux malades peuvent très bien être assurés par les laïques. Il en résulte que les sœurs réfractaires sont non seulement congédiées mais emprisonnées. Il est clair que c'est là une décision de pure politique, prise à l'encontre de l'intérêt des vieillards et des malades, car, en dépit du patriotisme incontestable de nombreuses autorités locales, l'accueil qu'elles réservent à cette loi est singulièrement nuancé. Certains, il est vrai, n'hésitent pas à proclamer que le renvoi des nonnes ne changera pas grand-chose à la qualité des soins. En janvier 1793, plusieurs citoyens de Limoges signent une pétition pour réclamer l'application exacte de cette mesure ; ils déclarent que, contrairement à ce qu'elles croient, les sœurs ne sont pas indispensables, et que d'autres femmes dévouées et vertueuses sont toutes prêtes à accomplir cette tâche avec un zèle que les politiciens de Paris n'ont pas le droit de sous-estimer [67]. Cependant, dès que cette mesure draconienne devient effective, la réalité vient démentir cet optimisme.

A Bazas, en Gironde, les autorités acceptent à contrecœur de remplacer les sœurs hospitalières mais les trois femmes qu'elles trouvent pour assumer leurs fonctions se révèlent d'une lamentable incompétence. En pluviôse de l'an II, la municipalité ne dissimule pas sa satisfaction lorsque plusieurs religieuses consentent à souscrire aux exigences de la Constitution civile et à reprendre leurs activités [68]. L'hôpital de La Réole recrute une couturière et une ouvrière du textile qui, on s'en doute, n'ont aucune expérience des malades [69]. Au Havre, après le renvoi et l'incarcération des Dames de Saint-Thomas, la municipalité jacobine elle-même déplore que « cette mesure extraordinaire » ait été jugée nécessaire [70].

Enfin, en l'an III, les prisons s'ouvrent et un grand nombre de religieuses libérées signent le serment d'allégeance devant les autorités thermidoriennes plus malléables. Elles sont aussitôt réintégrées dans les services hospitaliers [71]. Il est évident que ni les hôpitaux ni le gouvernement n'ont prévu de plan d'assistance aux malades pendant les sombres semaines qui suivent l'arrestation des sœurs hospitalières. Ainsi, ce sont les pauvres et les malades qui ont le plus à souffrir des exigences de l'orthodoxie politique.

Malgré les bonnes intentions des administrateurs et des politiciens, ces souffrances sont très réelles. Le nouveau personnel civil n'a ni l'expérience ni la compétence si nécessaires à une époque où la guerre impose un fardeau de plus en plus lourd aux hôpitaux. D'ailleurs ce personnel est dans l'ensemble plus motivé par ses nécessités financières que par le désir de soulager la misère humaine. Son attitude semble quelquefois carrément mercenaire. En l'an III, les infirmières de tous les hôpitaux de France réclament une augmentation de salaire, ce qui ajoute encore aux difficultés des budgets déjà bien compromis des autorités locales. C'est sans doute pour des raisons financières de ce genre que les administrateurs de certains hôpitaux comme celui de Limoges ont rejeté les précédentes demandes de laïcisation de leur personnel. Ils prévoyaient qu'une telle mesure serait contraire à l'intérêt de leurs institutions et les mettrait encore plus à la merci des diktats des autorités gouvernementales [72].

En fait, la perte de leur personnel hospitalier devait avoir des conséquences beaucoup plus graves qu'il n'était possible de l'envisager en 1793. L'administration du Havre objecte en vain qu'il n'existe aucune infirmière capable d'accomplir certaines tâches fondamentales telles que l'enregistrement des malades, l'approvisionnement en vivres et en médicaments [73]. Elle perçoit à l'époque ce que beaucoup d'autres ne comprendront que trop tard : en renvoyant les sœurs hospitalières, la Révolution manifeste une intolérance particulièrement préjudiciable à ses hôpitaux. Voilà un exemple de dogmatisme, dans ce cas d'anticléricalisme, qui prime sur toute considération du bien-être des malades.

Cependant, il serait naïf de conclure que la réorganisation administrative entreprise sous la Révolution n'a eu aucun effet positif. Malgré les difficultés financières, de nouveaux locaux sont ouverts, les hôpitaux existants sont agrandis et, à cet égard, la déchristianisation a profité aux services hospitaliers, car la fermeture des abbayes et monastères met à la disposition de l'Etat de nombreux bâtiments solides qui conviennent aux reconversions. Rares sont les villes qui n'ont pas envisagé de plans aussi ambitieux et les administrateurs ronronnent de satisfaction en dévoilant leurs projets les plus chers au public.

Dumont, l'ingénieur des Ponts et Chaussées employé par la municipalité de Limoges, est chargé de réaliser un projet d'extension de l'hôtel-Dieu dans l'église et le monastère adjacents. Il décrit en détail l'environnement sombre et humide des bâtiments existants, particulièrement malsains pour les nombreux enfants qui sont logés dans ces locaux — « la plupart y contractent une couleur livide et une maladie des yeux » — et il propose le plan d'une nouvelle Jérusalem à un prix avantageux [74]. A Libourne, il est démontré que le transfert de l'hôpital urbain dans le couvent des Récollets non seulement améliorerait les conditions de vie des patients et du personnel, mais constituerait un profit substantiel pour l'autorité locale puisque la vente de l'ancien local rapporterait le double de la somme requise pour couvrir le coût de la reconversion [75].

L'argent n'est évidemment pas le seul ni même le principal mobile de la plupart des décisions prises. Au cours de la période révolutionnaire, la compassion et l'humanité ont une importance primordiale dans les discussions, tant des administrateurs que des politiciens. En outre, un grand nombre de mesures tendent à éliminer les pires abus et les dangers de l'ancien système. Ainsi, l'emplacement des abattoirs, à l'Hôtel-Dieu de Paris, représentait depuis des générations une grave menace pour la santé publique. C'est là que les bœufs, veaux, moutons étaient abattus pour la consommation des Parisiens, ce qui faisait l'objet de doléances constantes — surtout en période de carême où l'Hôtel-Dieu a le monopole de tous les abattages de la ville. On se plaint de l'odeur de viande décomposée qui envahit les salles, des multitudes d'insectes qui grouillent, attirés par les cadavres. Pendant la Révolution, ces plaintes sont écoutées avec un intérêt nouveau et il est admis que les abattoirs créent en effet « une corruption dangereuse » pour les malades de l'Hôtel-Dieu. Finalement, en floréal an II, le Comité de Salut public ordonne qu'ils soient remplacés par quatre nouveaux abattoirs situés dans d'autres secteurs de la ville [76]. C'est là un exemple symptomatique de l'intérêt paternaliste du gouvernement central pour les affaires sociales.

Cette nouvelle approche des problèmes sociaux se manifeste dans l'attitude des gouvernements révolutionnaires à l'égard d'un groupe rejeté par la société du XVIIIe siècle, les fous. Avant la Révolution, ils sont considérés, même par des familles relativement éclairées, comme une source de honte et d'ennuis qu'ils vaut mieux enfermer dans des institutions sûres et abandonner à leur folie, avec à peine un simulacre de soins médicaux [77]. Au mieux, ils sont envoyés à l'hôpital local ou au dépôt de mendicité où ils partagent l'existence des malades, des prisonniers et des vagabonds. Contrastant avec cette attitude, les autorités révolutionnaires semblent curieuses de connaître la nature de la folie et l'opinion de la médecine à cet égard. Elles sont même parfois disposées à financer le traitement des déments dans l'espoir qu'ils finiront par guérir.

A Lyon, par exemple, l'ancien hospice du couvent de Picpus est abandonné par l'ordre en 1790 — un bâtiment de seize chambres avec une petite cour centrale, isolée par une haute muraille, formant une sorte d'enclos. Bravant l'hostilité de l'opinion publique et le frisson d'horreur que la seule mention de la folie inspire à la communauté, le département décide d'assumer directement la responsabilité du traitement de la maladie mentale et entreprend de convertir le couvent en hôpital pour les fous des deux sexes [78].

A Charenton, dans la banlieue de Paris, la municipalité autorise Pinel, un spécialiste des problèmes psychiatriques, à expérimenter ses nouvelles méthodes. Pinel est l'un des rares hommes de son temps qui ait cherché à traiter, voire à guérir, la démence. Il est convaincu que les fous doivent être traités comme des êtres humains et non comme des animaux enchaînés. Il les isole de tout autre contact humain, chasse les curieux qui ont afflué à l'hôpital, supprime les châtiments corporels et ne conserve que les deux pénalités les moins inhumaines, la camisole de force et la réclusion provisoire ; mais il se fie surtout à l'emploi de l'hydrothérapie pour essayer de maîtriser leurs désordres mentaux. Son traitement est plus moral que médical mais il est persuadé que son régime peut aboutir à une forme de guérison [79]. En tout cas, grâce à Pinel, l'asile d'aliénés adopte un aspect et un objectif qui le distinguent de la lugubre prison du XVIIIe siècle.

Les aliénés ne sont pas seuls à bénéficier de l'attitude plus progressiste de la Révolution à l'égard de différents aspects de la médecine. Les autorités se penchent avec bienveillance sur le cas de certaines minorités et mettent des fonds à la disposition d'une grande gamme de projets nouveaux visant à secourir les catégories défavorisées. Des améliorations considérables sont apportées, par exemple, à l'hôpital des Quinze-Vingts dans le faubourg Saint-Antoine de Paris, qui accueille les aveugles, et à l'Institut des sourds-muets. En traitant ces problèmes, les autorités mettent parfois leurs ressources en commun, surtout en ce qui concerne de petits groupes de patients.

Ainsi, les districts de Lyon, Lyon-Campagnes et Villefranche-sur-Saône font bourse commune pour constituer un fonds en faveur des sourds-muets et des aveugles de la région, démontrant par leur coopération le bien-fondé de la réorganisation du gouvernement local réalisée en 1790 [80]. Même les individus qui présentent des projets intéressants relatifs à certains domaines de la charité sont écoutés avec attention.

En 1790, Jean Saint-Sernin mène à Bordeaux une vigoureuse campagne pour la création d'un établissement scolaire distinct destiné aux sourds-muets, car l'école paroissiale existante est presque en ruines. Saint-Sernin fonde lui-même une petite école pour ces enfants déshérités et leur offre une éducation conçue pour eux, correspondant à leurs besoins d'instruction incompris. Les membres de la Convention sont impressionnés, à la fois par ses réalisations et par sa demande de subvention régulière pour que les enfants des pauvres puissent bénéficier de son enseignement : un décret du 12 mai stipule que l'école sera désormais sous la protection spéciale de la nation, et Saint-Sernin reçoit une subvention annuelle de 16 000 livres pour lui permettre de poursuivre son œuvre [81].

Ces cas ne sont pas des exceptions isolées. Ils démontrent que, malgré son centralisme, son insistance dogmatique en faveur de l'orthodoxie, le gouvernement révolutionnaire peut être souple et généreux dans certains domaines. L'humanitarisme tant vanté de la politique sociale révolutionnaire n'est pas une fiction bien que l'impact de l'intervention gouvernementale reste circonscrit dans des limites étroites même à l'apogée de l'étatisme jacobin.

4

La Révolution et les hôpitaux II : Ecroulement de l'idéal révolutionnaire

Si cette étude se terminait en thermidor an II, il serait possible de soutenir que la politique hospitalière de la Révolution a été relativement fructueuse. Aussi décevants qu'aient pu en être les résultats, les projets initiaux de centralisation des fonds de secours et d'assistance sociale sont d'une logique incontestable. L'impulsion humanitaire a suscité la création d'institutions nouvelles en faveur de certains groupes de personnes négligés jusqu'alors. Le domaine de la bienfaisance s'est développé. De nombreux projets de pensions et de secours extra-institutionnels ont fait l'objet d'une attention toute particulière et de subventions substantielles. En conséquence, le rôle des hôpitaux perd de son importance et ils prennent leur place dans le contexte d'une assistance plus large.

Il serait difficile, même en 1794, de pousser la plaidoirie trop loin. Les retards de paiements sont déjà graves et ont des effets préjudiciables sur la qualité des services. Les nouvelles demandes dont les hôpitaux font l'objet sont souvent hors de proportion avec leurs ressources. En outre, les problèmes de personnel qui résultent en grande partie d'autres aspects de la politique révolutionnaire sont de plus en plus aigus. De l'avis général, le contrôle de l'inflation pendant la Terreur est un bien considérable, mais déjà les administrateurs et trésoriers protestent contre les déficits qu'ils subissent et — souvent avec un certain manque de réalisme — ils évoquent le tableau idyllique d'un précédent âge d'or où leur budget était relativement équilibré. En fait, ils n'étaient pas tous portés à chanter les louanges de l'Ancien Régime qui les avait habitués aux épreuves et aux sacrifices.

Ainsi, les deux principaux hôpitaux de Lyon avaient déjà connu de sévères privations dans les décennies précédant la Révolution. En 1779, l'hôtel-Dieu s'était adressé au roi pour obtenir des secours que le souverain lui avait procurés sous forme d'une allocation annuelle prélevée sur les sommes rapportées par les octrois de la ville. Quatre ans plus tard, Louis XVI ordonne à l'hôtel-Dieu et à l'hôpital général de Lyon de vendre aux enchères les bâtiments qu'ils possèdent pour réunir les fonds nécessaires au paiement de leurs dettes [1].

Il ne faut d'ailleurs pas oublier que les administrateurs ont tendance à l'exagération. Ils s'efforcent de donner une importance excessive aux questions qui leur tiennent à cœur. En 1764, par exemple, lorsque Paris leur demande un état précis de leurs comptes, ils minimisent habilement le montant de leurs revenus, jugeant, sans doute à juste titre, qu'une franchise totale ne leur vaudrait que des impôts supplémentaires [2]. Dans un gouvernement hautement centralisé comme celui de la France de l'an II, il convient avant tout d'exprimer ses requêtes de façon à impressionner les ministères de Paris. Un administrateur d'hôpital en quête de fonds sait qu'il doit brosser un tableau des plus sombres de la situation de son établissement et que tous les à-côtés pourraient être pris comme des signes de richesse relative.

Sous la Convention, les conditions s'aggravent mais le gouvernement reste attaché à un idéal bien défini, à savoir que l'Etat doit venir en aide à tous ceux qui sont incapables de subvenir à leurs besoins ; il semble prêt à assumer cette responsabilité au plus haut niveau.

Sous les Thermidoriens et le Directoire, cet idéal se révèle irréalisable, car les crises se multiplient et le gouvernement doit les affronter l'une après l'autre. Convaincu de la nécessité de limiter l'intervention de l'Etat dans l'administration des services, il néglige l'application des décrets de la Convention et les propositions si nettement formulées par le Comité de Mendicité deviennent de plus en plus imprécises.

Le tissu économique ne contribue pas à renforcer le gouvernement dans ses projets d'assistance sociale, d'autant que la période postérieure à 1794 est marquée par une série de mauvaises moissons, une pénurie de pain, une récession industrielle et un niveau d'inflation insupportable après l'abrogation de la loi du Maximum. La misère quasi générale et l'insécurité mettent à l'épreuve l'efficacité du marché libre. Le sentiment d'incertitude et le manque de direction résultant du vide administratif ne font qu'ajouter à l'acuité du problème, tandis que l'absence de bois de chauffage pendant le rigoureux hiver de 1795 est aussi terrible que la privation de pain [3]. C'est une période bien mal choisie pour diminuer le montant des subventions de l'Etat aux services hospitaliers.

Or, c'est précisément ce que font les Thermidoriens submergés par les problèmes économiques et l'accroissement des dépenses de guerre. Libérés de tout sentiment d'obligation à l'égard de l'étatisme jacobin, ils s'attachent à réduire l'intervention de l'Etat dans les domaines où ils la jugent excessive. Leur principale cible est la loi la plus jacobine de toutes, celle du 23 messidor an II, qui nationalise les biens des hôpitaux et les rend de ce fait entièrement dépendants de l'Etat. Croyant à la libre entreprise, le nouveau régime se fait un point d'honneur de rendre aux administrateurs locaux la responsabilité de la prise de décision et de la gestion financière. C'est d'ailleurs ce que les administrateurs réclament depuis plusieurs mois.

Ils ne perdent pas de temps. Un décret du 2 brumaire an IV suspend la loi jacobine, ordonne que les ventes soient provisoirement arrêtées et que les hôpitaux privés soient autorisés à jouir des fruits de leurs propriétés jusqu'à la promulgation de la législation les concernant [4]. La loi est bientôt votée. Le 16 vendémiaire an V, la Convention restitue aux hôpitaux la jouissance des terres confisquées. Des commissions de cinq membres sont constituées dans chaque commune pour administrer les hôpitaux de leur ressort. Elles sont responsables devant les conseils municipaux qui doivent établir la liste des terres vendues conformément à la loi du 23 messidor : le gouvernement, pour sa part, décide que dans les régions où ces ventes ont déjà été effectuées, des biens nationaux d'une valeur égale aux terres aliénées seront donnés aux hôpitaux pour que l'indépendance de leurs revenus soit assurée [5].

Ainsi, les objectifs initiaux sont complètement inversés. Inspiré en partie par un changement d'idéologie, ce revirement est aussi une réaction contre l'épuisement des sources de charité traditionnelles qui a si profondément marqué la campagne de nationalisation. Les revenus privés des hôpitaux sont souvent descendus au-dessous du minimum vital pendant la période jacobine, et le nouveau gouvernement qui n'a pas le mépris de ses prédécesseurs pour les actes de charité individuels voit dans leur suppression une perte inutile de revenus substantiels [6]. Les Thermidoriens et leurs successeurs cherchent à tailler dans les dépenses sociales et à alléger le fardeau considérable qui pèse sur le trésor national. Ils espèrent aussi que, laissés libres de recourir à leurs propres méthodes, les hôpitaux résoudront leurs problèmes financiers des années précédentes et sortiront de la crise plus forts et plus solides sur le plan économique.

Ils seront amèrement déçus car, pour de nombreux hôpitaux, la loi du 16 vendémiaire an V est loin d'être la panacée que le gouvernement espère. Tout d'abord, aucune compensation n'est apportée aux pertes subies entre l'an II et l'an IV, une longue période de privations pour de nombreuses institutions déjà lourdement endettées avant la nationalisation de leurs biens. Les petits hôpitaux en particulier manquent d'argent liquide et leur base économique est à ce point grevée qu'ils trouvent le redressement extrêmement difficile [7].

Ensuite, et sur un plan fondamental, la nouvelle législation se révèle discriminatoire dans la nature des propriétés restituées. Elle concerne les terres et les locaux, mais pas les rentes qui sont toujours considérées comme des droits seigneuriaux et ne sont donc pas remises en cause. Surtout dans la moitié sud de la France, les rentes constituent une grande partie des propriétés des hôpitaux, aussi la loi du 16 vendémiaire n'apporte-t-elle guère d'avantages.

Montbrison dans la Loire est un cas typique, un hôpital ne possédant que peu de terres qui a été dépouillé par la législation antiféodale de quelque 52 000 livres en rentes constituées : l'intérêt de ces rentes, s'élevant à 7 000 livres par an, n'est pas couvert par la loi, et l'hôpital souffre en conséquence d'une extrême misère [8]. De même, le petit hôpital de Maurs (Cantal) déclare que, en dépit de la nouvelle loi, il a perdu la quasi-totalité de son capital à la suite des suppressions et des ventes forcées [9]. De son côté, l'hôpital de Tarbes réclame de plus amples concessions et fait ressortir que la loi n'a guère eu d'effet puisqu'elle n'a pas abrogé le décret de 1791 qui abolit la féodalité. L'hôpital ne pourra retrouver sa viabilité, note le département, que « dans la supposition que le décret portant abolition des fiefs et autres redevances féodales serait rapporté », ce qui semble une éventualité improbable [10].

Ainsi, une mesure qui est censée résoudre les difficultés financières des hôpitaux a souvent des effets nuisibles. Le gouvernement a placé ses espoirs trop haut et, ancré dans la conviction que tous les hôpitaux ont récupéré leurs revenus privés, il est persuadé que les doléances relatives à d'éventuels déficits concernent désormais les trésoriers et fonctionnaires locaux. Une insouciance regrettable se glisse dans les rapports entre le gouvernement central et les administrateurs des hôpitaux et des hospices.

Même les institutions dociles, qui avaient vendu leurs terres — celles que la loi du 16 vendémiaire protège le plus manifestement —, découvrent souvent que leurs problèmes financiers ne font que commencer. Il est rare qu'elles puissent rentrer en possession des propriétés mises en vente, sauf dans le cas des terres improductives dont aucun acheteur n'a voulu. Les hôpitaux qui ont été assez habiles pour retarder la vente *sine die* sont les plus avantagés, mais ce sont aussi obligatoirement les moins appauvris ; car partout où les institutions se trouvaient menacées de dénuement, leurs trésoriers se sont hâtés de réaliser leurs actifs pour faire face aux dépenses les plus urgentes. Le plus souvent, les terres ont de nouveaux propriétaires et les hôpitaux doivent attendre que le gouvernement tienne sa promesse de les remplacer par d'autres propriétés qui rapportent les mêmes revenus [11]. L'opération semble juste et raisonnable mais, à l'échelon national, elle pose plusieurs problèmes : ces propriétés ou immeubles correspondant aux biens vendus ne sont pas forcément disponibles au moment voulu, et d'interminables marchandages sur la valeur du substitut proposé ne peuvent manquer de se produire. Le département du Cantal remarque qu'une solution qui paraît excellente sur le papier est souvent illusoire dans la pratique puisque de nombreuses propriétés d'hôpitaux ont été divisées en parcelles par la régie des domaines qui en assurait la gestion [12].

En l'an IV ou V, la plupart des hôpitaux doivent se contenter de promesses alors qu'ils ont un urgent besoin d'argent pour faire face aux nécessités immédiates. A Douai, ils n'ont même pas de quoi acheter les remèdes essentiels, tant deux années de privations continuelles ont épuisé leurs ressources [13]. Dans des cas semblables, le faible espoir éveillé par la loi du 16 vendémiaire n'a guère de suite. Dans la première année de sa promulgation, deux hôpitaux sur deux mille reçoivent un dédommagement [14]. Le cas de l'hospice d'Humanité à Amiens est caractéristique : ses terres évaluées à 734 000 francs ont été vendues et il a subi une perte de revenu annuel de 36 691 francs sans aucune compensation [15]. Jusqu'en l'an VIII les intéressés ne cessent de proclamer que la nouvelle loi n'a apporté que des promesses dénuées d'effet [16].

L'inefficacité relative de cette législation réside dans le réseau de bureaucratie complexe qu'elle a créé. La loi jacobine ordonnant la nationalisation des biens des hôpitaux avait donné le ton. Des formulaires envoyés aux hospices locaux demandèrent des informations détaillées sur les superficies et les revenus, informations que les administrateurs, habitués à moins de zèle, négligent souvent de fournir. Il en résulte généralement une longue et fastidieuse correspondance avec Paris et un retard de paiement proportionnel à la durée de cette correspondance [17].

Comme il fallait sans doute s'y attendre, le Directoire ne tire aucune leçon de cette confusion et impose des normes bureaucratiques encore plus écrasantes. Avant de récupérer ses propriétés aliénées, une institution doit se soumettre à un rituel bureaucratique interminable. Les hôpitaux se voient reprocher leur manque de précision en ce qui concerne la superficie de leurs champs et forêts et le montant de leurs revenus : ils doivent fournir un état descriptif détaillé des propriétés confisquées et de celles qui leur restent ainsi que l'indication des dates de ventes [18].

A Condom, dans le Gers, aucune terre n'est remplacée avant une période de trois ans au cours de laquelle Paris ne cesse de réclamer des suppléments d'information : en l'an VII, le conseil des Cinq-Cents décide que les renseignements déjà fournis par l'hôpital au ministère de l'Intérieur doivent lui être adressés pour que sa demande puisse être enregistrée [19]. Les retards de ce genre sont traumatisants et dommageables car les malades souffrent et meurent pendant que les administrateurs désemparés fouillent désespérément leurs archives et que des piles de demandes s'entassent sur les bureaux du ministère. Il faut au moins quinze jours pour préparer un mémoire et, pendant ce temps, la misère continue à exercer ses ravages.

Dans certaines villes comme Metz, les fonctionnaires locaux constatent avec amertume que cette misère aurait pu être évitée car elle est due à l'incompétence générale d'une bureaucratie tatillonne et tracassière : pertes de lettres, réclamations de dossiers déjà envoyés ou de formulaires déjà remplis [20]. Ce gaspillage de temps et la perte de tout idéal sont au cœur de bien des échecs de la politique sociale du Directoire.

Les responsabilités administratives créées par la loi du 16 vendémiaire ne simplifient pas le problème. En effet, le Directoire congédie les anciens administrateurs qui ont fidèlement rempli leurs fonctions pendant de longues années, et qui assurent une précieuse continuité ; ils les remplacent par des commissions de cinq membres responsables devant les élus des municipalités locales.

Il est évident qu'en procédant à ce changement le Directoire a voulu éviter la formation d'oligarchies locales et établir une sorte de contrôle démocratique. Or, cette mesure a pour effet d'augmenter la confusion et les chicaneries administratives, car ces commissions sont bientôt investies de pouvoirs étendus. Elles s'occupent des terres et des propriétés, établissent des programmes de maintenance, vérifient les comptes et prennent en main toute la gestion interne des hôpitaux. Le résultat est prévisible : les contestations constantes et la rancœur des autorités locales en place nuisent à la bonne marche des institutions dont la prospérité devrait être le principal souci. Les débats puérils et les tergiversations font obstacle aux initiatives nécessaires [21].

En l'an VIII, un rôle de superviseur est attribué aux sous-préfets. Ce changement est interprété comme une amélioration qui permettra de restaurer un semblant d'ordre après la confusion des cinq années précédentes [22]. L'ancien directeur ou économe loyal et dévoué a dû céder la place à une commission composée de membres dont les compétences sont souvent limitées — et qui s'intéressent rarement à l'hôpital au point de consacrer plus qu'une fraction de leur temps à ses problèmes. La confusion qui en résulte ne fait qu'accentuer l'inefficacité de leur administration.

Sous le Directoire, la lenteur et l'obstructionnisme caractérisent aussi les versements en espèces. Entre l'an III et l'an V, la pression de la guerre est écrasante et le gouvernement, accablé par les dépenses militaires dans un contexte de mauvaises moissons et de stagnation économique, n'est nullement pressé de remplir ses obligations envers les hôpitaux. La manne expédiée de Paris, toujours avec de sérieux retards, arrive au compte-gouttes, surtout après la promulgation de la loi du 16 vendémiaire qui semble dégager le gouvernement central de ses responsabilités dans ce domaine. Les allocations arrivent souvent avec des mois de retard [23] ; elles sont habituellement calculées sur la base des dépenses imputées sur le chapitre du trimestre précédent [24] et, parfois, les sommes reçues ont été brusquement réduites par une décision arbitraire sous le prétexte irréfutable que la Commission des secours publics ne dispose pas des fonds suffisants [25].

Alors que les hôpitaux espèrent que le gouvernement continuera à effectuer des versements réguliers et à les alléger de leurs dettes qui s'accumulent, Paris répugne de plus en plus à engager l'argent de l'Etat dans l'assistance publique et se retranche derrière les nouvelles libertés économiques dont bénéficient les hôpitaux. En l'an V, dans une lettre adressée à un hôpital de Dunkerque, un fonctionnaire du ministère de l'Intérieur définit la nouvelle ligne dure de son département : il spécifie que, l'hôpital possédant des revenus indépendants, les expéditions courantes de grains ne seront pas renouvelées, et que c'est « le dernier secours de cette nature qu'il est possible de lui accorder [26] ». En l'an VI, les allocations en espèces ont presque entièrement cessé pour les dépenses courantes, bien que les conditions pitoyables des services hospitaliers et dépôts locaux ne se soient guère améliorées.

Quand les hôpitaux de la Gironde ont l'impudence de solliciter des fonds de Paris, ils sont vertement tancés. Pour toute concession, le gouvernement leur propose de leur restituer les impôts de l'année précédente, mais c'est une offre dérisoire qui témoigne de sa parfaite indifférence pour le sort du département, car Paris sait très bien que, compte tenu de leur situation financière désespérée, les hôpitaux n'ont jamais pu payer leurs impôts [27].

Les effets illusoires de la dénationalisation, la cessation des subventions dont dépend la survie des hôpitaux et les longs retards de paiement accélèrent le désastre économique des services hospitaliers sous le Directoire. Si ces problèmes tourmentent les trésoriers locaux, ils sont encore accentués par l'impact de l'inflation, qui est une menace constante depuis la première émission de papier-monnaie mais qui atteint des proportions affolantes après l'abrogation de la loi du Maximum et le retour à l'économie de marché. Tous les principaux domaines des dépenses hospitalières — main-d'œuvre, médicaments, produits alimentaires, bois de chauffage — sont extrêmement sensibles aux ravages de l'inflation et les hôpitaux sont contraints de renoncer à tous les projets tendant à équilibrer leur budget.

Entre brumaire an IV et vendémiaire an V, le déficit collectif des sept hôpitaux de Bordeaux s'élève à plus de dix millions de livres en assignats [28]. La perte des anciennes sources de revenus en espèces ou en nature se fait d'autant plus cruellement sentir que les paiements s'effectuent désormais sous la forme d'une monnaie-papier dont la valeur décroît de jour en jour. Même pour les fermes louées à bail, il est rare que les hôpitaux reçoivent des produits du sol car les paysans et les tenanciers ont tout intérêt à payer leur loyer en assignats. Ce n'est pas sans raison que de nombreux contemporains voient dans l'inflation la principale cause du « grand délabrement » des hôpitaux [29].

A la fin des années 1790, de nombreux expédients sont utilisés pour lutter contre le déficit permanent des services hospitaliers, car il est bientôt évident que la restitution des terres confisquées ne va pas apporter une solution miracle au problème. Mais les mesures désespérées à l'échelon local ne réduisent guère le niveau de la dette alors que les nouveaux impôts auxquels les hôpitaux sont soumis affaiblissent le montant de leurs revenus. Certaines mesures radicales, telles que la vente de parcelles de propriété pour réaliser des capitaux, sont mal vues des autorités qui considèrent ces opérations comme un prolongement de la précédente expérience relative aux biens nationaux. Il faut donc demander une permission spéciale à Paris. Ainsi, dans la plupart des cas, le moyen le plus immédiat de trouver des capitaux à court terme est-il exclu [30].

Les économes sont obligés de recourir à leurs sources de revenus initiales et de s'écarter de plus en plus de la position idéaliste adoptée en l'an II. Dans certains cas, ils doivent solliciter des prêts des administrateurs ou des membres les plus riches de la communauté pour combler le déficit qui s'aggrave entre les envois de fonds de Paris [31]. A Auxerre, en l'an VII, l'hôpital reconnaît avec tristesse qu'il doit se tourner vers la charité privée, exactement comme sous l'Ancien Régime, pour pouvoir survivre à une période de misère et que, pour éviter la fermeture, il a fallu faire appel à la conscience des citoyens les plus prospères de la ville :

> Remuer les entrailles du riche, recueillir jusqu'au denier de la veuve, voilà ce que nous nous efforçons de faire [32].

Après l'an V, les hôpitaux des grandes villes bénéficient d'une nouvelle source de revenus à la suite d'une mesure bouche-trou — ils sont autorisés à percevoir un quart de la recette des théâtres et de toute forme de spectacles [33]. C'est une sorte d'impôt général sur les divertissements prélevé au profit des pauvres. Au Grand Théâtre de Lyon, il rapporte près de 30 000 francs chaque année tant qu'il est en vigueur [34], et des sommes moins importantes proviennent des autres théâtres de la ville ou de courses de chevaux, de concerts, de danses et de feux d'artifice [35]. Cependant, les fonds ainsi recueillis ne constituent pas une base régulière de revenus, et la fragilité du remède apparaît en l'an VIII, quand cette source de bénéfices se tarit [36]. A Paris, en revanche, la taxe a un certain succès car la ville possède plus de vingt théâtres, et les bals et fêtes publiques sont nombreux. La taxe est scrupuleusement prélevée dans la capitale en l'an VIII et en l'an IX et rapporte une trentaine de mille francs par mois [37]. Mais bien sûr Paris n'est pas la France, de sorte que cette taxe est notoirement inéquitable.

C'est l'incertitude qui gêne le plus la vie des hôpitaux. Ils ne peuvent jamais faire de prévisions à long terme. Il est vrai que, si les allocations du gouvernement arrivent avec un retard souvent considérable, elles ne sont pas toujours supprimées. Après l'échec des plans ambitieux prévoyant l'établissement d'un livre de Bienfaisance nationale, les fonds assignés aux hôpitaux ont pu être augmentés, mais les services hospitaliers ont surtout besoin d'une source de revenus sur laquelle ils puissent compter [38]. Or, c'est justement ce que le Directoire n'a jamais réussi à leur procurer. L'étatisme de l'an II n'a plus cours.

L'intiative locale est encouragée mais les effets du changement restent fragmentaires et insuffisants. Mieux que toute mesure précédente, la loi du 5 ventôse an VIII apporte aux hôpitaux une base financière solide. Cette loi ordonne que les conseils municipaux contribuent au financement de leurs hôpitaux en instituant des octrois de bienfaisance sur les denrées alimentaires qui entrent dans les communes. En réalité, c'est un retour au système d'impôts et de péages abandonné dans la phase la plus idéaliste de la Révolution qui le jugeait inéquitable et illogique [39]. La réintroduction de ces droits est fort mal accueillie. De nombreux conseils, écrasés de dettes, voient dans cette façon de collecter des fonds un supplément de complications bureaucratiques et font ressortir le caractère problématique que présente le rendement d'une taxe qui dépend de la situation du commerce [40].

De nombreux exemples locaux viennent étayer leurs doléances : à Quimper, en l'an IX, les quatre cinquièmes de l'octroi sont perdus à cause de la montée des prix du grain qui ruine le commerce des céréales dans la région. A bout de ressources, l'hospice général atteint le fond de la détresse [41]. Cependant, sous le Consulat et au début de l'Empire, les hôpitaux retrouvent une sorte de stabilité après des années d'insécurité. Comme le montre Colin Jones pour le département de l'Hérault [42], c'est principalement la restauration des octrois — conformément à la loi du 5 ventôse an VIII complétée par la circulaire du 21 germinal an XII — qui leur assure des revenus réguliers. Napoléon va plus loin encore, en mettant fin à l'expérience d'assistance publique et au chaos qui s'en est suivi.

L'initiative financière est de nouveau confiée aux administrateurs et trésoriers, qui sont autorisés à utiliser largement les sources de revenus des municipalités sous la supervision du sous-préfet, représentant du pouvoir central.

Le désordre financier qui règne sous le Directoire a de sérieuses répercussions sur les hôpitaux et leurs malades. Les bâtiments menacent de tomber en ruine, ce qui ne peut qu'augmenter les risques de maladie et de mortalité. En l'an VI, à Valenciennes, le toit de l'hospice civil est dangereusement fissuré et les locaux sont dans un tel état de délabrement que les médecins de l'établissement se sentent obligés de mettre les autorités en garde contre les conséquences éventuelles de cette situation. L'atmosphère est malsaine et humide en permanence de sorte que, tous les dix jours, il faut évacuer les patients dans des locaux moins insalubres. En outre, les épidémies de fièvre sont courantes et difficiles à enrayer. Les médecins ajoutent que l'humidité tend à favoriser les fièvres qui se propagent de salle en salle [43].

Non seulement les hôpitaux ne sont pas réparés faute de fonds, mais les dettes s'accumulent et les fournisseurs ne sont pas payés. Certains trésoriers empruntent des marchandises aux magasins militaires, mais ils ne peuvent tirer indéfiniment sur cette corde [44]. Ils comptent le plus souvent sur la patience de leurs créanciers. En l'an VI, un marchand de vin de Bordeaux continue à réclamer le paiement des douze barils et demi de médoc qu'il a livrés à l'hôpital Saint-André trois ans auparavant ; il ajoute sans se faire d'illusions qu'il conviendrait de tenir compte de la dévaluation qui s'est produite entre la vente et le règlement [45]. Il peut encore se permettre d'assumer cette perte mais, le plus souvent, les créanciers sont de petits artisans et des boutiquiers qui exigent un paiement immédiat. En l'an III, une multitude de petits fournisseurs, charretiers, marchands de savon, ainsi qu'un orfèvre qui a travaillé dans la pharmacie de l'hôpital et une veuve employée comme blanchisseuse déposent leurs réclamations à l'Evêché de Paris [46]. Tous les hôpitaux ont la réputation d'être de mauvais payeurs et ils sont très conscients des graves effets qu'une perte de crédit peut produire sur leurs communautés locales, car c'est grâce à ce crédit qu'ils peuvent éviter la fermeture.

Le retard apporté aux envois d'allocations est à double titre préjudiciable : d'une part ils doivent payer leurs denrées plus cher que ne le font ceux qui peuvent avancer de l'argent aux grossistes, et ils n'ont pas les moyens de chercher les conditions les plus avantageuses ; d'autre part, ils vivent dans la crainte permanente de perdre leur crédibilité [47].

L'opinion de l'époque est unanime à protester contre le déclin des services hospitaliers après 1795. Il est inévitable que ce soient les malades qui souffrent les premiers de cette situation. La nourriture n'a jamais été abondante dans les hôpitaux de la Révolution : les repas, à base de pain, consistent en un plat de légumes cuits dans la graisse avec de temps en temps un morceau de viande et un verre de vin ;

mais, à mesure que les revenus diminuent, les achats sont déterminés par le prix des aliments plus que par leur valeur nutritive. En l'an V, la viande et le bouillon ne sont plus que des souvenirs. Même le pain, cet élément vital, n'est pas toujours assuré. Cette année-là, à Versailles, l'hôpital déclare qu'il n'a plus que pour trois jours de grains dans ses greniers et il en impute la responsabilité au long retard des expéditions de fonds promis par le gouvernement [48]. Le grain devient de plus en plus inaccessible sur le marché libre et les hôpitaux doivent multiplier les pressions pour obtenir leur part des réserves décroissantes du pays. Comme nous l'avons vu, certains utilisent les magasins de l'armée, bien que ce procédé ne soit pas d'une légalité absolue, d'autres essaient de s'approprier les provisions destinées aux secours à domicile lorsque cette forme d'assistance prend fin en l'an VI[49].

De nombreux hôpitaux manquent de médicaments et toute leur fonction est menacée : à Dieuze, une ville de la Meurthe où les soldats blessés et malades viennent se faire soigner, le conseil municipal établit une liste de vingt-six remèdes introuvables et sans lesquels tout espoir de guérison reste vain [50].

Les draps sont une marchandise rarissime et les stocks existants s'épuisent vite. En l'an III, l'hôpital général de Lyon signale qu'il possède moins de deux paires de draps par lit. Le linge est tout usé par les lessives continuelles et ne peut être remplacé faute d'argent. Dans ces conditions, il est impossible d'assurer aux malades la propreté la plus élémentaire [51]. A l'hôtel-Dieu, le stock de chemises de nuit est tellement insuffisant que l'hôpital se réserve le droit de confisquer celles des patients défunts [52]. Les problèmes ne cessent d'empirer au cours des dures années du Directoire.

Les conditions de vie spartiates de cette période sont décrites avec éloquence dans les milliers de pétitions qui affluent à la Commission des secours publics. Même si l'on tient compte des hyperboles inhérentes à la rhétorique révolutionnaire, le tableau qu'elle présente est assez sinistre. Un rapport émanant d'un hôpital de Bourges dont les dettes s'élèvent à 450 000 francs fait état de l'austérité que l'établissement est contraint d'imposer : le régime est « infiniment sévère », le pain est le seul aliment disponible et bientôt il faudra choisir entre l'achat de cette denrée fondamentale et le remboursement des créanciers qui menacent d'enfoncer la porte [53].

Dans tous les coins du pays, les trésoriers sont contraints de faire des économies de bouts de chandelle pour essayer d'éviter la faillite. A Cadillac, en Gironde, l'administration avoue à sa grande honte qu'elle demande de l'argent aux sept patients qui peuvent payer une petite pension pour leur nourriture et qu'elle utilise la somme recueillie pour nourrir ses quarante-cinq malades. En l'an VI, le commissaire représentant les hospices civils de Toulouse exprime avec une admirable netteté les doléances de ses homologues de la région [54] :

> Les maux des hospices vont croissants chaque jour. Encore une décade et il ne sera plus possible d'y porter remède... Les greniers sont absolument vides, plus d'huile, plus de graisse, plus de sel, plus de vin, plus du bois à brûler, aucune espèce de toile ni d'étoffe pour le vêtement, absolument aucune espèce d'approvisionnement. La pharmacie manque de toutes les drogues et médicaments, le payement des employés, surveillants et domestiques est suspendu depuis plus de huit mois ; enfin, ces deux maisons manquent de tout et la consommation est réduite aux abois [55].

Dans certains hôpitaux on note, avec un sentiment d'amertume pour l'ironie de la situation, que les prêtres et les religieux, qui jusqu'en 1793 formaient l'ossature même du service, commencent à se présenter à la porte des hôpitaux, malades et dénués de tout, pour y être admis comme patients, ce qui constitue un fardeau supplémentaire pour un budget déjà déficitaire [56]. Dans l'ensemble, le tableau est des plus déprimants avec son atmosphère de décadence et de décomposition.

Plusieurs révolutionnaires engagés commencent à douter du succès de leur politique sociale concernant les hôpitaux : dans un rapport adressé à la Convention en l'an V sur l'état du service, Trotyanne déplore que la situation se soit détériorée depuis 1789 et il fait un bilan exagérément flatteur des réalisations de l'Ancien Régime dans ce domaine [57]. Comme un grand nombre de ses concitoyens, il est prêt à reconnaître que l'ensemble de la législation votée à Paris par les diverses assemblées est restée inopérante au niveau local et qu'elle est vouée à l'échec — aveu qui semble monstrueux à l'époque.

Les plans d'assistance des Jacobins ont protégé les hôpitaux et évité les fermetures, mais les régimes thermidorien et directorial ont considérablement réduit l'étendue du service hospitalier. Les craintes exprimées par les trésoriers au sujet de la fermeture éventuelle des établissements se révèlent justifiées. A la fin de la décennie, les hôpitaux ne disposent plus de ressources suffisantes pour remplir leurs fonctions, car les crédits, les vivres et les médicaments deviennent de plus en plus rares.

En l'an V, le Cantal ne se borne plus à brosser un sombre tableau de l'avenir : à Saint-Flour, les malades sont renvoyés, les vieillards et les enfants en bas âge sont obligés de rester enfermés dans des locaux fétides faute de vêtements, et les bébés meurent faute de soins médicaux [58]. A Dijon, un homme qui n'a pas reçu sa pension depuis plusieurs mois risque d'être renvoyé chez lui pour y mourir [59]. En Dordogne, un hôpital refuse de garder des vieillards malades « n'ayant même pas la force d'aller mendier leur subsistance [60] ». Même les grands hôpitaux des villes importantes ont peur pour l'avenir, bien que ce soient les petits hospices de campagne, moins capables de se faire entendre, qui soient contraints à la fermeture. Dans l'Hérault, Colin Jones calcule que dix-neuf des quarante-trois hôpitaux du département, dont plusieurs n'ont qu'une faible capacité, sont obligés de fermer provisoirement ou définitivement entre l'an III et la fin du siècle.

D'après un rapport d'enquête préfectoral en date de messidor an VIII, certains des hôpitaux qui survivent sont tellement dénués de ressources qu'ils doivent être transformés en « établissements de bienfaisance pour secours à domicile [61] ». Chaque département a sa propre histoire de fermetures et d'abandons. L'hôpital local de Tarare, dans le Rhône, ne reçoit plus de nouveaux malades et n'assure de secours qu'à deux vieilles filles. Il finit par être transformé en caserne pour la gendarmerie locale [62]. Dans certains cas, les institutions qui ont été ouvertes sous l'impulsion de l'enthousiasme révolutionnaire sont fermées avant la fin de la décennie. A Agen, un bâtiment séparé est aménagé pour les enfants au début des années 1790 ; en l'an VI, le Directoire ordonne que tous les malades soient regroupés dans un seul établissement, sous le prétexte que la dépense occasionnée par l'entretien de deux hôpitaux ne peut se justifier dans une ville de dix mille habitants [63].

Après 1795, les contraintes financières représentent de loin la plus sérieuse menace qui pèse sur les hôpitaux. Elles dominent toutes les discussions relatives aux questions sociales. Cependant, les établissements sont également frappés par les implications d'autres aspects de la politique sociale. Le personnel, si menacé par l'anticléricalisme jacobin, cesse de poser un problème épineux : tout en restant officiellement anticlérical, et en désaccord avec Rome, le nouveau régime ne manifeste en aucune manière l'hostilité de ses prédécesseurs à l'égard des ordres soignants. Les mêmes sœurs grises dont les demandes de pension sont rejetées en l'an II, sous le prétexte qu'elles sont réfractaires, n'ont guère de difficulté à obtenir satisfaction un an plus tard.

L'opinion publique a changé et c'est désormais un climat de sympathie qui entoure les anciennes infirmières, d'autant plus qu'elles se trouvent dans une situation de détresse extrême [64]. En outre, les citoyennes laïques qui les ont remplacées sont rarement aussi dévouées. En l'an VII et en l'an VIII, les rapports sur la qualité des soins font ressortir que l'absence de personnel compétent est la principale cause de l'échec du système. En conséquence, les hôpitaux qui s'étaient séparés des religieuses non assermentées, pour obéir aux ordres des Jacobins, se hâtent de les rappeler. A Blangy, en Seine-Inférieure, la population note que, même après leur renvoi, elles ont continué à prodiguer leurs soins aux malades, et réclame leur retour. Le ministre approuve et signale que leur réintégration est conforme au « vœu unanime des habitants [65] ».

Les hôpitaux se tournent de plus en plus vers les religieuses pour leur confier des postes de responsabilité, car aucun des autres candidats n'a l'expérience ni les capacités nécessaires pour assurer les fonctions d'économe ou de pharmacien. Il est intéressant de constater qu'en l'an III, dans les Vosges, les ex-religieuses occupent déjà des positions importantes dans les hôpitaux locaux [66]. Peu à peu, les difficultés créées par l'insuffisance du personnel hospitalier s'aplanissent et une meilleure continuité est assurée, bien que les sœurs réintégrées aient pris de l'âge et que les ordres hospitaliers ne reçoivent plus d'apport de sang neuf.

Sous Napoléon, la majorité des ordres hospitaliers se remettent lentement des effets de la déchristianisation. Finalement, par un décret impérial de 1807, les sœurs grises qui soignent les malades dans quelques villes de province, comme à Aix, sont autorisées à reprendre leur ancien mode de vie et à s'installer dans un couvent de la ville [67].

Pendant la période comprise entre l'an II et l'an IV, la France fournit un effort de guerre intensif dont les services hospitaliers subissent au maximum le contre-coup. Les besoins de l'armée sont énormes, surtout dans les zones frontières, et ses propres ambulances se révèlent bientôt insuffisantes. En temps de guerre, les soldats malades et blessés ont la priorité sur tous les autres groupes de la communauté, et il faut leur procurer des lits de toute urgence [68]. Trois solutions complémentaires peuvent être adoptées pour résoudre le problème.

Premièrement, l'Etat peut construire ou aménager des hôpitaux réservés à l'armée, mais cette mesure risque d'être ruineuse, surtout à mesure que la guerre s'intensifie. En février 1793, quatre millions de livres sont affectés à ce projet, et cette somme ne représente qu'une allocation parmi d'autres [69].

Deuxièmement, une partie des lits des hôpitaux civils peut être réservée aux soldats blessés, solution moins onéreuse et qui a souvent l'avantage d'améliorer le sort des malades qui se trouvent à proximité des cantonnements militaires.

Troisièmement, quand l'effort imposé aux hôpitaux devient intolérable, les soldats blessés qui résident dans un rayon de moins de soixante lieues sont autorisés à se faire soigner dans leur famille [70].

Certains hôpitaux spéciaux, souvent d'anciens monastères hâtivement aménagés à l'usage de l'armée en 1792 et 1793, sont peut appropriés à cette fonction et font l'objet de nombreuses plaintes émanant aussi bien du personnel que des patients. En l'an II, l'ancienne abbaye des carmélites de Mâcon reçoit la visite d'inspecteurs qui déclarent aussitôt que les locaux sont insalubres, incommodes et trop étroits pour contenir plus de trois cents malades. Ils ajoutent que, contrairement à toutes les règles de l'hygiène, les patients couchent à deux dans le même lit. A leur avis, pour améliorer la situation sanitaire de l'établissement, il convient d'expédier certaines catégories de malades contagieux à Villefranche-sur-Saône afin que les blessés puissent bénéficier de meilleurs soins à Mâcon [71].

Tous les hôpitaux militaires ne sont pas aussi mal lotis. En réalité, ce sont des institutions privilégiées, qui reçoivent des dons et des concessions refusés à leurs homologues civils. De même que les denrées vitales sont réservées à l'armée, elles peuvent être réquisitionnées pour les besoins des militaires malades ou blessés. En l'an II, les commissaires des guerres attachés à l'armée d'Italie réquisitionnent dans les monastères et les séminaires de la région tous les ustensiles et draps requis pour l'hôpital d'Aix-en-Provence ; en messidor de la même année, pour éviter que les soldats ne couchent sur des matelas installés par terre, un couvent voisin reçoit l'ordre de transférer son stock de literie à l'hôpital [72], et certains articles de première nécessité — cruches, cuvettes, chaudrons, charbon, paille, bougies, vinaigre, huile d'olive — sont saisis dans les maisons du clergé et des nobles émigrés pour être mis à la disposition des hôpitaux militaires [73].

L'hôpital militaire de Limoges est l'un des plus typiques des années révolutionnaires. Il assure ses services à une vaste région qui couvre les départements de l'Eure, du Loiret, de la Saône, des Deux-Sèvres et de la Nièvre, et il héberge de temps à autre des soldats des Charentes et de Paris. N'étant pas situé dans le voisinage immédiat d'une zone de guerre, il traite un large éventail de malades ordinaires, de même que les blessures infligées au combat. En l'an IV, par exemple, sur une période de trois mois, l'hôpital soigne 222 patients pour toute une série de maux — des blessures ouvertes aux fièvres, des troubles des yeux aux maladies vénériennes. Il est assez significatif qu'à une époque où les hôpitaux sont des objets de crainte et de méfiance il n'ait perdu qu'un seul malade au cours de ces trois mois, bien que de nombreux patients gravement atteints aient été hospitalisés pendant plus de huit semaines [74].

Il n'est pas difficile de comprendre pourquoi les autorités préfèrent que les soldats soient admis dans ces institutions. En frimaire de l'an II, Hion, le commissaire ordonnateur de la 19e division militaire, déclare avec force que l'hébergement des soldats dans les hôpitaux civils constitue une fausse économie. En effet, dans les hôpitaux militaires, l'alimentation est contrôlée, le mode de vie des pensionnaires réglementé, et les visites sont interdites. Cette organisation est plus efficace, ajoute-t-il, comme le prouve le faible taux de mortalité.

Par contraste, les soldats soignés dans les hôpitaux civils mangent n'importe quoi, peuvent sortir à leur gré et mener une vie de débauche en ville pendant leur convalescence. Hion fait valoir qu'un soldat, même blessé ou malade, doit rester soumis à une discipline rigide, et que seuls les hôpitaux militaires peuvent imposer ce régime. Un soldat est toujours un soldat ; il ôte son uniforme le jour de son admission et le remet quand il est guéri et prêt à rejoindre son bataillon. C'est ainsi seulement, conclut-il, que la simulation peut être évitée et la sécurité de la République garantie [75].

Cependant, si l'armée regarde ces institutions d'un œil favorable, la communauté dans son ensemble continue à les considérer comme une source de maladies contagieuses. Nulle part cette crainte n'est plus ancrée qu'à Dijon, une ville bien équipée en établissements militaires puisqu'elle possède deux hôpitaux réservés à l'armée (Cerutti au centre et Jean-Jacques Rousseau à la périphérie), un dépôt pour les déserteurs et trois dépôts pour les prisonniers de guerre.

En l'an II, une épidémie particulièrement virulente menace de décimer les malades des hôpitaux de Dijon ; la panique est à son comble, et Bernard, un membre de la Convention, est chargé d'enquêter sur place. Il constate que les craintes ne sont pas dénuées de fondement [76]. La fièvre qui exerce ses ravages dans les salles de l'hôpital a son origine dans les dépôts d'où certains prisonniers ont été transférés pour traitement. Les prisons sont des nids à rats sordides et surpeuplés où l'air est glacial et fétide, et l'hygiène quasi inexistante. Les latrines sont absentes et les soins médicaux réduits au minimum. Plusieurs hommes sont trouvés morts dans cet environnement sinistre et ceux qui ont été évacués dans les hôpitaux étaient déjà moribonds avant leur transfert. Il n'est pas étonnant que la fièvre se soit propagée tout à son aise dans des hôpitaux où les lits sont occupés par deux malades à la fois. Une situation aussi tragique nécessite un remède héroïque et Bernard presse les autorités de prendre des mesures immédiates pour prévenir le développement de la maladie et éviter à l'armée la perte d'autres hommes. Les malades atteints par la fièvre doivent être isolés des autres et placés en quarantaine dans un hôpital situé hors de la ville ; ils seront rasés pour empêcher la prolifération de la vermine ; les prisonniers de guerre et les déserteurs seront employés dans les services hospitaliers pour alléger les tâches incombant au personnel infirmier. Qui plus est, Bernard recommande aux autorités d'adopter une attitude plus responsable à l'égard des prisonniers des dépôts : il insiste pour que leur paille soit changée tous les dix jours, qu'ils fassent l'objet de soins médicaux plus attentifs, que les locaux soient plus décemment aménagés, et que le nombre des hommes entassés dans les cachots humides soit réduit dans l'intérêt de la santé publique. Tous les hommes, même les déserteurs, ont le droit d'être traités en êtres humains, poursuit Bernard avec d'autant plus d'insistance que c'est seulement en garantissant ce droit que la méfiance légitime de la communauté locale peut se dissiper.

Cependant, de nombreux soldats blessés et malades sont traités dans les hôpitaux civils, car le gouvernement est incapable d'installer des établissements militaires appropriés aux nécessités de l'heure, échec qui est de plus en plus apparent à mesure que la guerre évolue. Une ville aussi étendue que Lyon, par exemple, n'a aucun établissement de ce genre après 1793 [77]. Il existe d'ailleurs de bonnes raisons pour que les malades soient dirigés sur un hôpital local au lieu d'être envoyés dans un centre éloigné. Ainsi, le soldat n'aura pas à entreprendre un voyage long et pénible pour se faire soigner, voyage qui aggrave souvent son état et peut le rendre définitivement inapte au service des armées. Ce système réduit le coût que représentent les congés militaires, ainsi que les possibilités de désertion et de simulation [78].

Pour équilibrer les budgets des hôpitaux, il est convenu que l'armée leur remboursera les frais de traitement, et une échelle de paiements quotidiens est prévue jusqu'à l'effacement complet de la dette, en théorie du moins. Avec l'inflation galopante et les retards apportés aux versements, les plaintes sont légion. En avril 1791, l'administration de l'hôpital de Carpentras constate avec rancœur que pour un traitement dont le prix s'élève à 35 sous par homme et par jour — abstraction faite des médicaments et des frais de lessive — l'armée ne lui rembourse que 20 sous [79]. En fait, la polémique s'envenime tout au long de la décennie et les sommes perçues sur le budget militaire oscillent considérablement.

A l'hôtel-Dieu de Lyon, les soins gratuits avant 1782

deviennent payants et le tarif est fixé à 15 sols ; en septembre 1790 il s'élève à 17 sols, en 1793 à 20 sols, et en l'an II à 35 sols ; mais en fructidor de l'an IV il est réduit à 30 sols et en nivôse de l'an V il n'atteint plus que 20 sols [80]. Pendant toute cette période, les administrateurs déplorent que l'Etat manque à ses obligations envers l'hôpital, ce qui les plonge dans une crise financière intolérable [81]. Les véritables victimes de cette situation sont en réalité les Lyonnais, qui sont privés des soins auxquels ils ont droit.

Dans de nombreuses régions, ce n'est pas seulement la menace de la faillite qui nuit à l'efficacité des hôpitaux, c'est aussi l'invasion des soldats blessés qui réduit tragiquement le nombre de lits disponibles. Ainsi, sur les 885 malades hébergés à l'hôpital général de Limoges en messidor an III, 142 sont des soldats [82]. Même l'hôpital Saint-Jacques à Aix, une institution prévue à l'origine pour les enfants abandonnés, loge 150 soldats en l'an II, et les administrateurs allèguent avec juste raison qu'il remplit toutes les fonctions d'un hôpital militaire et peut par conséquent prétendre à tous les privilèges que ce statut confère [83]. Comme l'état de certains soldats nécessite un traitement prolongé, ils occupent les lits pendant de longues périodes, ce qui dérange encore davantage la routine d'un hôpital général local. Les chiffres indiqués dans le tableau ci-dessous donnent une idée de la pression que peuvent faire peser les exigences des militaires sur des ressources limitées [84].

Année	Nombre de soldats admis	Nombre de journées d'hospitalisation	Nombre de soldats morts
AN II	4 360	88 669	272
AN III	2 298	58 695	319
AN IV	4 720	86 153	126
AN V	3 568	73 436	130
AN VI	3 726	85 713	85
AN VII	6 279	118 790	169
AN VIII	7 592	161 978	528
	32 543	673 434	1 629

Il n'est pas surprenant que le reste de la communauté ait souffert. Selon les termes des administrateurs de l'hôtel-Dieu de Troyes, « la quantité de soldats dont l'hôpital... est encombré... ne laisse plus de place pour y recevoir les pauvres malades de la ville [85] ». Ils ne pouvaient guère exposer la situation plus brutalement.

Il est vrai que les hôpitaux qui acceptent de recevoir les militaires ont l'espoir de tirer certains avantages de leur complaisance. Le paiement des journées de marins et de soldats est insuffisant et toujours sujet à des retards, mais au moins les factures des militaires ont plus de chances d'être honorées que celles des civils. En outre, les établissements qui traitent les soldats bénéficient des privilèges accordés aux hôpitaux militaires et généralement refusés aux institutions civiles — ils peuvent prendre en toute légalité le grain des magasins de l'armée en guise de paiement [86] et réquisitionner le linge des couvents et monastères [87].

Ils sont bientôt déçus, surtout lorsque l'extension de la guerre à l'Italie entraîne l'arrivée d'un flot constant de soldats dans les hôpitaux civils. Les administrateurs ont de sérieux motifs de plaintes — les hôpitaux sont détournés de leurs fonctions premières, la pénurie de linge s'accentue, les paiements autorisés par le ministère ne parviennent jamais à destination, les lits sont occupés par des soldats qui font semblant d'être malades [88], enfin il semble évident que le service assuré par l'hôpital est délibérément bouleversé pour satisfaire les besoins de l'armée.

A Gray, dans la Haute-Saône, deux des trois salles sont aménagées pour les militaires, de sorte que tous les patients locaux sont groupés dans une seule salle, ce qui va à l'encontre du but initial et soulève les protestations indignées du personnel médical [89]. A Neufbrisach, dans le Haut-Rhin, le régime imposé est encore plus draconien car la ville se trouve totalement privée de son hôpital civil en faveur des militaires. Se faisant l'écho du sentiment général, le maire proteste contre cette atteinte à la propriété : « Les pauvres de cette commune sont propriétaires d'une grande hospice (*sic*), écrit-il, mais depuis longtemps ils n'ont plus pu l'occuper [90]. » Leur sens de la propriété est manifestement atteint.

Même dans les régions où les locaux ne sont pas aliénés, leur utilisation est souvent incohérente : les soldats sont mélangés avec les enfants abandonnés et les établissements construits pour les malades et les vieillards se transforment du jour au lendemain en centres pour scrofuleux et vénériens [91].

Le déclin progressif des services hospitaliers est encore accéléré par le comportement choquant de nombreux soldats. Pour certains, cette liberté que donne le relâchement de la discipline militaire est une expérience qu'ils n'ont pas goûtée depuis des mois ou même des années entières, et ils ne sont pas tous armés pour en faire bon usage. Des rapports critiquant la conduite des soldats et exigeant que l'armée prenne des mesures immédiates pour rétablir l'ordre affluent de toutes parts.

La police de Paris les accuse de troubler l'ordre public en pleine nuit : ils se soûlent, accostent les étrangers, se bagarrent entre eux, refusent de payer leurs consommations dans les tavernes, et font état de leurs blessures pour justifier leur inexcusable conduite quand ils se retrouvent en prison [92].

A Bordeaux, deux grenadiers traités pour syphilis sont découverts dans les bras de prostituées le jour même de leur sortie de l'hôtel-Dieu [93]. De tels scandales perturbent la routine régulière dont dépend la bonne marche de l'hôpital. A Lyon, les soldats traités pour maladies vénériennes — le groupe qui donne le plus de mal aux autorités — quittent souvent l'hôpital sans permission pour aller passer la nuit en ville, et leurs incartades risquent de compromettre leurs chances de guérison [94]. L'hôtel-Dieu de la même ville est tellement révolté par leurs activités qu'il décide de fermer la salle réservée au traitement des maladies vénériennes et de placer les soldats soignés à cet effet dans le même local que les mendiants et les autres patients. Alors même qu'ils suivent leur traitement, ces soldats atteints de syphilis se promènent la nuit pour rejoindre des prostituées et, dans la journée, ils accostent les femmes qui viennent voir leurs parents ou amis hospitalisés [95].

L'ivrognerie, le jeu et l'indiscipline règnent en maîtres dans les salles occupées par les militaires, et les actes de vandalisme sont courants. A l'hôtel-Dieu de Montpellier, les soldats imposent leurs propres rituels, renversant des seaux remplis d'eau sur les nouveaux venus à leur admission [96]. Il est évident que la présence de soldats dans les hôpitaux a un effet de plus en plus déplorable sur le moral du personnel et des malades civils.

Cet ensemble de facteurs augmente encore les souffrances des vieillards et des malades, mais ces souffrances existaient déjà, résultat d'une décennie de politique sociale fluctuante. La base économique des hôpitaux français n'a jamais été solide et elle est déjà gravement endommagée par le lent déclin de la piété et de la charité qui marque le XVIIIe siècle. Cette base est détruite par le Comité de Mendicité et la Convention jacobine, tour à tour engagés dans une politique d'assistance publique et rêvant d'une France équitable où tous auraient accès aux soins médicaux, rêve brisé par la guerre et par des conflits de priorités bien avant le 9 Thermidor ; rêve anéanti par les nouveaux objectifs économiques des Thermidoriens et du Directoire. Les hôpitaux ont terriblement souffert de cet état de choses mais ils ont survécu pour la plupart. Ils possèdent une existence physique, une structure plus difficile à éliminer que les transactions purement financières qui constituent l'essence des secours aux pauvres et de la bienfaisance à domicile. C'est pour cette raison même qu'ils se révèlent plus durables en dépit de l'insistance des réformateurs, convaincus que la politique sociale révolutionnaire doit se concentrer sur l'aide à domicile, l'attribution d'allocations temporaires et de pensions à certaines catégories spécifiques de pauvres.

5

Bienfaisance et aide à domicile

Même à une époque où leurs coffres ne sont pas encore vides, les hôpitaux ne peuvent évidemment pas s'occuper d'une manière efficace de toutes les catégories de la misère humaine. Par tradition, l'hospice est une maison d'accueil pour vieillards et infirmes sans famille, incapables de subvenir à leurs besoins. Comme nous l'avons vu, même sous l'Ancien Régime alors que la charité est en plein épanouissement, la générosité des hôpitaux laisse à désirer, mais pendant les années révolutionnaires leurs objectifs ne sont plus que le pâle reflet des intentions de leurs fondateurs. Conscientes des lacunes du système, les autorités révolutionnaires se demandent si les hôpitaux locaux représentent la solution la plus profitable et la plus économique aux problèmes de la misère. En existe-t-il une autre ? Les individus doivent-ils être pris en charge par une institution avant d'avoir droit à l'assistance ? Le Comité de Mendicité et ses successeurs se penchent sur ces questions et s'efforcent de les résoudre.

La charité institutionnelle présente certains inconvénients assez évidents. D'abord, elle est onéreuse : il faut maintenir les locaux en bon état, payer et nourrir le personnel, subvenir aux besoins essentiels des malades, assurer l'entretien du patient et de sa famille. Dans la plupart des cas, tout le poids de ces dépenses retombe sur les services de l'assistance locale.

En outre, comme le signalent les rapports émanant de tous les coins de France, le nombre des pauvres va croissant. En l'an VI, même les mendiants du faubourg Saint-Marcel adressent une pétition au Directoire pour attirer son attention sur leur situation : toutes leurs sources de charité habituelles se sont taries et ils se trouvent dans le plus complet dénuement, rabroués par les passants qui subissent le contrecoup de l'inflation et privés des secours que leur procuraient le curé de la paroisse et les monastères du Bassin parisien. Les églises devant lesquelles ils demandaient l'aumône ont fermé leurs portes et les nouveaux riches de la Révolution ne manifestent pas le moindre intérêt pour leur sort [1].

Les hommes qui avaient pu s'arranger pour joindre les deux bouts grâce au travail saisonnier et à un supplément de mendicité sont contraints de solliciter l'aide des autorités à une période où les services hospitaliers sont harcelés de tous côtés. D'ailleurs, les hôpitaux ne sont pas conçus pour les pauvres valides, aussi affamés soient-ils. Quant aux dépôts de mendicité, créés au cours des vingt ou trente années précédentes, ils ne sont guère équipés pour résoudre leurs problèmes. La position des hôpitaux ne leur permet pas toujours de faire face à l'afflux de patients indigents.

Les zones rurales sont désavantagées car les établissements hospitaliers, pour leur plus grand nombre, sont situés dans les centres urbains : en l'an VI, le Conseil des Cinq-Cents note ce déséquilibre malencontreux et ordonne qu'un effort supplémentaire soit fait pour les secteurs ruraux où vivent encore les trois quarts de la population. Tant que le système d'assistance publique dépendait étroitement des soins fournis par le réseau d'hospices et d'hôpitaux, les campagnes risquaient fort d'être négligées. Le Conseil le reconnaît : « Vous ne secourez que les villes, et vous laissez les campagnes... sans assistance et sans mode déterminé pour y pourvoir [2]. »

La solution de l'assistance à domicile semble la plus raisonnable. Elle consiste à verser des secours en espèces aux familles incapables de survivre par leurs propres moyens. Les avantages sont évidents : cette forme d'assistance est relativement bon marché et permet d'adapter le montant des sommes allouées au degré de souffrances endurées. De plus, les bénéficiaires des secours pourront préserver leur indépendance et leur dignité. Enfin, les frais généraux forfaitaires du système institutionnel sont ainsi éliminés.

C'est précisément sur cette question que le dualisme fondamental inhérent à l'attitude des révolutionnaires face à l'assistance est le plus apparent. Un certain cynisme subsiste dans le comportement des autorités à l'égard des pauvres, car il est admis que tout système d'assistance non soumis à une surveillance et à des inspections régulières ferait nécessairement l'objet d'abus de la part des « gens sans aveu », et que la perspective d'une aide généreuse risquerait de décourager le zèle et d'encourager l'oisiveté et la mendicité au lieu de les supprimer.

Il faut donc envisager deux poids deux mesures — les pauvres authentiques recevront des sommes d'argent, tandis que les mendiants valides seront contraints de faire un petit séjour dans un dépôt de mendicité [3]. Aux yeux des contemporains, il s'agit de deux problèmes sociaux différents, et les remèdes pour être efficaces doivent être, eux aussi, distincts. C'est ainsi seulement qu'ils peuvent espérer soulager la misère, tout en déracinant en même temps l'oisiveté et le vagabondage dans la campagne française.

La Révolution répond aux problèmes d'assistance par l'organisation d'enquêtes minutieuses et la mise en place d'une législation nationale. Mais, dès le début, il apparaît évident que les problèmes sociaux sont, par leur nature même, localisés à l'extrême. Il convient donc d'encourager l'initiative et, dans la mesure du possible, les finances locales.

L'esprit dévolutionniste des premiers révolutionnaires se reflète dans la loi du 25 mai 1791 qui établit que les conseils municipaux se chargeront de l'assistance aux pauvres et constitueront sans délai des commissions de bienfaisance. Ces commissions devront accomplir deux tâches essentielles : enquêter sur l'étendue et la distribution de la pauvreté dans leurs régions, et répartir les sommes disponibles entre familles nécessiteuses. C'est une mesure de crise imposée par la brusque suppression du système paroissial.

Pourtant, elle semble avoir donné de bons résultats du moins dans la capitale, où la commission municipale de Paris a distribué quelque 862 150 livres au cours des deux années qui ont suivi sa mise en application le 1er octobre [4]. Les autorités ne cessent de souligner que c'est en laissant les décisions et diagnostics aux conseillers locaux que les véritables îlots de misère peuvent être identifiés et les distinctions établies entre les pauvres méritants qui doivent être aidés et les parasites oisifs qui doivent être écartés. C'est également ainsi, comme le signale Lebrun dans un rapport adressé en l'an V au Directoire, que le gaspillage causé par une bureaucratie excessive pourra être évité. Les autorités seront obligées d'adapter leur budget au climat économique, et tout le domaine de la bienfaisance sera plus rigoureusement soumis aux exigences des « véritables principes de l'économie politique [5] ». L'argumentation se défend, mais nous sommes en droit de nous demander dans quelle mesure la théorie est applicable dans la pratique.

Comme le fait le Comité de Mendicité sur le plan national, les bureaux locaux collationnent et analysent des quantités de statistiques sur le plan municipal ou cantonal. Dans les zones rurales comme dans les sections des grandes villes, ils n'épargnent rien pour identifier les îlots de misère authentique et pour les signaler à l'attention des organismes élus.

Les commissaires s'efforcent d'enquêter sur les abus supposés et de donner suite aux demandes des plus déshérités. Dans les villes comme à la campagne ils remplissent à bien des égards les fonctions assurées par le curé d'Ancien Régime. C'est un transfert de responsabilités logique à la suite de la rupture des relations entre l'Eglise et l'État qui résulte de la Constitution civile du clergé décrétée en 1790. Il est intéressant de noter que l'une des premières demandes en faveur d'un contrôle des fonds de secours par les sections populaires émane de cinquante citoyens de la section de la Fontaine-de-Grenelle à Paris, qui protestent contre un projet étudié par l'Assemblée d'installer de nouveaux comités de paroisse chargés d'assumer cette responsabilité [6].

L'œuvre de ces bureaux laïques est impressionnante. Ils établissent les listes des pauvres véritablement dénués de ressources et soumettent leurs noms aux conseils municipaux, souvent accompagnés de recommandations et de commentaires sur leur état de santé. On peut dire que, dans un sens, ils ont accompli certaines des tâches réalisées par un département de services sociaux moderne. Grâce à de tels efforts, la texture des villes et des cités apparaît plus nettement : les ghettos d'extrême misère sont mis au jour et les causes de cette misère sont analysées. Ce travail est utile pour les contemporains et constitue une manne précieuse pour les historiens de cette période.

Leur conclusion la plus étonnante concerne la mise en évidence du vaste éventail des victimes de l'indigence : de très rares travailleurs ordinaires peuvent échapper à l'éventualité de figurer un jour parmi les pauvres. Aurillac, qui dresse ses listes conformément à la loi de l'an II, fournit l'exemple caractéristique d'un bourg avec un arrière-pays où la misère est endémique [7]. La liste contient 383 noms : ceux des malades, des faibles, des vieillards et des chômeurs inaptes au travail. La majorité des personnes inscrites sont des femmes, des veuves sans emploi ou simplement trop âgées pour accomplir une besogne quelconque. Elles sont souvent atteintes de cécité, de paralysie ou de maladie chronique, infirmités qui viennent s'ajouter à leurs difficultés déjà écrasantes. Couturières et dentelières dont la vue est usée par de longues heures de labeur à la lumière vacillante de la bougie semblent composer la majorité. La plupart des hommes sont des travailleurs manuels non spécialisés et des journaliers, maçons, tisserands, cordonniers et tailleurs d'Aurillac et de ses faubourgs.

D'autres sont vulnérables, et parmi les indigents sont signalés un organiste qui a perdu son emploi à la suite d'une maladie, un graveur et deux anciens agents de police, les « archers de ville ». Bien que la vulnérabilité augmente avec les années — le groupe d'âge 60-64 ans est représenté en force — quelques hommes relativement jeunes figurent parmi les indigents, ainsi que d'autres vieillis avant l'âge par un travail pénible ou par une santé précaire. Le tableau suivant fait ressortir l'étendue des couches de la société du Cantal qui se trouvent menacées [8].

AGE	Nombre d'indigents
au-dessous de 30	7
30 - 34	21
35 - 39	13
40 - 44	33
45 - 49	28
50 - 54	46
54 - 59	38
60 - 64	80
65 - 69	47
70 - 74	34
75 - 79	24
80 et au-dessus	12

Dans les grandes villes, les sections se mettent à l'œuvre avec enthousiasme. Elles recueillent des informations de toute sorte sur l'incidence de la misère et organisent des recensements réguliers pour déterminer la meilleure répartition des fonds limités disponibles. La valeur de ces travaux est très appréciée par la Convention, ce qui est pour elles un appui et un encouragement : dans un rapport sur Paris daté de l'an IV, Lecloy, député de la Somme, approuve la diligence des sections dans une ville dont l'étendue crée un problème social aigu et la transforme en « ce grand hôpital de la République, où se trouve le ramas de tous les vices et de toutes les infirmités humaines [9] ».

Leurs statistiques illustrent l'étendue des inégalités existant dans ces cités en expansion où les nouvelles classes professionnelles et commerciales vivent de plus en plus à l'écart des travailleurs non spécialisés et des gagne-deniers des faubourgs. A Bordeaux, par exemple, les pauvres et les immigrants de la campagne sont entassés dans les taudis surpeuplés des quartiers Saint-Seurin et Saint-Julien où ils habitent des chambres garnies sordides et insalubres. Des sections comme Dix-Août et Liberté dressent des listes de leurs pauvres — 1 527 et 1 800 —, ce qui présente un contraste frappant avec les beaux quartiers dominant la Garonne, comme Simoneau et Brutus, où vivent de riches commerçants, quartiers qui ne sollicitent pratiquement aucune aide du conseil municipal [10].

A Lyon aussi, les enquêtes révèlent l'existence d'îlots de misère extrêmement denses à Vaise, à la Croix-Rousse et dans divers secteurs du centre de la ville, une misère d'autant plus affreuse que le taux du chômage dans l'industrie de la soie ne cesse d'augmenter. En 1792, dans la section de la Concorde, le quartier pauvre qui entoure le Port Saint-Paul sur la Saône, presque toutes les familles reçoivent une allocation. Dans certains immeubles, tous les habitants sont tributaires des fonds de secours [11]. D'après le recensement de 1793, la section compte 3 075 habitants dont 454 soutiens de famille sont chômeurs, ce qui réduit tous les leurs à la misère, en tout 1 191 personnes, soit un tiers de la population [12]. Les Lyonnais ont le malheur de dépendre trop étroitement de la seule industrie de la soie, ce qui se reflète dans leur recours à l'assistance publique. L'indemnité de pain de l'an II est un cas spécifique et l'enquête porte-à-porte sur laquelle elle est fondée fournit des indications utiles sur la pauvreté. Dans la section de la rue de la Juiverie, par exemple, sur les 221 hommes qui reçoivent l'indemnité 171 sont *fabriquants,* autrement dit de petits artisans de l'industrie de la soie, et tous, sauf vingt, dépendent du sort de la *Grande Fabrique* [13]. Dans la rue Thomassin, sur trois cents pauvres bénéficiaires de l'indemnité, plus de deux cents exerçaient un métier directement associé à l'industrie textile : tisserands, chapeliers, bonnetiers [14].

Grâce à ces statistiques et au travail acharné des sectionnaires, la nature de la pauvreté est diagnostiquée pour la première fois avec une certaine précision, ce qui permet de dispenser des secours appropriés aux besoins.

Les bureaux vont souvent plus loin et suggèrent des solutions aux problèmes plus généraux de leurs localités. Parfois ils se limitent à des doléances concernant la négligence du gouvernement — il n'est jamais difficile de persuader les Franc-Comtois ou les Pyrénéens que Paris rejette avec mépris leurs demandes de secours — mais parfois aussi les griefs formulés peuvent être instructifs.

En 1791, les villages de la circonscription de Lons-le-Saunier sont invités à exposer les causes de leurs souffrances, et leurs réponses sont soigneusement prises en considération. Chaussin, par exemple, se plaint de la médiocre qualité du sol, du manque de fumier, et du niveau excessif des impôts ; Saint-Aubin signale le prix élevé de la terre et les pertes récentes de bétail comme principaux facteurs de son malaise économique ; et Rochefort impute ses malheurs à la grêle et aux inondations, tout en insistant sur les effets désastreux d'une taxation exagérée [15].

Dans le Cantal, l'analyse proposée est enrichie par l'expérience locale que développent de telles consultations. Murat fait ressortir avec juste raison qu'une population ne peut extraire ses moyens de subsistance d'un plateau rocailleux où la culture est impossible pendant sept mois de l'année. Riom place les impôts en tête de sa liste de griefs. Montsalvy insiste sur la pénurie de fourrage dans le département, ce qui empêche les fermiers de conserver leur bétail pendant les mois d'hiver ; et Laroquebrou proclame que le mauvais état des routes, le blocage des cols et l'insuffisance des communications avec le monde extérieur sont en grande partie responsables du retard économique et, partant, de l'augmentation croissante du nombre des pauvres. Dans la plupart des cas, les dons d'argent représentent la seule forme de secours envisagée pour compenser les pertes subies, mais tous ne voient pas le problème sous un angle aussi étroit. Le canton de Saint-Flour, tout en soulignant le manque de bois à brûler aux alentours de la ville, préconise que les autorités encouragent les plantations d'arbres sur les terrains vagues et en bordure des chemins. Il demande aussi que les routes soient maintenues en bon état de passage pendant les mois d'hiver et — avec une remarquable prévoyance — qu'une école soit créée dans chaque paroisse pour l'éducation des enfants de la localité [16]. L'ingéniosité se combine aux statistiques locales pour suggérer des solutions pertinentes aux problèmes posés par la misère du peuple.

Malheureusement, le manque d'argent s'oppose à la réalisation de ces ambitieux projets, un handicap dont, comme dans le cas des services hospitaliers, la Révolution est en grande partie responsable. La réduction des dons charitables qui est tellement préjudiciable aux finances des hôpitaux nuit tout autant à l'efficacité des bureaux.

A Rouen, le produit des quêtes dans les églises a considérablement baissé en 1790, et aucun service laïque n'a repris l'œuvre charitable des Dames de la Miséricorde [17]. Les fonds que les curés ont pu soutirer à leurs riches paroissiens ne sont plus consacrés au soulagement de la misère, et les appels aux sentiments humanitaires sont loin de provoquer les réactions que l'Eglise avait réussi à susciter pendant des générations.

Les legs peuvent poser des problèmes imprévus, car ils sont en général destinés à des fins spécifiques qui ne sont pas toujours conformes au nouvel esprit d'égalité et de rationalisation bureaucratique. La ville de Lesparre, par exemple, possède un fond de charité d'une valeur de 50 livres constitué par le duc et la duchesse de Nevers en faveur de la fille la plus pauvre de la seigneurie ; les trente-six paroisses composant ladite seigneurie doivent concourir pour obtenir le prix, qui est remis en grande pompe à la gagnante conformément aux désirs exprimés par les bienfaiteurs : « La fille la plus pauvre de chaque paroisse concouroit au sort qui se tiroit la dernière fête de Pâques (*sic*) en présence de la justice du lieu qui en dressoit procès-verbal [18]. » La compétition et la mise en scène semblant humiliantes pour les filles pauvres de la région, il n'est guère surprenant que cette pratique ait cessé après 1789. Mais il en résulte que les fonds de secours aux pauvres se trouvent réduits de 50 livres.

De tous les coins de France émanent des rapports analogues, signalant qu'avec l'effondrement de l'ordre ancien de nouveaux fardeaux pèsent sur le budget public, et donnant une idée du caractère imprévisible et aléatoire de la charité au XVIIIe siècle. A Allauch, dans les Bouches-du-Rhône, par exemple, le seigneur local met fin à une tradition séculaire qui consistait en distributions de pain aux travailleurs pauvres réduits au chômage pendant les longs mois d'hiver ; à Auriol, une partie du produit de la dîme servait à procurer des vêtements aux fermiers indigents, une autre source de secours qui se trouve supprimée avec l'abolition de la féodalité ; à Tarascon, dont la prospérité dépend en majeure partie du commerce du sel, l'abolition de la gabelle entraîne une crise de chômage sans précédent, qui a pour effet de doubler le nombre des nécessiteux [19].

De tels changements causent une indicible misère et la Révolution en est la responsable involontaire. Les petites associations charitables sont brutalement supprimées en raison de leur connotation religieuse ; l'initiative privée des bureaux d'aumônes indépendants est étouffée, et l'abolition des corporations prive les communes d'une source précieuse de fonds de secours [20]. A Saint-Etienne, la situation économique associée à la suppression de l'ordre des Dames de la Miséricorde élimine toute possibilité d'aide à domicile pour la communauté locale [21].

La détresse financière des bureaux réduit sans aucun doute leur liberté d'action, car elle les rend dépendants des subventions du gouvernement central. Il est vrai que certaines entreprises locales tentent de recueillir des fonds au cours des années révolutionnaires, mais elles jouent un rôle relativement mineur dans le financement des secours. Le produit de quêtes organisées par les sections populaires peut remplacer les dons d'aumônes effectués sous l'Ancien Régime et, ville après ville, les autorités locales aux abois comptent sur les appels à la générosité des moins déshérités pour combattre la mortalité et la criminalité chez les pauvres.

Ces quêtes et les emprunts forcés exigés des riches se révèlent d'un assez bon rapport : trois souscriptions ouvertes parmi les sectionnaires du Havre, entre l'an II et l'an IV, rapportent respectivement les sommes de 15 875 livres, 12 860 livres et 16 220 livres destinées à être réparties entre les pauvres de la municipalité, un secours substantiel dans une période de chômage croissant [22].

Les clubs aussi se sentent obligés de consacrer des sommes régulières à des œuvres charitables, bien que les ressources dont ils disposent semblent bien insuffisantes par rapport aux importantes sollicitations dont ils font l'objet. Ainsi, en 1793, les Amis de la Liberté à Bordeaux, en commun avec les clubs et sociétés des autres villes de France, distribuent régulièrement des secours à quelque trois cents femmes indigentes, tout en organisant des collectes spéciales destinées à équiper les soldats pour l'effort de guerre [23].

L'idée d'un impôt sur la richesse est toujours populaire, surtout dans les zones les plus défavorisées où les fonds sont au plus bas et où il est inévitable que les travailleurs encore capables de nourrir leur famille inspirent l'envie. Pourtant cet impôt ne semble pas avoir été systématiquement mis en vigueur car il reste un secours occasionnel dans les moments de crise aiguë. Le refus de contribuer à l'allégement de la misère est considéré comme une preuve d'extrême égoïsme et même comme un acte contre-révolutionnaire. Il s'ensuit que même les étrangers résidant en France sont contraints de payer leur quote-part. Au Havre, en nivôse an III, les commandants des navires américains versent une somme de 6 325 livres à la caisse d'entraide de la ville et le consul des Etats-Unis lui-même juge opportun de faire un don de 400 livres [24].

Les autres sources d'aide locale sont assez aléatoires ; elles varient d'une ville à l'autre, souvent en fonction de l'humeur des fonctionnaires locaux. La section du Mail de Paris, par exemple, contribue au financement de son propre programme social en confisquant les bénéfices d'un tripot local [25]. Cependant, la plupart des expédients de ce genre constituent plus un témoignage de l'esprit d'initiative qu'une source lucrative de revenus réguliers.

En fait, la majeure partie de l'argent des caisses de secours vient du gouvernement national, qui consacre plusieurs millions de livres à la lutte contre la misère. Les sommes destinées à cet effet sont réparties entre les départements en fonction des rapports qu'ils adressent au Comité de Mendicité. Pendant une grande partie de 1793 et de l'an II, c'est dans ces dons que le gouvernement canalise le plus gros de ses efforts charitables, favorisant les projets d'assistance à domicile de préférence aux hospitalisations.

Dans son troisième rapport à l'Assemblée nationale, le Comité se déclare convaincu que les secours à domicile sont nettement plus profitables puisqu'ils épargnent les dépenses fixes et les frais généraux et que l'argent déboursé sert à soulager directement les malheureux. Dans les hôpitaux, au contraire, ces frais généraux constituent « la dépense principale [26] ».

La Convention s'efforce de donner suite à cette proposition : des allocations et des pensions sont prévues pour les malades et les vieillards. Un ambitieux décret du 19 mars 1793 établit la structure de la nouvelle politique : l'assistance aux indigents doit être traitée comme « une dette nationale », l'argent sera distribué en fonction du pourcentage de la population trop pauvre pour payer l'impôt et à un taux proportionnel à la moyenne des salaires du département. Des agences cantonales seront créées pour superviser sa distribution [27].

Un autre décret, du 28 juin 1793, énumère les pensions à payer aux enfants abandonnés, aux enfants des pauvres, aux vieillards et aux indigents, complément naturel de la mesure précédente qui pose les fondements de l'assistance publique révolutionnaire [28].

Ces lois témoignent à la fois de la sincérité de la Convention et de l'importance attachée aux projets de pensions, mais ni l'une ni l'autre n'est mise en vigueur et elles restent lettre morte jusqu'à leur abrogation définitive en frimaire de l'an V [29]. Elles peuvent être considérées comme une déclaration d'intention et un manifeste esquissant les grandes lignes de la philosophie de la bienfaisance révolutionnaire, mais non comme des mesures pratiques apportant un soulagement aux pauvres.

Plus ambitieuse est la décision de l'an II qui préconise l'établissement d'un Grand Livre de bienfaisance nationale, mesure ultime destinée à éliminer la misère du peuple.

De nombreux députés comprennent que, les hôpitaux et dépôts se trouvant concentrés dans les cités, c'est dans les campagnes que le poids de la souffrance est le plus lourd. Certains, comme Barère, sont prêts à affirmer que les campagnes sont plus méritantes, plus patriotes que les villes ; elles produisent la nourriture que les autres consomment et donnent leurs fils à l'armée. Prenant la parole au nom du Comité de Salut public en l'an II, Barère déclare que les campagnes doivent bénéficier d'un traitement préférentiel, et il proclame ses raisons dans une envolée lyrique :

> Dans l'ordre de la nature, la culture et la fertilité des campagnes doivent obtenir la priorité des regards du législateur. C'est à la racine qu'il faut arroser l'arbre ; les villes ne font que consommer les fruits que le commerce accapare, manipule et agiote au gré de son avarice. Dans l'ordre de la bienfaisance nationale, les campagnes doivent passer avant les villes [30].

A partir de ces prémisses se développe l'idée d'établir un Livre de Bienfaisance comme moyen de mettre fin à la mendicité dans les campagnes et de répartir avec plus d'équité les fonds destinés à l'assistance. Les villes sont délibérément exclues de ce projet sous le prétexte qu'elles bénéficient déjà de caisses d'entraide qui peuvent assurer la distribution des secours par l'intermédiaire des hôpitaux et hôtels-Dieu.

Barère propose que dans chaque département soit ouvert un livre contenant les noms de ceux qui se classent dans certaines catégories de pauvres et dont la situation nécessite une aide immédiate : le nombre des inscrits doit être proportionnel à la population du département pour que toutes les régions puissent recevoir leur juste part des ressources. Ceux qui devront être assistés sont les cultivateurs âgés ou infirmes, la catégorie la plus importante, composée d'hommes qui ont travaillé dur par tous les temps pendant plus de trente ans et qui, aux yeux de Barère, méritent mieux qu'une pension de famine ou l'hospice jusqu'à la fin de leurs jours ; les vieux artisans, qui ont passé toute leur vie dans les villages ou hameaux, recevront un peu moins (130 livres par an contre 160 livres pour les travailleurs agricoles) sous le prétexte que « les métiers sédentaires occupent des vieillards quoiqu'estropiés » et qu'ils peuvent par conséquent compléter leur pension en travaillant ; les veuves de cultivateurs ; et les mères veuves qui élèvent plusieurs enfants sans soutien de famille.

Le projet de Barère est adopté par la Convention et la loi est votée le 22 floréal an II [31]. Il représente non seulement un premier pas important en faveur des travailleurs ruraux dans un pays où la pire misère se trouve concentrée dans les campagnes, mais aussi une manifestation de l'énergie avec laquelle la Convention entreprend d'éliminer les causes de l'indigence.

Le projet du Livre de Bienfaisance est le rêve le plus ambitieux de la Révolution, mais son ampleur n'est pas une garantie de succès. Il est certes caractéristique de la phase la plus grandiose de la législation sociale jacobine qui — comme les programmes de financement des hôpitaux — sera bientôt dépassée par les implications financières de l'inflation, le renforcement de l'armée, et les préférences anti-interventionnistes de la période thermidorienne. Cependant, à court terme, ce projet captive l'imagination plus que tout autre plan d'assistance. Il offre un seuil de sécurité aux groupes les plus nécessiteux de la France rurale dans les régions les plus défavorisées.

Les départements et districts entreprennent de trier les demandes et de dresser leurs listes définitives. Pour la catégorie des « cultivateurs vieillards ou infirmes » par exemple, le quota est de quatre cents noms pour chaque département et quatre de plus par mille habitants au-dessus de cent mille. Les règles sont strictes et parfois arbitraires ; les villes et villages qui comptent moins de trois mille habitants sont classés parmi les zones rurales pour les besoins de la cause. Lorsque le nombre des sollicitations dépasse celui des pensions disponibles, les plus vieux ont droit à la priorité absolue [32].

Il n'est pas étonnant que la réaction la plus vive émane des régions qui sont les plus favorisées par cette mesure, les départements de l'intérieur. Les grandes villes en sont exclues par les termes de la loi et, dans des districts comme celui de Bordeaux, les revendications de la population rurale de l'arrière-pays ne semblent guère avoir été prises en considération ; mais dans un département à dominance agricole, l'établissement du Livre de Bienfaisance est l'acte le plus important de toute la politique sociale révolutionnaire.

Dans l'Hérault, les quatre cinquièmes des communes agricoles participent au projet et le livre du département contient un millier de noms. Conformément aux termes de la loi, le 27 pluviôse an III, les autorités célèbrent ce progrès social spectaculaire en instituant dans les rues de

Montpellier une festivité typique de l'époque révolutionnaire, la Fête du Malheur [33].

Les autorités pèchent sans doute par excès d'optimisme, car le projet ne sera jamais à la hauteur des espoirs qu'il a éveillés. L'inflation réduit vite les bienfaits conférés : les veuves et les mères de famille nombreuse sont particulièrement malheureuses, car il est difficile de survivre avec 60 livres par an. Ceux qui ne peuvent justifier de leur identité en produisant un certificat de naissance ou de mariage risquent de voir leur demande rejetée. Or, ils ne pourront même plus recourir aux sources d'aide que leur procuraient la miséricorde de l'Ancien Régime ou les aumônes recueillies par le curé de la paroisse. Les vieillards et les infirmes s'aperçoivent qu'ils ont été trompés par la rhétorique de l'an II lorsque les Thermidoriens ont perdu l'enthousiasme de leurs prédécesseurs pour les programmes d'assistance payés par les fonds publics. Le Grand Livre de bienfaisance nationale devient de plus en plus décousu en l'an III puis en l'an IV, avant d'être abandonné en l'an V, sommairement abrogé par la même loi qui inverse le sens du décret du 19 mars 1793 [34].

Dès lors, l'économie de bienfaisance devient extrêmement hasardeuse et le système des pensions encore plus tributaire des caprices du gouvernement central que ne le sont les hôpitaux. Il est vrai qu'à partir de l'an V d'autres sources de revenus sont mobilisées en faveur de l'assistance, mais les sommes obtenues ne peuvent avoir qu'un effet marginal. La totalité du produit de la nouvelle taxe sur les recettes des théâtres et spectacles est affectée aux fonds de secours, mais elle ne suffit pas à garantir des revenus stables [35]. Elle semble dérisoire dans le contexte de la fin des années 1790, d'une misère croissante et d'une famine qui s'étend à l'ensemble du pays, dérisoire aussi si l'on songe à la destruction systématique de petits fonds de charité depuis 1789, à la suite des attaques dirigées contre le clergé ou de l'abolition des dîmes. Au cours de la décennie, les habitudes de charité ont été à ce point bouleversées que, en dehors des institutions officielles, toutes les formes d'assistance aux pauvres ont virtuellement disparu.

Les doléances des demandeurs de secours et les énormes piles de pétitions entassées dans les bureaux locaux et les mairies, émanant pour la plupart d'individus semi-analphabètes, donnent une idée assez nette de la détresse qui règne pendant la période révolutionnaire. Le plus souvent ce sont des lettres navrantes exposant la situation tragique de malheureux réduits au désespoir et au dénuement. Guillaume Laurent, un paysan de L'Arbresle, dans le Lyonnais, avait hérité une petite parcelle de terre léguée par ses ancêtres mais, en 1793, la misère le contraint à écrire au district pour solliciter une aide. Ses deux vaches sont mortes, ses neuf enfants sont affamés. Les maigres ressources de la famille sont réduites à néant par la perte des deux bêtes qui valaient quelque 240 livres [36].

En ville, le chômage a des effets tout aussi désastreux. Louis Perray, qui tenait la comptabilité des brocanteurs sur le marché des rives de la Seine, se trouve sans emploi en 1791 après la fermeture du marché. Il est obligé de vendre tout ce qu'il possède pour essayer de conserver sa dignité et son indépendance [37].

La vieillesse peut aussi obliger les gens à demander des secours, souvent à contrecœur : Santoux, un officier de santé de Bordeaux, âgé de quatre-vingts ans, se résout à écrire au club local des Jacobins. Sa lettre, empreinte d'une sorte de honte mêlée de dignité, commence ainsi :

> Pardonnez à un homme de 80 ans s'il vous importune par ses lettres ; à mon âge, les facultés s'affaiblissent, la mémoire n'est pas toujours présente et je n'ai que mes réflexions pour me rappeler les objets que je peux obmetrer (*sic*) [38].

Après l'an II, de telles suppliques ont de moins en moins de chances de recevoir une réponse favorable, car les autorités n'ont plus les moyens de s'acquitter de leurs obligations financières, même les plus pressantes.

Dans une société aussi consciemment politisée que l'est celle de la France révolutionnaire, il est normal qu'un certain degré de politisation se glisse dans l'octroi des allocations. Les fonctionnaires des sections et les employés des bureaux locaux s'intéressent aux affaires civiques précisément à cause de leur engagement politique. Or, en l'an II, toute la vie publique est imprégnée de la conception jacobine de la moralité qui ne peut que se refléter dans leur attitude à l'égard des solliciteurs. Etant donné que les sommes affectées à l'assistance sont limitées, il est naturel que ceux dont le patriotisme et la fidélité à la cause révolutionnaire n'ont jamais été sujets à caution soient parfois favorisés.

Bien que peu de villes avouent être influencées par des considérations politiques, il est peut-être symptomatique du nouveau climat que les demandes de secours soient rédigées en termes déférents à l'égard de la Révolution et accompagnées de certificats attestant de la vertu de sans-culotte inattaquable du quémandeur.

En 1791, Charles Bertonnet, un ouvrier parisien du bâtiment âgé de soixante-quatorze ans, sourd et à demi paralysé à la suite d'une chute, sollicite une aide. Il joint à sa demande un certificat témoignant de son patriotisme et prouvant que sa mauvaise condition physique résulte des blessures qu'il a reçues pendant qu'il participait à la démolition de la Bastille, une excellente besogne révolutionnaire à laquelle « il a travaillé avec plus d'ardeur et de zèle qu'un jeune homme [39] ».

En l'an II, un certain Rupallay, de Rouen, proclame que c'est son patriotisme, son ardent amour de la liberté qui ont provoqué la colère des aristocrates et des contre-révolutionnaires locaux, des mauvais hommes qui l'ont si mal traité qu'il est incapable de reprendre son travail normal [40]. Cette demande provoque une réaction des plus généreuses — Rupallay reçoit une pension annuelle de 600 livres — mais il est impossible d'affirmer avec certitude que cette décision n'est due qu'à des raisons d'ordre politique.

Quant au bureau du Havre, il propose un questionnaire aux solliciteurs : que pensent-ils de l'exécution du roi, de l'assassinat de Marat, de la fermeture des églises, de la déportation des prêtres ? Connaissent-ils des émigrés et des prêtres réfractaires rentrés subrepticement en France et, si tel est le cas, sont-ils disposés à révéler les noms de ceux qui les cachent ? Ce bureau du Havre est presque le prolongement de la police politique. Marc-Antoine Chenel voit sa demande rejetée parce qu'il « n'est ni bon père, ni bon mari, ni bon patriote », un intéressant mélange de morale sociale et politique. Guillaume Gausse, un homme de cinquante et un ans, père de cinq enfants dont trois sont dans l'armée, essuie un refus sous le prétexte qu'il n'a pas accompli son service de garde et n'a donné aucune preuve de patriotisme. Pierre Bonimare, indigent, père de trois enfants, est congédié sans le moindre secours en raison de son prétendu manque de motivations politiques : il a déploré la mort de Louis XVI et n'a pas accepté la Constitution républicaine [41]. Pour des gens simples qui n'ont jamais beaucoup réfléchi à la situation intérieure, un catéchisme politique de cet ordre peut représenter un obstacle insurmontable et condamner toute une famille à la déchéance.

Le sort des indigents civils est encore aggravé par les demandes croissantes des militaires et de leurs familles. De même que les hôpitaux sont contraints de traiter par priorité les soldats malades ou blessés qui affluent dans leurs services, les caisses de secours doivent honorer avant tout les promesses de pensions et de primes faites aux recrues et à leurs familles. C'est la dette la plus sacrée que les gouvernements révolutionnaires aient contractée. Comme le nombre des hommes jetés dans les batailles va croissant entre 1793 et l'an III, la proportion des blessés et des infirmes ne cesse d'augmenter et les fonds sont aspirés par les distributions de pensions et les soins médicaux que cette situation nécessite [42]. Le bilan du gouvernement en ce qui concerne le respect de ces obligations est certainement plus positif que son œuvre en faveur des invalides et des vieillards dans la société civile.

Il accomplit également un sérieux effort pour résoudre les problèmes de dévastation et de destruction créés par la guerre et les conflits civils entre 1793 et l'an II. Pendant cette période, les mouvements de troupes endommagent les récoltes, et les maisons situées dans la zone de guerre risquent d'être rasées. Un décret de juillet 1792 détermine les secteurs où le gouvernement accepte d'assumer une certaine responsabilité. Ceux qui ont subi des pertes doivent demander des dédommagements à leurs conseils municipaux en fournissant des preuves à l'appui — livres de comptabilité, témoignages de voisins. Les seules personnes exclues des avantages du décret sont les individus déclarés ennemis du bien public — ceux qui ne peuvent prouver qu'ils résident dans la région, ceux qui se sont opposés aux réquisitions imposées par la loi, et ceux qui n'ont rien fait pour retarder l'avance de l'ennemi [43].

En principe, la Convention admet que le dédommagement couvre les trois sortes de sinistres majeurs : la ruine des récoltes ; l'incendie ou la destruction des maisons et des fermes au cours des combats ; et la perte de toute forme de propriété, meubles, effets personnels, bétail, bois et vignobles, consécutive à l'action de l'ennemi [44]. Il est intéressant de noter que, en dépit de l'insuffisance des fonds, le gouvernement fait l'impossible pour régler équitablement la majorité de ces cas. En ventôse de l'an II par exemple, la Convention met vingt millions de livres à la disposition du ministre de l'Intérieur pour les répartir entre les citoyens qui ont subi des pertes causées à la fois par la guerre civile et par les armées étrangères [45].

Parmi les demandes de compensation les plus importantes, certaines émanent non des zones frontières mais des départements touchés par les attaques contre-révolutionnaires. Le rapport de Zangiacomi, daté de l'an V, sur l'étendue de la dévastation et de l'aide du gouvernement [46], signale que, sur les six départements dont les pertes sont les plus lourdes, deux seulement sont situés à l'Est (Meuse et Bas-Rhin) contre quatre à l'Ouest (Loire-Inférieure, Vendée, Deux-Sèvres, Maine-et-Loire). C'est un témoignage éloquent de la violence de la guerre civile dans ces départements, et il est encore accentué par la décision que prend le gouvernement de réduire leurs impôts de l'an VI de près de neuf millions de francs, mesure jugée nécessaire à cause de l'ampleur des dégâts. On estime que les deux tiers de la Vendée ont été sérieusement dévastés, la moitié dans le cas de la Loire-Inférieure et du Maine-et-Loire, et un tiers pour les Deux-Sèvres [47].

Assiégé par les forces républicaines pendant l'intermède fédéraliste de l'été-automne 1793, Lyon est également soumis à de rudes épreuves. Encore une fois, ce sont les pauvres qui sont les plus éprouvés, les travailleurs et artisans de Vaise et de la Croix-Rousse dont les humbles demeures sont détruites au cours des dernières semaines de la révolte. Dans les mois qui suivent, quelque deux millions de livres sont affectés au dédommagement des victimes, mais les cahiers de réclamations ne laissent aucun doute sur la réalité des souffrances endurées. Un grand nombre de gens ont perdu tous leurs biens dans le bombardement des faubourgs.

Le dossier des revendications de Vaise, par exemple, contient une liste de quarante-six familles qui sont réduites à la misère totale. Jean Guinard, un maçon lyonnais illettré, a perdu toute sa propriété, « laquelle consiste en lit, meubles, outils, marchandise, linge d'homme et de femme » ; d'autres écrivent des demandes de compensation également pathétiques pour les quelques meubles qu'ils possédaient [48]. Certains ont perdu bien plus que des biens matériels. Jeanne Giraud, veuve d'un tisserand, écrit aux autorités municipales qu'elle était restée dans la ville pendant le siège pour ne pas abandonner son mari paralysé et grabataire. Or, son mari a été tué par les canons républicains, la laissant veuve et dénuée de tout [49]. A son retour du front, un cardeur qui s'était engagé dans l'armée trouve sa maison détruite et sa femme morte ; dans une déclaration poignante, il évalue la totalité de la perte à 586 livres [50]. Une autre Lyonnaise expose sa situation désespérée : son mari a été tué et elle doit élever ses trois enfants dont l'un est aveugle. La fermeture des ateliers lui ôte toute possibilité de les nourrir [51].

Ces cas ne représentent qu'un échantillon de la misère humaine cachée derrière le siège de Lyon. Ils illustrent le degré de souffrance infligée par la guerre à la population civile, souffrance que les gouvernements révolutionnaires ont le devoir de soulager. C'est un devoir qu'ils reconnaissent, mais en s'ajoutant aux distributions de secours, les compensations pour dommages de guerre détournent l'argent des pensions civiles et des problèmes sociaux quotidiens que la Révolution a ambitieusement entrepris de résoudre.

Le nouveau programme d'assistance à domicile pour les vieillards et les infirmes est le complément des changements déjà intervenus sous l'Ancien Régime, aussi déformé qu'il ait pu être par les frustrations financières et les priorités rivales des gouvernements. L'assistance à domicile n'est pas accessible à tous et ne peut servir à remplacer les formes de soins institutionnelles où la surveillance joue un rôle essentiel.

Le traitement réservé aux vagabonds saisonniers, par exemple, reste différent : le catéchisme révolutionnaire n'a jamais reconnu le droit à l'oisiveté et il est admis qu'un individu qui refuse de se conformer aux normes doit être puni [52]. Dès leur accession au pouvoir les autorités révolutionnaires ordonnent le rapatriement dans leur canton d'origine des chômeurs arrêtés pour mendicité dans les rues de Paris. Selon les termes de la loi du 30 mai 1790, tous les « mendiants et gens sans aveu » de Paris qui n'ont pas d'adresse fixe depuis au moins six mois (un an dans le cas des étrangers) sont obligés de demander des passeports indiquant l'itinéraire qu'ils auront à suivre pour rentrer chez eux [53]. Cette politique est une version draconienne de la législation précédente tendant à encourager le rapatriement volontaire, mais dans les villes et villages de province elle est mal accueillie. Bien qu'elle réduise incontestablement la misère dans la capitale, dans les régions avoisinantes elle ne fait qu'exacerber les tensions existantes et augmenter l'animosité latente qui a toujours détérioré les rapports entre Paris et ses provinces.

La loi impose le paiement de l'allocation de « trois sous par lieue », prévue pour les mendiants, aux municipalités des villes situées sur leur parcours. Or, pour des départements comme le Loiret, traversé de grandes routes et occupant une position stratégique entre Paris et certaines des zones les plus pauvres du pays, la dépense supplémentaire est considérable, et rien ne garantit que le gouvernement les remboursera ; cependant, la misère des mendiants expulsés ne souffre aucun refus [54].

Quant à l'indigent qui rentre dans sa paroisse natale, sûr de ne trouver aucun emploi, il sait que cette mesure aura pour effet de le plonger davantage dans la misère qui l'a déjà contraint à la mendicité. Il ne peut pas non plus attendre beaucoup d'indulgence de la part des autorités lorsqu'il aura repris sa vie de vagabondage, puisque les gouvernements révolutionnaires continuent à prescrire aux récidivistes les cures préconisées par leurs prédécesseurs — y compris la déportation pour ceux qui refusent de se plier à un traitement moins sévère. A l'apogée de la période jacobine, un décret ordonne que les vagabonds récidivistes soient déportés à Fort-de-la-Loi, à la pointe sud-est de Madagascar, où de nouveaux bâtiments sont construits pour les loger et une force armée est chargée d'imposer l'ordre et la loi [55]. A sa limite extrême, l'attitude de la Révolution envers les mendiants est radicalement inhumaine.

La déportation reste la solution ultime, rarement utilisée. En temps normal, les autorités envoient les mendiants valides au dépôt de mendicité local, une institution qui oscille toujours avec un certain malaise entre ses fonctions charitables et ses fonctions coercitives.

Même le Comité de Mendicité de Paris semble trouver la raison d'être des dépôts un peu ambivalente, et leur aspect pénal se révèle dans l'appellation de « maisons de correction » qui leur est parfois donnée. Son décret de 1790 prévoit trente-quatre dépôts destinés à héberger 6 650 pensionnaires pour un coût annuel de 1 350 000 livres. Il est précisé que ces établissements ne doivent pas être considérés comme des prisons mais comme des maisons destinées à réformer et réhabiliter le mendiant de manière à « rendre le coupable meilleur et d'en faire un homme utile à la société [56] ».

Au niveau local, l'objectif du dépôt paraît moins humanitaire, et le puritanisme de nombreux révolutionnaires porte à croire qu'un séjour dans le dépôt n'est guère différent d'une peine d'emprisonnement légère. L'attitude de Clochard, un architecte bordelais qui occupe les fonctions d'administrateur délégué des services de bienfaisance et des caisses de secours de sa ville, est particulièrement intransigeante [57]. Les pauvres âgés et infirmes sont tenus de fournir un travail facile pour contribuer à l'économie du dépôt, et ils bénéficient de conditions de vie décentes sans être confortables. Aucun ne doit être mis en position d'être attiré dans l'« enclos ». Quant aux individus valides, ils seront astreints à un régime plus dur. Ils devront payer de leur personne : nettoyer le port, balayer les rues, fournir la main-d'œuvre nécessaire aux travaux publics de la municipalité. Ce n'est qu'après avoir obtenu un emploi qu'ils sont autorisés à quitter l'institution. Clochard décrète que si jamais ils sont repris en flagrant délit de mendicité, ils seront reconduits au dépôt pour une durée indéterminée.

La discipline des dépôts est sévère, l'heure des repas strictement fixée et le temps de loisirs limité et supervisé. Dans la plupart des dépôts, comme le Grand Bureau des pauvres à l'Hôtel-Dieu de Paris, la pratique du culte est recommandée et les prêtres sont au service des patients, tout au moins jusqu'à la déchristianisation qui atteint les dépôts en 1793. Il semble que ces établissements soient soumis à une surveillance constante et à un régime qui, s'ils allègent les effets purement physiques de la misère, accentuent les souffrances morales qui l'accompagnent [58]. A cet égard, les autorités révolutionnaires ne font que compléter l'œuvre de leurs prédécesseurs, car, entre 1770 et 1789, les dépôts ressemblaient de plus en plus à des établissements pénitentiaires, à la fois dans leur aspect et dans leurs fonctions.

Il ne faut pas en déduire que les autorités se désintéressent du sort des pauvres, ni qu'elles ne se soucient pas de leur assurer une base de vie décente. Le Comité de Mendicité est toujours ouvert aux idées nouvelles quelle que soit leur source, et de nombreux administrateurs de dépôts sont des hommes bons et humains sincèrement désireux de soulager les souffrances. En l'an X, Clochard lui-même préconise certaines améliorations au régime existant et il cite les progrès accomplis dans d'autres pays d'Europe, en Hollande, en Angleterre et même en Sardaigne [59]. D'ailleurs, l'organisation journalière des dépôts montre que les problèmes posés font l'objet d'une étude attentive, en même temps que l'équilibre précaire du budget exige un effort constant.

Le personnel est parfois singulièrement nombreux. En l'an V, au dépôt de Lyon, par exemple, il comprend 41 membres dont le salaire total s'élève à 8 050 livres par an ; certains d'entre eux ont reçu une formation spéciale leur permettant de soigner des groupes de malades particuliers — déments, incurables, patients atteints de maladies vénériennes [60].

La nourriture n'est pas variée mais toujours suffisante et relativement saine comparée au régime alimentaire déplorable de la plupart des pauvres de la campagne. Le pain est partout la nourriture de base des indigents et il est caractéristique que le dépôt de Bordeaux dépense cinq ou six fois plus pour le pain que pour le reste des aliments, qui se composent de haricots, de pommes de terre, de lait et d'un minimum de viande [61].

Le gouvernement établit des nouvelles normes strictes auxquelles les dépôts sont obligés de se conformer, et des inspecteurs sont chargés de faire des rapports réguliers sur la nourriture, la propreté et l'état général des locaux. A Lyon, en 1791, le rapport d'inspection, bien que dans l'ensemble favorable, recommande que certaines améliorations soient apportées à la qualité de la viande et du vin servis aux pensionnaires [62]. Il arrive que même la plus sombre routine soit rompue lorsque la situation politique est favorable. Après la défaite des rebelles fédéralistes et la prise du port de Toulon par les républicains, les pauvres du dépôt de Grenoble sont invités à fêter l'événement : enchanté par la nouvelle, le département de l'Isère expédie du vin aux pensionnaires du dépôt « pour les faire participer à l'allégresse publique sur la conquête du Toulon par les Français [63] ».

Le tableau de la vie dans les dépôts n'en demeure pas moins sombre et les moments de détente sont rares. Il en est ainsi parce que, dans de nombreux aspects de la bienfaisance révolutionnaire, le niveau d'assistance atteint est bien inférieur aux ambitieux objectifs que le Comité de Mendicité s'était fixés. Les problèmes financiers accablent les hôpitaux civils, et l'échec des programmes de pensions et d'allocations affectent la gestion et l'efficacité des dépôts. En l'an IV, le déficit du dépôt de Lyon s'élève à 800 000 livres [64], et en deux ans il est devenu totalement dépendant des fonds du gouvernement. Comme nous l'avons vu dans d'autres domaines, cette dépendance présente des dangers considérables, et le dépôt est condamné aux dernières privations. Les rations des patients sont diminuées, les fournisseurs refusent les provisions indispensables et, en ventôse de l'an VI, les administrateurs sont contraints de fermer une partie de leurs services et de congédier les indigents étrangers au département du Rhône quand ils se présentent malades et désespérés en quête de secours. Les individus atteints de maladies vénériennes qui viennent du Centre et du Sud-Est pour se faire soigner à Lyon sont renvoyés dans leurs communes natales où ils ne pourront suivre le traitement médical approprié à leur état [65].

En outre, avec des ressources réduites, le dépôt est obligé d'accueillir de nouveaux mendiants, de nouveaux vagabonds, non seulement à cause de l'augmentation du niveau de la misère dans l'ensemble de la communauté mais à cause de l'épuisement de toutes les autres formes d'assistance [66]. En l'an VI, le trésorier sollicite une subvention pour pouvoir couvrir les dépenses de funérailles des pensionnaires morts au cours des quatre années précédentes, faute de quoi le dépôt ne pourra plus faire les frais d'un seul enterrement dans le cimetière de la Guillotière [67]. Ces exemples illustrent bien l'étendue du fossé qui sépare les objectifs fixés par les législateurs parisiens des résultats atteints dans les dépôts de la France provinciale. Ce sont inévitablement les pauvres et les déshérités qui souffrent de la situation.

Qui sont donc ces pauvres valides si dénigrés par les commentateurs et les pamphlétaires contemporains ? A Bordeaux, au cours des premiers mois de 1790, la police locale et la garde nationale s'acharnent à rassembler les mendiants et les dossiers de la police sont exceptionnellement riches. Les personnes arrêtées sont en majorité des hommes, et surtout des jeunes gens âgés de dix-sept à vingt-cinq ans, qui exercent un peu tous les métiers — vignerons, portefaix, charpentiers, menuisiers, tisserands. Il est rare qu'ils travaillent la terre, ce qui est surprenant compte tenu de l'important contingent d'ouvriers agricoles qui va chaque année chercher fortune à Bordeaux. Il faut supposer que ces derniers ont déjà été aspirés dans la masse de la main-d'œuvre non qualifiée de la ville. Il est intéressant de noter que parmi les mendiants arrêtés figure environ un tiers de matelots qui ont débarqué à Blaye ou à Libourne, où ils ont été obligés de mendier après le départ de la flotte [68].

Il est clair que les métiers représentés chez les mendiants varient avec la localité, mais ils reflètent fidèlement l'éventail des emplois exercés par la population locale. A La Rochelle, comme à Bordeaux, l'appel de la mer est puissant et nous y rencontrons un nombre important de matelots, de charpentiers et de cuisiniers qui ont été congédiés à la fin d'un voyage et ont dû recourir à la mendicité pendant la période de vaches maigres qui a suivi [69]. A Rouen, une grande proportion de déserteurs se mêle aux groupes de mendiants [70]. A Lyon, ce sont les chômeurs du textile qui demandent l'aumône [71]. Les femmes exercent généralement les métiers de couturière, ouvrière de la soie, blanchisseuse, journalière, domestique — en un mot, toutes les occupations quotidiennes des classes laborieuses. La vie est particulièrement difficile pour les domestiques. Avec l'âge, elles se trouvent confrontées à la perspective de la misère solitaire dans un galetas sordide et glacial, sans pension [72].

Pour tous, hommes et femmes, le dépôt représente la déchéance suprême, le niveau le plus bas de l'échelle sociale, mais il offre le vivre et le couvert et une certaine forme de compagnie. Denis Mauguin, un célibataire de trente-trois ans appartenant à la section de la Fraternité de Paris, est infirme depuis l'enfance et il ne peut survivre qu'en demandant l'aumône aux passants [73]. Nicholas d'Huiq, un octogénaire de la même section, était tailleur de son métier jusqu'au moment où la vieillesse l'oblige à abandonner son travail. Il gagne quelques sous en offrant de l'eau bénite à la porte de l'église Saint-Louis, jusqu'au jour où la Révolution ferme les églises et son dernier espoir de survie s'envole [74]. Ces malheureux finissent par oublier la dignité que seule l'indépendance peut conférer et ils sont heureux de trouver un refuge dans le dépôt de Paris.

Il ressort de ce tableau que les pauvres consignés dans les dépôts sont sans doute plus malheureux et plus misérables que les bénéficiaires de l'assistance à domicile. Ils sont en tout cas plus instables, plus enclins à se déraciner pour aller chercher fortune sur les grands chemins ou dans les rues des villes quand la famine menace. Cependant, ils ne forment pas une catégorie à part. De même que les « bons pauvres », ils sont des gens ordinaires dépassés par les épreuves qu'ils doivent affronter dans la vie quotidienne, des hommes et des femmes sans qualification spéciale, obligés de recourir à la mendicité, leur seul espoir de survie. Ils commencent souvent par explorer les possibilités d'emploi dans les villes et terminent leur séjour comme ils l'ont commencé, seuls, sans argent et sans appui.

Dans la section du Bonnet Rouge à Paris, sur quarante-quatre mendiants dont la commune d'origine est connue en l'an IV, il n'y a que sept Parisiens ; six viennent de la Creuse et les autres de Lorraine, de Franche-Comté et de Marseille [75]. Le dépôt de Bordeaux compte peu de Bordelais ; la plupart de ses pensionnaires ont quitté les zones rurales du Sud-Ouest pour aller chercher du travail en ville, d'autres viennent de plus loin : du Poitou, du Limousin, de Bretagne et de Lorraine, de Provence et surtout d'Auvergne [76]. Le schéma est très semblable à La Rochelle où les Rochelais sont en minorité dans le dépôt qui accueille des immigrés de l'Ouest, du Massif central et de certains ports étrangers comme Londres et Trieste pris en flagrant délit de mendicité [77].

C'est compréhensible car les citadins ont toujours une relation en ville qui peut leur servir de caution. Leur indigence peut se justifier devant les autorités qui ne sont pas nécessairement impitoyables ; à la limite, ils ont peut-être encore la possibilité de recourir à un semblant de vie de famille. Tel n'est pas le cas du travailleur immigré poussé vers la ville par la misère, incapable de retourner dans la ferme sordide qu'il a laissée derrière lui et forcé de se débrouiller par ses propres moyens dans une société souvent hostile à laquelle il ne pourra jamais s'intégrer complètement.

La solution du rapatriement ne peut séduire que les administrateurs urbains car, pour les pauvres eux-mêmes, elle manque de réalisme. Parmi les trente-six hommes et femmes arrêtés en l'an II dans la section des Quinze-Vingts du faubourg Saint-Antoine, tous tiennent à rester à Paris et refusent de regagner leur village [78]. S'ils veulent essayer de survivre, c'est en ville qu'ils peuvent continuer leur interminable lutte contre la misère. Et s'ils échouent, comme c'est généralement le cas, ils seront accusés de vagabondage et condamnés au dur régime du dépôt.

Leur sort aurait été moins pitoyable si les dépôts avaient été réservés aux mendiants, comme le Comité de Mendicité l'avait prévu. Mais la dureté même de leur régime encourage les autorités à les utiliser pour une clientèle plus étendue. Il en résulte qu'à la fin de l'Ancien Régime ils ne se distinguent plus guère des prisons. Les tribunaux condamnent les vagabonds à faire un séjour dans les dépôts, ce qui est, dans leur esprit, une mesure punitive pour les délinquants mineurs et dissuasive pour les individus susceptibles d'être tentés par le banditisme.

En 1791, l'administration du district de Lyon considère que les problèmes de délinquance ne peuvent être réglés que par l'incarcération de tous les « filoux, escrocs et vagabonds » dans le dépôt [79]. En l'an IV, une femme qui ne cessait de causer du grabuge à l'hôpital des Incurables de Bordeaux est transportée au dépôt pour y apprendre la discipline [80]. A Bourges, le député envoyé en mission dans le Cher en l'an III juge opportun de faire transférer au dépôt deux hommes condamnés à dix ans d'emprisonnement, sous le prétexte que le régime de l'établissement leur convient mieux [81].

Les pensionnaires se composent d'hommes et de femmes prêts à basculer dans la criminalité, et que la vie commune du dépôt peut facilement transformer en criminels endurcis. En 1790, le dépôt de Rouen contient, outre un riche assortiment de vagabonds, d'autres individus penchant nettement vers la délinquance : incendiaires, voleurs de chevaux ou d'objets précieux, bandits de grand chemin [82]. Un homme est arrêté pour un vol d'argenterie dans un château où il a reçu l'aumône ; un jeune homme de trente ans condamné à mort en 1787 a vu sa sentence commuée en peine d'emprisonnement à vie [83]. Il n'est guère surprenant que, dans ces conditions, l'administration du dépôt ait écrit au conseil municipal pour lui signaler que son établissement n'était pas une maison de correction [84].

Les individus accusés d'offense aux bonnes mœurs sont souvent incarcérés dans le dépôt local, en dépit des protestations du personnel. Il est admis que les prostituées sont acceptées à des fins à la fois de détention et de traitement, car la plupart sont atteintes de maladie vénérienne et représentent une menace considérable pour la santé publique, notamment pour celle des hommes de l'armée et de la marine. En pluviôse an III, sur cent femmes qui occupent des lits dans le dépôt de Bordeaux, quatre-vingt-douze sont malades, un chiffre qui ne provoque ni la surprise ni l'effroi [85]. On espère que les prostituées qui ont conscience d'être contaminées viendront tôt ou tard se faire soigner. A Toulouse, les filles qui veulent suivre un traitement viennent souvent déclarer qu'elles sont mendiantes, pour être admises dans un dépôt où elles seront prises en charge gratuitement. C'est une ruse bien souvent pratiquée par les filles de joie de la région [86].

Les dépôts deviennent des refuges pour toutes sortes d'individus suspects d'attenter à la morale et qui ne peuvent compter sur aucune aide. Celui de Rouen abrite des filles arrêtées pour « libertinage public », pour « concubinage » avec des bandits opérant dans l'arrière-pays, et pour mariages incestueux [87]. Ces filles sont généralement des créatures pitoyables, dignes de compassion, nées dans un monde de misère dont elles n'ont jamais réussi à s'évader. A Auch, une femme de vingt-six ans, attardée mentale et vieillie avant l'âge, est prostituée depuis l'enfance [88]. A Rouen, une autre prostituée de vingt-six ans s'est retrouvée dans la rue après le supplice de sa mère, condamnée à périr sur le bûcher pour infanticide [89].

Les hommes aussi sont parfois envoyés au dépôt pour attentat aux bonnes mœurs ou pour maladie vénérienne. Tel est le cas de François Pavie, dénoncé par une fille qu'il a essayé de violer. Après plusieurs tentatives de traitements — bains chauds et saignées — il est finalement envoyé au dépôt sous le prétexte qu'il souffre de déviation sexuelle et accoste de parfaits étrangers des deux sexes pour les cajoler. Comme le chirurgien ne connaît aucun remède approprié à son état, il semble qu'il n'ait d'autre solution qu'un séjour au dépôt[90].

Pour aggraver encore la situation des pauvres valides, les dépôts servent à la fois d'hospice, de prison et d'asile où les vieillards et les indigents doivent vivre dans la promiscuité des criminels et des débauchés. Le dépôt de Rouen devient la Mecque des aliénés de plusieurs départements de Normandie. A partir de février 1793, ce mélange aberrant de catégories d'individus qui n'ont rien de commun est encore compliqué par l'admission des épileptiques dans les dépôts[91]. En fin de compte, ces centres deviennent vite les dépotoirs de tous les marginaux sociaux et des malades délaissés par une profession médicale encore incapable de leur fournir un traitement efficace.

Il est normal que la discipline intérieure souffre de cet état de choses et que le moral des pauvres, comme celui du personnel, tombe au plus bas. Les vieillards, en particulier ceux dont le seul crime est de ne pouvoir subvenir à leurs besoins, trouvent l'environnement et le régime affreusement humiliants. La violence est monnaie courante ; les pensionnaires attaquent leurs compagnons aussi bien que les membres du personnel. En l'an V, le climat de peur est tel que les administrateurs du Havre demandent au conseil municipal de leur fournir un fusil pour que le gardien puisse disposer d'une arme en cas de nécessité[92]. A Bicêtre, les autorités décident d'envoyer au centre les criminels condamnés au bagne et même à la peine de mort. Comme l'économe le signale avec juste raison, cette promiscuité est démoralisante pour les indigents. D'autre part, l'absence de sécurité est telle qu'il est quasi impossible d'empêcher les suicides[93].

Enfin, la réunion des mendiants et des prostituées ne peut que favoriser le développement des maladies vénériennes qui atteignent des proportions d'épidémie dans certains dépôts. Le vice s'épanouit et la plupart de ces établissements sont considérés à juste titre comme des écoles d'immoralité où les jeunes et les innocents sont instruits par des criminels endurcis et des putains expérimentées. Dans un rapport adressé à la Convention en l'an III, Paganel définit ainsi la condition des femmes de la Salpêtrière : « A l'époque de leur sortie, elles ont presque toutes mérité une perpétuelle réclusion[94]. »

Le contraste est cruel entre l'aspect punitif et sordide de la plupart des dépôts et les projets ambitieux du Comité de Mendicité à l'époque où les Français croyaient encore que la misère pouvait être vaincue. Evidemment, les apologistes font valoir que ceux qui sont envoyés dans les dépôts ne constituent pas un groupe représentatif des pauvres mais des vagabonds les plus endurcis, et que l'élargissement des programmes d'aide à domicile est destiné à réduire le degré de responsabilité des établissements institutionnels. Mais dans les années 1790, la réalité est toute différente, car si la Révolution a vu dans les dépôts l'une des voies qui mènent au progrès social, les autres voies sont en grande partie bloquées par l'inflation et la faillite. L'échec des programmes de pensions et de secours à domicile aboutit au désastre pour les dépôts obligés de servir d'asiles sous-indemnisés aux parias de la société révolutionnaire, et ils sont incapables de faire face à la multiplicité des demandes qui leur sont adressées.

Un décret du Consulat publié en l'an IX révèle l'étendue et l'implication de la misère qui sévit dans le pays : à partir de l'année suivante, les détenus des prisons reçoivent une ration journalière de pain et de soupe alors que les pensionnaires des dépôts doivent se contenter de pain, à moins qu'ils n'acceptent d'accomplir des travaux manuels pénibles, ce qui leur permettra de bénéficier d'un régime plus substantiel. L'Etat commence à trouver que ses obligations envers les mendiants et les vagabonds sont réduites à un minimum, et l'éthique du travail triomphe de toute considération humanitaire. A certains égards cette politique est l'aboutissement logique des réflexions et de la législation de la décennie précédente, mais, associée à l'échec des ambitieux programmes de pensions annoncés dans les premières années de la Révolution, elle ne progresse guère vers la « destruction de la misère », comme le proclamaient les rapports optimistes adressés à l'Assemblée nationale en 1789 et 1790.

6

Création d'emplois et ateliers publics

Si le travail ou l'absence de travail marque la distinction qui existe entre ceux qui sont capables de subvenir à leurs besoins et ceux qui sont obligés de recourir à la mendicité, il est évident qu'aucune des solutions déjà envisagées n'est capable de résoudre le problème du paupérisme. Les hôpitaux peuvent s'occuper des malades et des blessés, des vieillards et des enfants abandonnés. Les dons en argent et les subventions servent à soulager les effets les plus flagrants de la misère et de la malnutrition, mais aucune des mesures proposées ne peut extirper la racine du mal. Ce ne sont que des palliatifs appliqués après coup, des gestes bien intentionnés destinés à faire disparaître les symptômes les plus visibles de la misère sans en attaquer les causes fondamentales.

Aux yeux de nombreux contemporains, la seule solution radicale réside dans la création d'emplois pour les individus valides et désireux de travailler mais condamnés à l'oisiveté et à la pénurie par des forces économiques qui les dépassent. Ce thème revient constamment dans les minutes et rapports du Comité de Mendicité datés de 1790 et 1791, qui soulignent que la poussée démographique de la deuxième moitié du siècle représente une grave menace pour l'économie. Seule la création d'un nombre considérable de nouveaux emplois peut écarter le danger. Le Comité constate que les gouvernements d'Ancien Régime n'ont fait aucun effort dans ce sens, mais il impute cette lacune à l'état arriéré de l'agriculture plus qu'à la politique de ces gouvernements. Selon lui, l'administration révolutionnaire a le devoir de veiller à ce que le développement de l'emploi aille de pair avec l'accroissement de la population :

> Pour que l'augmentation de population assure le bonheur d'un Etat, il faut qu'elle marche avec l'accroissement de travail et la France ne se trouve pas aujourd'hui dans cette proportion [1].

Le Comité reconnaît avec juste raison que le travail est la clé de tout programme d'assistance efficace dans le contexte de la société française de la fin du XVIIIe siècle [2].

A cet égard, pas plus que dans les autres domaines de ses activités sociales, la Révolution ne fait preuve d'originalité. Le concept de la création d'emploi a déjà été maintes fois développé dans les articles publiés sous l'influence du mouvement humanitaire de la deuxième moitié du siècle, et l'idée a fait son chemin parmi les politiciens les plus libéraux de l'époque.

Au cours des années 1780, par exemple, Rouen publie une multitude de mémoires préconisant une forme d'assistance plus constructive que la détention en prison ou dans un dépôt de mendicité. Un mémoire de 1787, parmi tant d'autres, insiste sur le gaspillage que représente l'investissement de fonds dans des établissements dont les frais généraux sont excessifs et pour lesquels aucune réforme n'est envisagée. Il préconise la création d'emplois qui rendront aux pauvres le goût du travail, si nécessaire à cet équilibre moral que leur a fait perdre l'expérience de la mendicité. Déplorant le mal que la politique sociale a causé à l'agriculture, l'auteur avance que non seulement la création d'emplois renversera cette tendance, mais qu'elle produira une richesse et un bonheur sans commune mesure avec les résultats obtenus par les investissements limités consacrés aux projets d'assistance. La création d'emplois dépasse le cadre de la distribution de travail, ajoute-t-il, c'est la recette qui permettra de réaliser cet idéal cher à tous les réformateurs du XVIIIe siècle, la suppression de la misère :

> Ce n'est pas le défaut de biens qui constitue la pauvreté. C'est le défaut de travail. Un artisan qui exerce un métier est aussi riche que celui qui cultive six acres de terre dont il est propriétaire. Les enfants du premier qui

sont formés au travail du père ont plus de ressources que les enfants du second qui ont divisé entre eux les six acres de terre [3].

La doctrine keynésienne est ainsi énoncée avant la lettre, à savoir que, dans une région agricole en particulier, le bien-être économique et social de la communauté est proportionnel au travail salarié de chacun de ses membres.

Les réformateurs de l'Ancien Régime ne se contentent pas d'exprimer des principes généraux ou des platitudes. Plusieurs de leurs suggestions en matière d'emploi sont à la fois sensées et bien adaptées aux besoins locaux.

En 1787, l'assemblée provinciale de la généralité de Rouen admet que la nécessité de créer des ateliers pour les chômeurs est tellement évidente qu'elle n'a même pas besoin d'être prouvée, et elle établit les règles générales à appliquer dans le cas où la création d'un tel établissement serait envisagée [4]. Elle est convaincue que c'est dans les zones rurales que la misère est la plus flagrante, surtout dans les paroisses qui se trouvent à proximité des villes. Trop souvent, déclare l'assemblée, ce genre de fondation est tributaire de la charité locale, ce qui a pour effet la mise en place d'ateliers locaux dans des villages où les dons bénévoles sont importants mais où l'incidence de la pauvreté n'est pas nécessairement forte. Dans l'avenir il faudra faire meilleur usage de l'argent de l'Etat et presser le gouvernement royal d'augmenter sa contribution car, en dernière analyse, « la bienfaisance de Sa Majesté n'attend point sur cet objet le concours de ses sujets ».

L'assemblée insiste pour que le peuple retire lui aussi des bénéfices substantiels de ce programme, puisque ce sont les deniers publics qui en paieront la majeure partie. Les programmes de travaux publics devront être utiles à la communauté. C'est pourquoi le plus gros de l'effort devra se concentrer sur les projets de construction de routes et de chemins vicinaux que les villages eux-mêmes auront la responsabilité d'entretenir.

D'autres suggestions sont elles aussi utilitaires. Ludel, le commissaire chargé de superviser l'approvisionnement de poudre à canon aux armées, note qu'il est difficile de trouver une main-d'œuvre capable de passer le sol au crible et d'extraire le salpêtre, l'ingrédient de base de la poudre à l'époque. Selon l'assemblée, ce problème peut être résolu par l'ouverture d'ateliers et l'emploi des chômeurs indigents pour cette tâche épuisante [5]. Il semble que l'opinion publique ait admis que les ateliers contribueraient à résoudre les problèmes économiques des ouvriers agricoles saisonniers, problèmes d'une acuité considérable en Normandie.

L'exemple de la Normandie n'est certes pas unique, bien que la grave récession intervenue dans l'industrie textile au cours de la décennie qui précède la Révolution ait été particulièrement désastreuse pour la région, où la fermeture des ateliers fait de nombreux chômeurs. Jeffry Kaplow estime que, dans la seule circonscription d'Elbeuf, 15 300 personnes travaillaient dans les diverses entreprises textiles en 1788 [6]. L'inquiétude n'a cessé d'y croître, surtout après la signature du traité de 1786 conclu avec l'Angleterre. Cet accord expose l'industrie locale à la concurrence directe des usines mécanisées de Manchester plus modernes et de leurs produits qui, de l'aveu même des marchands locaux, sont de meilleure qualité que les leurs. Les protestations sont violentes [7]. Les industriels de Manchester ont réussi à accéder à leurs secrets dans des domaines tels que la teinture où les Français sont convaincus de leur supériorité. Les Anglais ont aussi l'avantage en ce qui concerne le prix du charbon du Lancashire, quatre fois moins élevé que celui de Normandie. Ils installent en outre une machinerie coûteuse sur une échelle qui dépasse les rêves les plus ambitieux de la plupart des firmes d'Elbeuf.

Le rapport de 1787 sur l'état du commerce en Normandie dévoile des perspectives très sombres. En effet, l'industrie du coton n'est pas seule à souffrir de la concurrence anglaise : le commerce de la laine, qui rapporte vingt millions de francs par an à Elbeuf et à Louviers, doit faire face à la concurrence des produits de Leeds, Bradford, Halifax et Norwich. La manufacture du lin est elle aussi menacée par les importations bon marché d'Irlande et d'Ecosse où, de l'avis des marchands rouennais, les salaires sont extrêmement bas car la population vit dans une profonde misère. A Dunfermline, expliquent-ils, la main-d'œuvre de l'industrie du lin « ne se nourrit que de pommes de terre ou d'avoine délayée dans l'eau [8] ». Ce triste climat économique explique l'intérêt exceptionnel que soulèvent les ateliers de charité dans le Rouen pré-révolutionnaire, surtout quand la majorité des réformateurs croit qu'elle a le devoir de prévenir l'approche d'un désastre économique à court terme.

De tels programmes intéressent l'ensemble du pays. Déjà diverses académies provinciales — comme l'académie de Châlons-sur-Marne en 1780 — ont exploré les avantages que peut présenter un programme d'ateliers publics [9], et Turgot attire l'attention générale en mettant cette politique en pratique dans son intendance du Limousin [10]. Comme dans bien d'autres domaines de l'activité charitable, les autorités révolutionnaires échafaudent des projets qui ont déjà fait l'objet d'études approfondies dans les années 1770 et 1780.

Elles se conforment aussi aux principes fondamentaux des réformateurs du XVIIIe siècle, principes qui les conduisent non seulement à classer les pauvres par catégories plutôt moralisatrices mais en outre à passer en revue les diverses méthodes d'assistance. Dans les années 1780, certaines villes comme Rouen semblent admettre que le système des ateliers est à la fois bon marché et profitable puisqu'il encourage l'activité dans la communauté et favorise la production, sous forme soit d'un nouveau réseau routier, soit d'un tissu de chanvre brut qui peuvent être utiles à la société. De plus, il permet d'épargner l'argent qui aurait été gaspillé dans des secteurs de l'assistance que beaucoup jugent superflus — distribution de secours ou frais occasionnés par le maintien des pauvres dans un « enclos » — et qui ne rapportent rien de tangible à la société.

Comme beaucoup d'autres aspects des dépenses publiques, la charité commence déjà à être examinée sur le plan de l'économie. Ainsi, en 1788, la Commission intermédiaire de Rouen reçoit une plainte concernant sa décision d'économiser quelque deux cent mille livres sur les programmes de construction de routes de la région ; ces économies sont aberrantes, compte tenu du supplément d'aumônes qu'il faudra distribuer en conséquence et des cinquante milles livres que nécessitera l'entretien des hospices [11]. Il semble généralement admis qu'une politique coordonnée pour l'ensemble de la région est d'une absolue nécessité. Ce genre de politique ne peut être envisagé qu'à partir de 1790, date à laquelle l'Assemblée constituante ordonne l'établissement des statistiques nécessaires. Efficacité et économie sont les mots-clés de cette politique. Les conditions humanitaires sont prises en compte, mais toujours dans les limites d'un budget calculé au plus juste.

Toutes les discussions relatives aux ateliers sont accompagnées de recommandations menaçantes à l'égard de ceux qui rechignent au travail. D'autre part, les administrateurs expriment leur crainte de voir une invasion de bandes de vagabonds dans la localité si les conditions de vie des ateliers sont trop attrayantes [12]. L'administrateur du XVIIIe siècle n'écarte jamais la possibilité de mesures répressives.

Ces mêmes inquiétudes apparaissent dans la législation de 1790 relative à l'ouverture d'ateliers de secours. Les lettres patentes du roi ordonnant la création de ces ateliers et le décret du 19 décembre 1790 qui alloue quinze millions de livres à leur mise en place indiquent que ce projet ne s'inscrit pas dans le programme général d'assistance : il ne s'agit que d'une mesure d'urgence tendant à limiter les terribles épreuves dont de nombreux travailleurs sont provisoirement les victimes. Les conditions de cet hiver sont de celles qui, selon les termes assez optimistes du décret, « ne peuvent se reproduire [13] ». Cependant, même cette législation d'urgence doit être limitée pour éviter les abus. Il est précisé que les ateliers sont réservés aux hommes et aux femmes qui sont réduits à la misère à la suite de circonstances indépendantes de leur volonté. Ils ne doivent en aucune manière constituer une nouvelle forme de refuge pour les vagabonds et les individus habitués à l'oisiveté et à la mendicité : il semble que les instigateurs du plan aient été obsédés par la crainte d'être submergés par des vagues perpétuelles de vauriens.

En outre, il est de la plus haute importance qu'aucune réforme ne puisse nuire à la prospérité de l'agriculture ou de l'industrie en leur ôtant une partie de leur main-d'œuvre. Pourtant, le programme doit apporter une aide à un maximum d'indigents authentiques [14]. Dans un effort pour satisfaire toutes ces aspirations souvent contradictoires, les législateurs décrètent que les ateliers existants, déjà en service à Paris et dans d'autres grandes villes, et soupçonnés d'être utilisés par les clochards et autres délinquants mineurs, seront immédiatement fermés.

Le niveau des salaires fait l'objet de vives discussions dont le but est de trouver un juste équilibre entre le minimum nécessaire pour l'entretien d'une famille et le maximum qui peut être payé pour ne pas détourner vers les ateliers les travailleurs du secteur privé. En fin de compte, on décide de payer les malades et les individus valides sur des bases différentes. Les malades recevront une somme fixe pour chaque jour de présence dans l'atelier, tandis que les valides seront incités à travailler beaucoup plus grâce au système de paiement à la pièce [15]. Les autorités révolutionnaires croient avoir inventé un système d'ateliers permettant de soulager la misère conformément aux meilleurs principes humanitaires mais sans encourager l'oisiveté chez les pauvres ni entraîner l'Etat dans des dépenses excessives. Ce programme est compatible à la fois avec leur souci d'économie et avec leur attitude paternaliste à l'égard des membres les moins favorisés de leur temps.

Il est évident qu'il faudra établir des priorités dans la dépense des quinze millions de livres allouées car aucune somme d'argent, aussi importante soit-elle, ne pourra résoudre les problèmes sociaux du jour au lendemain. Etant donné que, par sa nature même, le programme nécessite une application immédiate, certaines provinces peuvent formuler des demandes concernant des cas spécialement urgents — la région de Lyon, par exemple, où l'industrie de la soie a été ruinée par la récession économique et par l'émigration de ses plus riches clients [16] ; ou la ville du Havre, où l'abolition du commerce des esclaves entraîne une augmentation des chômeurs dont le nombre est déjà élevé dans les industries associées au commerce de l'Atlantique [17].

Or, après les moissons désastreuses des années 1789 et 1790, rares sont les provinces dont les rapports peuvent laisser l'Assemblée insensible. La plupart des régions suggèrent non sans raison que, la majeure partie de leur chômage étant saisonnier — presque un truisme dans une société à prédominance rurale —, il ne peut exister d'antidote que sous forme d'emploi en hiver, tout au moins pour les ouvriers agricoles. Comme Bosc, député de l'Aube, le signale en l'an VIII, dans une économie agricole comme celle de la France, la prospérité et la confiance en la monnaie dépendent du maintien de l'emploi d'un bout à l'autre de l'année : la confiance a disparu et le commerce extérieur souffre terriblement au cours des mois où la pénurie frappe une grande proportion de citoyens et où, en conséquence, « la majorité des transactions sociales sont suspendues [18] ». Ce raisonnement est bien compris. Pendant toute la période révolutionnaire, les divers comités et commissions concernés par l'emploi et l'indigence écoutent d'une oreille favorable les propositions de plans à court terme susceptibles de relancer l'économie.

Plus généralement, ils semblent aussi reconnaître que le chômage, comme la misère elle-même, étant un problème localisé, seules les solutions locales ont des chances d'être efficaces. Comme les autres centres d'intérêt du Comité de Mendicité — caisses de secours, dépôts —, le chômage fait l'objet d'études détaillées. Le Comité recueille toutes les statistiques adressées par les départements et les envoie à Paris. Il vote les crédits sous forme d'allocations départementales, et laisse aux administrations locales la responsabilité de décider de leur emploi.

Conformément à l'esprit dévolutionniste des réformes administratives de 1790, le programme initial d'ateliers publics apparaît d'une extrême souplesse. Les départements soumettent leurs réclamations sur la base des conditions locales, et les subventions sont accordées en conséquence. En 1792, par exemple, la Vendée demande 60 000 livres pour la réfection des chemins vicinaux, et le département des Pyrénées-Orientales, qui a été très longtemps négligé, réclame une subvention pour des travaux de draguage, une construction de routes et l'édification d'un pont sur l'Agly [19].

Les départements distribuent l'argent qu'ils reçoivent à leurs cantons et districts pour qu'il serve autant que possible à réduire les poches de misère. Le district de Bourges reçoit 30 000 livres sur la subvention accordée au Cher en 1791, une somme qu'il consacre presque entièrement à l'entretien de routes dans les endroits les plus reculés de la région [20].

Dans cette opération, le rôle du gouvernement central et du Comité de Mendicité de Paris s'apparente à celui d'un arbitre qui étudie les propositions émanant de divers points du pays, évalue leur utilité et tente de maintenir une certaine équité dans la répartition des ressources en fonction de l'importance de la population et du niveau de ses souffrances. La législation contribue à l'établissement des ateliers de charité plus par persuasion que par diktat gouvernemental, bien que la plupart des autorités soient naturellement désireuses de profiter des avantages qu'ils présentent.

Certes, il est impossible de négliger les effets des autres

politiques révolutionnaires sur cet aspect de l'assistance, et à cet égard — par contraste avec le triste bilan des hôpitaux — nous pouvons conclure que ces effets sont généralement bénéfiques pour la communauté. Outre la subvention initiale de quinze millions de livres, d'importantes sommes d'argent sont allouées avec enthousiasme à une opération que les autorités considèrent comme le moyen le plus positif de résoudre le problème de la misère et d'effacer cette humiliation nationale.

Par une heureuse coïncidence, ce programme est préconisé au moment même où les ordres religieux sont supprimés, ce qui permet de transformer en ateliers les monastères vidés de leurs occupants. En juin 1790, à Paris, la maison des Récollets du faubourg Saint-Laurent et celle des Dominicains de la rue Saint-Jacques sont débarrassées de leur mobilier religieux et converties en ateliers [21]. En l'an II, trois églises de la ville de Saint-Etienne sont désaffectées : l'église Sainte-Ursule devient un dépôt d'armes, l'église des Pénitents un *magasins des fers* pour la puissante manufacture d'une ville déjà célèbre pour la fabrication des armes à feu, et l'église Saint-Etienne un atelier destiné à procurer des emplois aux nombreux chômeurs menacés de mourir de faim [22]. Dans ces conditions, il n'est pas étonnant que les pauvres de Saint-Etienne, comme ceux de beaucoup d'autres villes de province, aient accueilli la campagne de déchristianisation avec enthousiasme, ni que les dirigeants de départements comme la Loire aient été farouchement antireligieux. A certains moments, il est vrai, leur enthousiasme dépasse les bornes. En l'an III, un marchand local se plaint du zèle du conseil municipal qui, au cours du processus de transformation d'une église en atelier de ferronnerie, a empiété sur sa propriété, abattu un de ses murs, annexé une partie de son jardin et démoli un pont reliant sa maison à une prairie adjacente [23].

Les possibilités offertes par la déchristianisation semblent infinies, et non seulement les sections et clubs mais les conseils municipaux, les députés en mission et les armées révolutionnaires sont impatients de profiter au maximum des avantages qu'ils peuvent retirer de la confiscation des biens du clergé.

Le principe de la création d'une chaîne d'ateliers une fois admis, l'attention se concentre sur les possibilités d'emploi qu'il convient de fournir aux solliciteurs. Faut-il accorder la priorité aux villes ou aux campagnes ? Qui sont les plus malheureux, les hommes ou les femmes ? Doit-on essayer de procurer du travail aux malades et aux handicapés comme aux simples chômeurs ? Ces questions se retrouvent constamment dans les journaux, brochures et pamphlets de l'époque, et les membres du Comité de Mendicité ne cessent de se les poser.

Il est évident que la création des ateliers ne se présente jamais comme un projet indépendant mais comme l'une des innovations sociales qui peuvent contribuer à soulager la misère. C'est pourquoi la discussion devient quelque peu confuse et les programmes d'ateliers rivalisent avec d'autres projets économiques nécessitant des fonds, par exemple l'entretien des hospices et l'assistance à domicile [24].

Au début de la décennie l'attention des hommes politiques est sollicitée par toutes sortes de suggestions tendant à encourager le sens de l'économie chez les pauvres, le groupe le plus vulnérable de la société : projets de caisses d'épargne, de prévoyance, d'économie et de secours. Le projet de Lafarge présenté à l'Assemblée en 1790 est particulièrement populaire car il supprime le mobile du profit et propose une forme de sécurité sociale garantissant une pension au travailleur qui a économisé toute sa vie [25]. Ce plan, connu sous le nom de « Tontine Lafarge », est mis en vigueur avec l'ouverture de la première société d'assurances en avril 1791 [26].

Elle n'est pas la seule de son espèce. La nécessité de stimuler la petite épargne est l'un des thèmes dominants des philanthropes de l'époque, et l'encouragement officiel de la Révolution les engage à persévérer. Plusieurs propositions tendent à améliorer le sort du plus malheureux de tous les groupes sociaux, les domestiques, en leur procurant une forme d'assurance contre la maladie, les accidents ou la grossesse — autant de circonstances qui ont réduit de nombreuses servantes à l'indigence ou à la prostitution sous l'Ancien Régime. A Paris, un programme de cette nature est mis en vigueur dès janvier 1790, offrant des avantages substantiels aux femmes qui peuvent verser six livres par an aux fonds de secours : leurs soins médicaux seront remboursés et elles recevront une allocation par journée de travail perdue pour cause de maladie, un secours supplémentaire en cas d'indigence, une compensation pour un membre fracturé et douze livres pour payer leurs frais d'accouchement si elles sont enceintes [27].

Ces projets et ceux des nombreux réformateurs qui préconisent l'adoption en France de caisses de secours calquées sur le modèle anglais [28] ont tous le même but : améliorer la condition des pauvres et éviter les pièges d'une brusque poussée du chômage. Les ateliers doivent être considérés comme une partie intégrante de cette même stratégie générale.

Cet idéal implique que les emplois procurés par les ateliers seront les plus représentatifs de la région. Il est vrai que certains responsables locaux réclament de temps en temps la création d'ateliers permettant de fournir des emplois à un groupe spécifique de la population déshéritée : en l'an III, Merlino, député de l'Ain, présente un plan d'ateliers pour les aveugles qui souffrent particulièrement de la montée des prix des denrées de première nécessité [29].

Mais ces requêtes, aussi valables soient-elles, sont très rares. Plus courantes sont les demandes d'aménagement d'ateliers destinés à servir les besoins de la majorité et non les talents spéciaux d'une minorité. Les travaux agricoles et manuels seront la priorité si un grand nombre de familles indigentes doivent recevoir ne serait-ce qu'un minimum d'assistance.

Comme la commune de Mamers s'empresse de le souligner, il est inutile d'ouvrir des ateliers dans aucun des commerces de luxe si prospères sous l'Ancien Régime. Mamers est une petite ville affectée par le marasme général qui a réduit à néant les perspectives d'emploi dans les hautes terres de Normandie dont les produits alimentent le marché du textile. Or, les articles de luxe représentent une base instable pour un futur développement économique, puisqu'ils sont sujets aux importantes fluctuations du commerce et peuvent être complètement éliminés par la guerre ou la concurrence. De plus, le niveau des salaires dans les métiers de luxe est parmi les plus bas. Il vaut beaucoup mieux pour l'économie et pour le bien de la population que l'argent soit investi dans des métiers plus essentiels, employant une vaste main-d'œuvre capable de s'intégrer dans la tradition industrielle locale.

D'après Francis Nibelle, porte-parole de son district en

1791, c'est seulement ainsi qu'un atelier peut être greffé sur la structure industrielle existante et transformé en institution socialement valable, en « un établissement dans lequel un honnête citoyen puisse trouver sans rougir une ressource dont il serait privé si elle n'était le fruit de son travail » [30]. Cette prise de position, appuyée par des arguments de la même veine, exige une prompte réponse.

Un coup d'œil sur les nombreuses listes de projets de travaux officiellement approuvés pendant la période révolutionnaire donne à penser que Nibelle a obtenu satisfaction et que le gros de l'aide gouvernementale va à la création d'emplois non spécialisés ou semi-spécialisés qu'il préconise. Il est vrai que, dès le 17 mars 1790, le Comité de Mendicité demande s'il n'est pas possible d'offrir aux chômeurs des formes d'emploi plus intéressantes que la construction des routes. Il conseille aussi aux autorités publiques de faire appel à leur imagination pour proposer des solutions de rechange [31].

Certaines municipalités invitent le public à participer aux débats sur les ateliers — un excellent exemple de coopération politique au niveau local. Dans le Jura, où le département dispose de quelque 80 000 livres en janvier 1791 (sa part des quinze millions prélevés sur le Trésor national), les conseillers commencent par étudier les propositions qui leur semblent dignes d'attention — drainage des marécages, creusement de canaux et reboisement des forêts — puis, à court d'imagination, ils invitent les citoyens à leur faire part de leurs suggestions « en conciliant à la fois les secours qu'en doit tirer la classe indigente et laborieuse avec l'avantage général qui doit en résulter ». Un concours est ouvert à tous ceux qui veulent soumettre leurs idées et une médaille d'or récompensera le gagnant [32]. C'est une initiative hardie qui appelle le peuple à analyser les problèmes économiques de la localité et à offrir des solutions constructives. Cependant, le résultat final n'est guère différent de celui qui est obtenu dans les autres régions : travaux de force pour les hommes, emplois manuels fastidieux pour les femmes.

Dans les zones rurales, où la plupart des projets sont approuvés, la gamme des possibilités est assez limitée. Les ouvriers agricoles en chômage ne constituent pas la main-d'œuvre la plus souple, et les ateliers de charité ne sont jamais autorisés à entreprendre des travaux agricoles pour leur propre compte. Il est donc logique que la plupart des ateliers ruraux fournissent des travaux de plein air pénibles — creusement de fossés, réparation de routes. En exprimant la crainte que tous les travaux publics ne se trouvent réduits à la réparation des routes et aux terrassements généraux, le Comité de Mendicité se montre réaliste. Certes, les travaux doivent correspondre à des nécessités évidentes et les autorités révolutionnaires sont conscientes de l'atmosphère démoralisante qui régnera si les hommes sont exclusivement employés à combler des nids de poule ou à gaspiller leur temps et leur énergie en tâches inutiles ne visant qu'à les occuper. Quoi qu'il en soit et aussi ingénieuse que soit leur présentation, l'ensemble des programmes se réduit à des travaux de terrassement. Dans les Ardennes par exemple, le district de Sedan fait valoir la nécessité d'entretenir les routes « pour faciliter le transport des bois nationaux et communaux », de prolonger la route militaire de Remilly à Mouzon et — ce qui est peut-être plus original — de développer la plantation du tabac dans les environs [33].

Outre l'entretien des routes, Lons-le-Saunier propose que les chômeurs soient employés à creuser des puits et des fossés et à construire des digues pour empêcher les inondations en période de crue [34]. Une grande partie des subventions du Comité de Mendicité est allouée à des programmes de drainage et de terrassement, comme les 50 000 livres accordées à l'Isère en 1791 pour la construction de barrages destinés à protéger les bonnes terres de culture contre les inondations. Tous les travaux de canalisation et d'aménagement des cours d'eau destinés à favoriser la navigation et les transports sont encouragés. Six cent mille livres, la plus grosse somme octroyée à un département, exception faite de Paris, sont allouées à l'Yonne pour le financement d'ouvrages entrepris sur le canal de Bourgogne. Des sommes de 150 000 livres sont également réservées pour des projets d'importance majeure tels que la construction du canal de Beaucaire à Aigues-Mortes dans le Gard, les travaux de déblaiement du Rhin et d'agrandissement du port de La Rochelle [35].

Ce genre de tâches est sûrement pénible sur le plan physique et n'exige pas de grandes capacités intellectuelles. Cependant, comme la municipalité de Lambesc (Bouches-du-Rhône) le laisse entendre en 1790, un travail physique aussi rude que celui qu'exige l'entretien des routes est à bien des égards le plus approprié aux besoins de la population, surtout pendant les mois d'hiver où les activités agricoles sont en sommeil. Certains ateliers plus élaborés correspondent peut-être mieux aux exigences des villes mais, dans les zones rurales qui ne disposent pas toutes de locaux convertibles en ateliers, ces établissements peuvent même être préjudiciables à la communauté locale :

> Tout y est presque cultivateur : les bras sans cesse tournés vers la terre ne seroient guère propres à un autre genre de travail ; il seroit même dangereux pour les communautés des campagnes d'accoutumer le peuple à des ouvrages qui pourraient dans la suite le dégoûter du travail précieux de l'agriculture [36].

Pourtant, les projets conçus pour les chômeurs des zones urbaines ressemblent singulièrement à ceux qui sont prévus pour la population rurale. Il est vrai qu'ils sont plus variés — exploitation de carrières autour de Paris, de mines à Tarascon, extraction du fer à Saint-Etienne —, ce qui change un peu de la monotonie des offres de réparations de routes, communes à la plupart des départements [37]. Mais ce sont là des exceptions. Même à Paris, l'assistance prend bientôt la forme de programmes de travaux d'utilité publique et de démolition, employant de grandes équipes de terrassiers aux moindres frais pour le Trésor public. Parmi les projets proposés par le Comité de Mendicité en novembre 1790 figurent des travaux de construction sur le quai d'Orsay, le creusement du canal de Saint-Maur, la démolition de la porte Saint-Bernard et de la tour de Vincennes. Ces tâches ont été choisies parce qu'elles nécessitent un labeur intensif et débarrassent la capitale de nombreux mendiants qui représentent un véritable fléau [38].

Dans un pamphlet célèbre sur les ateliers de Paris, J.-P. de Smith déclare que les opérations les plus utiles sont le nettoyage des rues, un aspect de l'urbanisme bien négligé jusqu'alors, ainsi que la réparation et l'entretien des routes qui favorisent les communications et, partant, le développement de l'industrie [39]. A ses yeux, ces projets ont surtout l'avantage de fournir des emplois rebutants qui ne menacent pas la prospérité des entreprises existantes et ne peuvent attirer que les individus les plus désespérés et les plus nécessiteux.

En ce qui concerne les femmes, il semble que les travaux proposés n'aient guère soulevé d'objections : dans toutes les régions où des programmes d'embauche sont prévus pour les chômeuses, ils se présentent sous forme d'ateliers de filature. Déjà, sous l'Ancien Régime, ces établissements étaient considérés comme des institutions convenables pour les femmes privées d'emploi en raison de la crise économique ou incapables de continuer à assurer un service domestique.

Turgot avait vivement encouragé ces projets dans le Limousin car il les jugeait appropriés à ceux qui n'ont pas la force physique nécessaire pour les travaux de terrassement. A Paris, cette forme d'assistance a également des précédents : au début du siècle, le curé de Saint-Sulpice distribuait du fil brut aux pauvres pour qu'ils puissent filer à domicile et, en 1779, le lieutenant de police Lenoir installe à la Porte Saint-Denis un bureau qui reçoit une subvention d'environ 12 000 livres par an pour la distribution du fil [40].

Les autorités révolutionnaires ne font donc guère preuve d'originalité en élargissant le programme des ateliers aux femmes, mais elles apportent une nouvelle priorité et une participation financière plus importante à l'une des idées les plus valables des Lumières. Un décret de mai 1790 ordonne l'ouverture d'une nouvelle chaîne d'ateliers de filature où les femmes et les enfants pourront être employés efficacement. A Paris, les ateliers de Chaillot et de Picpus reçoivent à eux seuls 120 ouvriers jusqu'en 1791. Par la suite, les monastères des Jacobins et des Récollets fournissent des locaux beaucoup plus vastes pour les remplacer [41].

Dans un contexte de chômage féminin sans cesse croissant, les ateliers représentent une victoire du bon sens et de l'humanitarisme. En 1791, les différents ateliers parisiens emploient 4 800 femmes et enfants dans le secteur de la filature [42]. Même en l'an II, les Récollets fournissent encore des emplois dans le quartier déshérité du faubourg Saint-Laurent, bien que l'opération ait été réduite à de faibles proportions et que l'euphorie des débuts se soit dissipée. Dans l'ensemble, en l'an II, 86 garçons sont employés au cardage et autant à l'épluchage et au nettoyage de la laine brute. Dans l'atelier même, 163 femmes filent, aidées de 330 ouvrières qui travaillent à domicile, et un atelier annexe en occupe 100 de plus [43]. Les avantages économiques ne se limitent d'ailleurs pas au secteur de la filature car les travaux de reconversion des locaux nécessitent l'embauche d'un nombre considérable d'ouvriers du bâtiment [44].

Bien que les avantages des ateliers puissent paraître incontestables, le programme reçoit un accueil mitigé. Il est vrai que la misère populaire ne désarme pas ; en 1791, près de 9 000 Parisiennes sont réduites à l'indigence, chiffre qui dépasse les possibilités limitées des ateliers [45]. Mais d'autres critiques portent à croire que la notion d'emploi inspiré et financé par l'Etat, et injecté d'une manière artificielle dans l'économie de marché, est encore trop récente, trop révolutionnaire pour être admise par tous.

Le coût des programmes soulève des controverses. Les polémistes s'empressent de demander s'il est sage de dépenser ainsi les deniers publics. La création d'emplois n'est certes pas bon marché. Les sommes consacrées aux seuls travaux de construction de trois ateliers de Paris — les Jacobins, les Récollets, la rue de Bourbon — totalisent environ 87 000 livres entre 1790 et janvier 1793 [46]. Les bordereaux de salaires s'entassent bientôt pour apporter de l'eau au moulin des critiques : pour le seul exercice de l'année 1790-1791, l'atelier des Jacobins paie 15 580 livres à ses employés et celui des Récollets 10 500 livres [47].

Pourtant, contrairement aux autres systèmes de bienfaisance, les ateliers fournissent une production sous forme de fil, même si, dans certaines régions, le rendement semble assez dérisoire. L'atelier de charité de Saint-Michel à Aix-en-Provence illustre le fait. Dans la première année de sa mise en opération, les frais de construction sont si élevés qu'il ne peut survivre qu'à la faveur de dons et de prêts. Les dépenses de l'année dépassent 64 000 livres ; le revenu total du coton filé par les ouvrières ne s'élève qu'à 567 livres et seize sous. Le revenu que tire Saint-Michel de la taxation des recettes du théâtre local et des aumônes données pour la soupe des pauvres dépasse le produit de la vente du fil [48]. La preuve est ainsi faite que les ateliers s'intègrent dans le contexte de l'Assistance sociale et ne constituent nullement un exemple des premières entreprises publiques.

La dépense n'est pas le seul motif de contestation. La question de la discipline intérieure pose également un problème aux yeux d'une société respectable qui ne distingue guère les indigents des ateliers des mendiants et des vagabonds. L'atmosphère des ateliers semble en effet des plus détendues, et la discipline du travail bien relâchée par rapport à celle des dépôts de mendicité. Seuls les locaux réservés aux enfants sont soumis à une surveillance et à une réglementation assez strictes, mais là l'atelier a une fonction éducative autant que sociale et les maîtres n'enseignent pas seulement les rudiments du métier, en général la filature du coton, mais aussi la religion et le catéchisme [49].

Le tableau d'ensemble est fort différent, et l'indiscipline de la main-d'œuvre, masculine et féminine, est bientôt considérée comme une menace pour la vie même de l'entreprise. A Paris, la police est consciente des risques d'émeute et de désordres que chaque ouverture d'atelier menace de provoquer. En janvier 1791, le commissaire de police responsable du secteur du Temple déplore en termes amers l'inconduite des travailleurs. Il demande qu'ils soient employés au nettoyage des rues — une tâche dont son département a la responsabilité nominale — et conclut en recommandant aux autorités municipales d'exercer une sévère surveillance [50]. Comme l'ouverture d'un nouvel atelier attire les mendiants des quartiers voisins, cette inquiétude est facile à comprendre.

Les ouvrières ne sont pas plus dociles que leurs collègues masculins, et les ateliers de filature acquièrent bientôt une réputation d'insubordination et de violence extrêmement alarmante. En 1791, les plaintes se focalisent sur le manque absolu d'autorité à l'intérieur des institutions : les surveillants font l'objet de railleries et d'insultes et sont poursuivis par les sifflements des femmes dans les rues avoisinant les ateliers. On prétend en effet que les femmes des Récollets sont autorisées à traîner dans les rues au milieu de la matinée, répandant l'esprit de rébellion chez leurs collègues des Jacobins. Un rapport fait état d'une orgie dans le même atelier : les femmes déposent leurs outils, courent en hurlant autour du cloître et finissent par se plonger dans l'atmosphère réconfortante des tavernes pour « y rafraîchir leur gozier échauffé par les cris [51] ». Le chef d'atelier réclame une définition très nette de son autorité pour pouvoir imposer un minimum de discipline à son équipe. Tous ces rapports inspirent les pires craintes en ce qui concerne le rôle et l'avenir des ateliers.

Malheureusement, ces craintes se justifient. En 1791, l'opération prend des proportions incontrôlables et, en juin, Liancourt est obligé d'informer l'Assemblée consternée que le système parisien est voué à l'échec en raison de l'afflux des chômeurs de tous les coins de France qui viennent se présenter dans la capitale pour exiger des emplois. Les abus et les dépenses, dit-il, sont énormes : à l'époque, Paris emploie 31 000 individus aux programmes de travaux publics pour 900 000 livres par mois, une somme augmentée de 50 000 livres de salaires payées aux 1 400 hommes qui travaillent au canal de Bourgogne [52]. De même que dans les ateliers de femmes, la surveillance est très réduite et le travail négligé. Liancourt signale que des hommes qui n'ont pas un réel besoin d'assistance réussissent à obtenir du travail après un minimum d'enquête.

Ces réflexions amères n'émanent pas seulement d'un membre de l'Assemblée, horrifié par l'ampleur du programme gouvernemental de travaux publics. Les plaintes pleuvent de tous les côtés ; les pauvres eux-mêmes s'irritent de la situation qui s'est créée et ils craignent que les ateliers n'acquièrent une réputation de débauche et d'indiscipline. En l'an II, quelque 90 ouvriers employés dans l'atelier parisien du Roule rédigent une pétition pour déplorer que les honnêtes citoyens soient obligés de travailler côte à côte avec des mécréants, les patriotes avec les ennemis de la Révolution, et qu'en conséquence l'ordre soit souvent troublé. Ils ont peur que l'atelier ne ferme et que les citoyens réellement indigents ne se trouvent une fois de plus condamnés au chômage et à la misère comme les fauteurs de troubles [53].

Partout où de grosses sommes d'argent sont distribuées avec un minimum de vérification, les accusations de fraude et de détournement de fonds sont toujours crédibles. A Aurillac, par exemple, où le département verse l'argent directement aux conseillers locaux selon la pratique courante, les rumeurs de scandale se propagent ; en 1792, des commissaires sont chargés d'enquêter sur le travail exécuté au cours des deux années précédentes. Ils découvrent qu'une faible minorité d'hommes et de femmes ont été pourvus d'emplois et que rien n'a été fait, ou presque. La majeure partie des sommes remises aux officiers municipaux est toujours en leur possession. Dans d'autres cas, le travail accompli a coûté quatre fois plus qu'il ne valait et la qualité de la main-d'œuvre est scandaleusement médiocre. D'autre part, la preuve est faite que, si les officiers ont reçu l'argent en espèces, ils ont payé leurs factures en assignats et empoché sans scrupules la différence [54]. Trop souvent ni les employés ni les responsables de l'exécution des programmes ne méritent la confiance de la population.

Les implications économiques des projets de travaux publics à grande échelle inspirent elles aussi une inquiétude légitime. Des députés et des observateurs sur place se demandent si, à côté de leur incidence sur les deniers publics, les ateliers ne risquent pas de porter préjudice aux firmes déjà existantes ou aux entreprises des artisans et maîtres ouvriers. Compte tenu de la nature du travail prescrit, il est peu probable que la concurrence de l'Etat mette les entreprises privées en danger : ce piège manifeste est évité. Mais n'est-il pas possible que la solution de l'embauche dans les ateliers ait un effet pernicieux sur le marché du travail ? Le laxisme des ateliers ne risque-t-il pas de détourner la main-d'œuvre d'entreprises qui exigent une discipline plus stricte et un travail de meilleure qualité ?

C'est un véritable danger, car les travailleurs du secteur public commencent à obtenir des droits et des privilèges plus tangibles que leurs homologues du secteur privé. Ainsi, lorsque les ouvrières des Jacobins réclament une augmentation de salaire, le conseil municipal accueille favorablement leur pétition. En outre, les femmes renvoyées par la direction pour cause d'indiscipline peuvent faire appel au Département de la Seine qui examine leurs revendications, assumant pour ainsi dire les fonctions d'une cour d'appel [55]. C'est encore un privilège inconnu dans le commerce et l'industrie et qui séduit de nombreux travailleurs.

Les employeurs commencent à perdre leur main-d'œuvre qualifiée, qui préfère passer dans les ateliers publics quitte à ne pas utiliser ses compétences. Même les sections qui ont réclamé la création des ateliers et ouvert des souscriptions pour financer les programmes de travaux publics dans leurs quartiers [56] font marche arrière devant ce développement. Alertée par une pétition des maîtres charpentiers qui s'irritent des pertes d'ouvriers qu'ils subissent depuis l'ouverture des ateliers, la section du Temple demande aux administrateurs de tous les ateliers de Paris de vérifier la situation des demandeurs d'emploi, de refuser tous les ouvriers qualifiés et de renvoyer à leurs anciens patrons tous ceux qu'ils ont déjà embauchés [57]. En y ajoutant son accord, la section de la Grange-Batelière note les effets nuisibles de ces pertes sur la bonne marche de plusieurs des métiers de la capitale [58].

Aucun de ces griefs ne diminue le mérite de l'œuvre sociale entreprise par les ateliers au début de la Révolution. Les abus ne peuvent effacer l'aspect positif de l'opération : pour des milliers d'hommes et de femmes, l'atelier constitue une barrière qui leur évite de retomber dans la misère et la déchéance. Un grand nombre d'entre eux sont des individus méritants réduits à l'indigence par la malchance, la récession économique, les effets de la guerre ou de la Révolution elle-même : la citoyenne Leclerc, de la section du Panthéon, cherche du travail dans un atelier public, les Jacobins, parce qu'elle a quatre enfants à élever ; son mari se bat sur le front et, comme elle le dit avec une pointe d'amertume, sa section ne lui a jamais versé les indemnités promises au moment où il s'est engagé [59].

Malheureusement, les cas de ce genre se perdent dans la masse des accusations qui pleuvent sur les ateliers et, à mesure que les caisses du Trésor se vident, la réglementation qui les régit est soumise à une révision rigoureuse. Déjà en 1792 le nombre des nouveaux programmes est sérieusement réduit et les travaux publics n'apparaissent plus comme la solution évidente aux problèmes du chômage. A partir de 1791, aucun nouveau programme n'est envisagé dans la capitale et les personnes venues à Paris et déjà employées dans les entreprises publiques reçoivent une allocation pour le voyage de retour dans leur localité d'origine [60]. Quant aux ateliers de filature, ils survivent jusqu'à l'an III. A cette date, un rapport les accuse de gaspiller de précieuses ressources et d'alimenter « l'improbité, la paresse, la débauche, protégées par l'esprit d'insurrection ». Après quoi, ils sont fermés à leur tour par un décret du 29 prairial an III, qui condamne la médiocre qualité de leur production et la « charge onéreuse » qu'ils imposent à l'Etat [61].

Les provinces suivent cet exemple, et le monde idéal de programmes créateurs d'emploi mis en place en 1790 s'effondre lamentablement deux ou trois ans plus tard. En 1792, le département du Puy-de-Dôme, déçu par les abus qui se développent dans ses ateliers, ordonne leur fermeture [62]. En l'an III, l'expérience prend fin, laissant des milliers de travailleurs atterrés. Ainsi, les cordonniers qui ont trouvé un emploi dans un atelier d'Aix-en-Provence, après avoir quitté leurs villages pour faire un travail utile aux soldats des armées républicaines, se trouvent sans explication lâchés sur le marché du travail en même temps que tant d'autres. Leur révolte est facile à comprendre. Là encore la Révolution a failli à ses promesses.

Dans ce cas, ses réalisations pratiques sont encore plus éphémères que dans d'autres domaines de la bienfaisance. Encore une fois, ses appels aux sentiments humanitaires semblent provisoirement entendus, pour être oubliés dès que les impératifs de la finance l'exigent.

7

Les enfants trouvés : « Une dette nationale »

Dans une société comme celle de la France révolutionnaire, il est normal que l'attention des législateurs se concentre sur le sort des enfants et sur les soins dont ils doivent faire l'objet. Cette attitude est le reflet du sentiment de la famille si développé chez les Français, qui sont convaincus de surcroît que tous les bons citoyens ont le devoir de procréer pour perpétuer l'esprit de liberté qu'ils ont acquis et pour le transmettre aux générations suivantes. Cette idée, répandue à tous les niveaux de la société, est soutenue avec autant de force par les sans-culottes des sections de Paris que par les politiciens de la Convention et les orateurs du club des Jacobins. Selon la célèbre définition de Vingternier, le bon sans-culotte est un père de famille qui vit simplement avec sa femme et ses enfants au quatrième ou cinquième étage [1]. La simplicité de la vie familiale est moins un objet de respect qu'un impératif conforme aux canons sociaux de l'époque [2]. Dans le même esprit, les chefs de famille peuvent bénéficier de certaines dispenses de service militaire tandis que le célibat est réprouvé et assimilé à l'égoïsme.

Cette attitude vertueuse n'est pas uniquement inspirée par le nouveau puritanisme né de la Révolution. D'autres raisons d'ordre plus pratique incitent les gouvernements à privilégier la famille, surtout après l'entrée en guerre de la France en 1792. Aux yeux de nombreux révolutionnaires, la population est une source de force future, à la fois sur le champ de bataille et dans le domaine économique, ainsi qu'une arme capable de servir la cause républicaine en chassant les forces de l'ombre et en favorisant les progrès de la liberté en Europe. La maternité doit donc être encouragée, et les enfants de sexe masculin sont accueillis comme de futurs soldats. En l'an II, il est courant que les parents justifient de leur patriotisme en faisant état du nombre de fils qu'ils ont élevés pour l'armée, une ligne de défense de premier ordre en cas d'interrogatoire par le comité de surveillance de leur quartier. C'est pendant la période jacobine que les mères sont représentées comme des héroïnes républicaines et défilent dans les interminables processions des fêtes nationales, drapées dans des écharpes tricolores et brandissant fièrement des bannières proclamant qu'elles ont donné quatre, cinq ou six enfants à la République reconnaissante [3].

Dans les années 1790, la France conserve un indéfectible optimisme, comptant sur les générations futures pour compléter l'œuvre déjà accomplie et consolider les conquêtes de la Révolution. Dans une société de ce genre, en dépit d'une misère affreuse et de privations terribles, les enfants sont une source d'espoir, une garantie que tous les sacrifices n'ont pas été vains. Ils sont bientôt idéalisés, comme le sont au XXe siècle les jeunes visages souriants dans une aube rouge symbolisant la Jeunesse communiste sur les innombrables affiches qui couvrent les murs de France. Et cette idéalisation même garantit que les enfants bénéficient d'une haute priorité en matière de politique sociale.

A cet égard encore, la Révolution se sert des matériaux de ses prédécesseurs, et notamment des projets de réforme élaborés par le mouvement humanitaire des années 1770 et 1780. La misère physique et morale des enfants a éveillé la pitié et l'intérêt de tout temps. Pendant la première moitié du siècle, la perte tragique d'un vaste potentiel humain a semé la consternation. Le concept de l'égalité des chances et les théories éducatives prônées par Jean-Jacques Rousseau ont fait de nombreux adeptes mais elles paraissent en désaccord radical avec la réalité de la société française.

Pendant la période révolutionnaire le contraste est encore plus frappant, et ce qui apparaît comme une ignoble trahison des principes fondamentaux de liberté et d'égalité provoque l'indignation des intellectuels. La Révolution met en lumière deux sphères d'activité où les efforts de réforme précédents ont été insuffisants : la question éminemment pratique du niveau de soins accessible aux enfants pauvres et abandonnés (un domaine où l'Etat n'a accepté qu'une responsabilité de pure forme sous l'Ancien Régime), et la question plus théorique du meilleur type d'éducation élémentaire qu'il convient de donner aux petits Français. La seconde dépasse le cadre de cette étude, bien que les instincts fondamentaux égalitaires et anticléricaux de la Révolution aient joué un rôle majeur dans ce domaine comme dans celui de la bienfaisance [4]. Mais le problème des enfants trouvés, orphelins ou abandonnés, s'impose à la conscience des philosophes des Lumières, et c'est un élément de premier plan dans la politique sociale de la Révolution.

Déjà, dans les dernières années de l'Ancien Régime, l'opinion publique s'intéresse suffisamment à leur sort pour provoquer l'intervention de l'Etat, en particulier dans le sillage de la terrible récession de 1779 : plusieurs pays d'états et provinces entreprennent alors d'imposer des taxes spécifiques à cette fin [5]. Mais ce ne sont là que les éléments d'une ébauche de politique en faveur des enfants trouvés : la situation de multitudes d'innocents abandonnés dans les hôpitaux de France pose un problème insoluble aux hommes de 1789, qui croient passionnément à la possibilité du bonheur pour tous.

Ces enfants se divisent en deux catégories — ceux qui sont abandonnés par des parents trop pauvres pour les élever eux-mêmes, et les bâtards dont la mère est obligée de se débarrasser si elle veut conserver son emploi [6]. Parfois les parents sont connus de la communauté. Les prêtres recommandent que les nouveau-nés de familles indigentes soient pris en charge, car une bouche de plus à nourrir détruirait l'équilibre d'un budget déjà très réduit. Dans certains cas, des lettres pathétiques et tachées de larmes, épinglées sur les vêtements des bébés, indiquent que les parents se sont résignés à cette solution la mort dans l'âme. Il arrive que le maire ou le conseil municipal interviennent eux-mêmes. Ainsi, à Cussac, dans le canton d'Oradour-sur-Vaize (Haute-Vienne), le maire intercède en faveur d'une servante trop pauvre pour s'occuper de son fils nouveau-né, « car elle est obligée de servir en qualité de domestique pour se procurer sa nourriture et entretien [7] ». Mais les cas de ce genre sont la minorité. Le plus souvent le bébé est anonyme et pris en charge par le seigneur local, le curé ou l'hôpital.

Dans la société française du XVIIIe siècle de tels abandons sont courants, nécessités par une misère insoutenable et des années de mauvaises récoltes. Il est tacitement admis que des milliers de bébés illégitimes sont abandonnés chaque année et, à moins que l'enfant ne meure par suite de son exposition aux intempéries, il est peu probable que des poursuites criminelles soient engagées contre la mère. Comme le signale Olwen Hufton, jusqu'en 1790 les hôpitaux ne font guère de distinction entre les enfants légitimes et les autres : on suppose simplement que les enfants trouvés sont les infortunées victimes du mode de vie dissolu de leurs parents, de sorte que même les bébés abandonnés légitimes sont « réputés bâtards [8] ». Tous sont accueillis avec la même résignation fataliste et tous sont soumis au même régime stéréotypé.

L'illégitimité pose de sérieux problèmes aux autorités des grandes villes. Des enquêtes récentes sur les déclarations de grossesse conservées dans toutes les municipalités du XVIIIe siècle mettent en évidence le contraste frappant qui existe entre la ville et la campagne. Alors que le nombre des naissances illégitimes s'élève à un ou deux pour cent dans les zones rurales, il atteint 17 ou même 20 pour cent à Paris et dans certains grands centres urbains. La proportion des enfants illégitimes continue à s'élever progressivement au cours du siècle [9].

Dans les villes industrielles comme Lyon, la conception pré-maritale est de plus en plus courante chez les employés de la Fabrique, et le mariage lui-même est considéré presque exclusivement en termes de procréation. Ainsi, Maurice Garden a découvert que dans l'un des plus pauvres quartiers de Lyon, la paroisse Saint-Georges, 10 à 20 pour cent des premiers bébés sont nés dans les trois mois qui suivent le mariage [10]. Naturellement, les promesses de mariage ne sont pas toutes tenues. Elles sont souvent faites par des jeunes gens impatients de séduire des filles qui ont peur de la solitude dans une ville hostile. La plupart des ouvrières de l'industrie de la soie sont des filles de la campagne étrangères à Lyon et tentées par la perspective d'une amélioration, même modeste, de leur statut économique. Dans sa remarquable étude sur le Lyon révolutionnaire, Richard Cobb montre à quel point la jeune immigrante en proie à la peur de la solitude et de l'insécurité est vulnérable aux pressions sociales [11].

La Révolution augmente les pressions et les tentations, notamment du fait de la mobilisation des jeunes gens dans l'armée ou la Garde nationale. La population française est beaucoup plus itinérante qu'avant. De nombreux hommes sont forcés de prendre la route pour aller rejoindre leur bataillon, partir en permission ou se faire hospitaliser, ou encore pour chercher un emploi en période de récession. Dans une ville de garnison comme Strasbourg, lieu de passage des troupes qui vont se battre en Allemagne, des artisans qui viennent librement du Rhin et de la Forêt Noire, et d'une vaste population de charretiers et de mariniers au service des armées, la courbe des naissances illégitimes monte d'une manière sensible. Les pères inscrits sur le registre des déclarations de grossesse reflètent la texture sociale de Strasbourg : un sergent de grenadiers, un capitaine du 12e régiment de chasseurs, un caporal breton, un domestique qui a accompagné son maître, un compagnon ceinturier du Limousin, un garçon maçon de Hollande « qui a quitté la ville pour retourner dans son pays [12] ». Le tableau se tient : servantes de Strasbourg séduites par des « gens de passage » — soldats en route pour le front ou artisans qui font leur Tour de France, sans liens dans la région et en quête d'aventures. Les fruits de telles liaisons vont presque toujours augmenter le nombre des enfants assistés dont des cités comme Strasbourg ont déjà la charge.

Les villes comptent le taux le plus élevé de naissances illégitimes dans leurs propres limites, et en outre elles attirent la plupart des filles enceintes des villages environnants. Elles ont la réputation d'être mieux équipées en institutions charitables et permettent de conserver l'anonymat et d'échapper ainsi aux regards sévères de la famille. Tel est le cas de Barbe Hardi, « ouvrière brodeuse, native de Lunéville, qui, n'ayant jamais habité cette ville [Strasbourg], est venue se réfugier ici pour faire ses couches et réclamer la charité de la Nation pour son malheureux enfant [13] ». Montlinot a souvent raison d'imputer le blâme de la grossesse non aux artisans des villes en question, mais aux ouvriers agricoles de leur village natal — « des valets de ferme ivrogne et grossiers » — et aux riches bourgeois en quête de plaisir qui ne se soucient guère du sort des malheureuses qu'ils séduisent [14].

Le problème n'est certes pas nouveau, mais le nombre

croissant des enfants assistés pendant la période révolutionnaire alarme les autorités. C'est le reflet d'une indigence de plus en plus étendue, un indice du triste sort d'une grande partie de la population, et il est peut-être instructif que cette augmentation ait été une source de doléances bien avant 1789. Le nombre exact des bébés abandonnés reste inconnu, bien que les contemporains n'aient pas été avares en matière de statistiques plausibles.

Dans une lettre adressée au Comité de Mendicité en mai 1790, La Millière va jusqu'à déclarer que le nombre d'enfants assistés à cette date s'élève à 22 410. Pour faire bonne mesure, il ajoute une estimation des frais au denier près [15]. De tels chiffres sont, bien sûr, largement exagérés pour impressionner les membres du Comité ; mais l'on ne peut pas cacher le fait que le nombre d'enfants trouvés dans les hôpitaux de la capitale est monté de 1 738 en 1700 à 2 401 en 1730 et à 3 785 en 1750 ; entre 1770 et les débuts de la Révolution ces chiffres sont toujours plus élevés, de l'ordre de 5 500 à 7 500 enfants par an [16].

Les administrateurs des hôpitaux s'inquiètent du supplément des dépenses ; de même, les commentateurs déplorent que la famille se désagrège et que les mœurs se relâchent. Un membre de l'académie de Châlons écrit en 1777 que les hôpitaux pour enfants trouvés constituent « le tombeau de l'amour maternel [17] ». Aux yeux de nombreux catholiques et conservateurs, en légalisant le divorce, la Révolution encourage une tendance extrêmement regrettable.

Même si la Révolution n'avait pas facilité le divorce, bien d'autres facteurs auraient contribué à compliquer le problème des enfants assistés — mauvaises récoltes, perte de production dans les industries pré-révolutionnaires, augmentation du nombre des veuves et des orphelins créés par les guerres, envolée du prix des denrées alimentaires, lenteur du gouvernement à payer les pensions. Tous ces facteurs provoquent la rupture du fragile équilibre de l'économie familiale après 1792, et les chiffres inscrits dans les registres d'admission des hôpitaux et dépôts reflètent la gravité de la situation économique pour les gens ordinaires.

Le service militaire en particulier contribue à grossir les rangs des jeunes veuves et des filles-mères qui restent seules avec leurs enfants après la mort des pères tués en Italie ou sur le Rhin. Les enfants sont parmi les plus pitoyables victimes de la guerre et ils finissent presque toujours à l'assistance publique. A Thionville, en l'an III, l'hôpital local a recueilli deux orphelins abandonnés, d'origine allemande, dont le père a été tué au combat et la mère condamnée à mort par le tribunal révolutionnaire de Metz. Le même hôpital s'est chargé de Louis Plessis, un orphelin de Fougères qui, à douze ans, a traversé toutes sortes d'épreuves :

> Cet enfant, aussi orphelin et abandonné, a perdu ses parents à la guerre de Vendée, a suivi un bataillon de volontaires qui l'a laissé très malade sur le pavé de cette ville [18].

En l'an IV le nombre des enfants assistés prend de telles proportions que les autorités décident de donner une définition stricte et légale de la qualité d'enfant trouvé pour que l'Etat ne soit pas accablé de charges dont il n'est pas responsable. Comme l'explique le ministère de l'Intérieur en l'an V, les départements comptent trop souvent dans leurs quotas d'enfants des nouveau-nés dont les parents sont connus, soit que le père ait été tué sur le front soit que la mère célibataire n'ait aucun moyen d'existence. Cette situation est inadmissible, ajoute-t-il, puisque les hôpitaux sont réservés aux enfants trouvés et que la fille-mère reçoit une allocation de l'Etat pour l'entretien des siens [19]. Le fait que cette allocation soit ridiculement faible — 80 livres par an au maximum —, et que la loi qui la fixe n'ait jamais pris effet, explique que les enfants des mères célibataires continuent à figurer sur la liste des enfants trouvés dans tous les départements de France [20]. Le ministre objecte vainement que cet état de choses est source de confusion administrative ou entraîne un sérieux relâchement de la morale et de la discipline [21].

Les hôpitaux peuvent aussi se plaindre des charges supplémentaires qui leur sont imposées, et certaines autorités locales tentent même d'exiger des mères des déclarations de grossesse et l'enregistrement immédiat des naissances pour prévenir de tels abandons [22]. Mais les ordres de ce genre n'éliminent pas le problème et les services hospitaliers de la période révolutionnaire continuent à être harcelés par le rapide accroissement du nombre des abandons.

L'inquiétude des autorités est d'autant plus vive que

les institutions réservées aux enfants abandonnés sont manifestement incapables de les élever d'une manière convenable. Les enfants exposés dans les heures qui suivent leur naissance sont fragiles et les locaux des hôpitaux et des dépôts pour enfants trouvés sont bondés et imprégnés de germes de maladies. Or, au XVIIIe siècle, les idées sur l'hygiène et la médecine peuvent aussi bien tuer que guérir. Conformément aux méthodes courantes de l'époque, les bébés sont placés chez des nourrices habitant la campagne et ils sont souvent transportés sur de longues distances par un froid glacial vers une destination que les autorités optimistes jugent plus propice à leur santé [23]. De nombreux enfants naissent avec des maladies héritées de mères syphilitiques ou minées par les effets d'une malnutrition chronique.

Quant aux accouchements, la plupart sont pratiqués par des sages-femmes sans expérience, des paysannes qui n'ont reçu aucune formation et n'ont même pas de rudiments d'hygiène. Comme le dit un pamphlétaire marseillais des années 1780, ce problème est particulièrement grave dans les ports où une femme en travail n'a d'autre solution que de faire appel aux services d'une voisine, d'« une femme confidente de son inconduite, n'ayant aucune connaissance de l'art d'accoucher et très peu soigneuse de procurer à l'enfant qui va naître les secours dont il peut avoir besoin [24] ». L'obstétrique n'a jamais été considérée comme un sujet digne d'études spéciales.

Ces conditions atroces expliquent dans une grande mesure le taux de mortalité infantile effrayant dont font état les registres des hôpitaux. Dans un hôpital comme celui d'Issoire, par exemple, les statistiques relevées au cours des vingt ans qui précèdent la Révolution montrent l'extrême précarité de l'existence des enfants nés dans ces circonstances. En 1785, vingt-cinq nouveau-nés sont inscrits sur le registre de l'établissement, mais la même année il compte seize décès, trois parmi les enfants de moins d'un mois, six parmi ceux qui sont dans leur première année, et les sept autres dans la tranche d'âge comprise entre un et six ans. Si, comme l'intendant l'écrit en 1777, quelque quarante-cinq bébés sont abandonnés à Issoire chaque année, il faut en déduire que les enfants morts-nés ou morts le jour de leur naissance ne sont pas inscrits [25].

D'autres statistiques accentuent l'impression que de nombreux hospices pour enfants trouvés ne sont guère que des mouroirs où des enfants faibles, sous-alimentés et appartenant aux catégories les plus défavorisées, sont condamnés à mourir. Parmi les deux mille nouveau-nés transportés chaque année de province à Paris, neuf sur dix meurent avant l'âge de trois mois [26], et les rapports locaux émanant de tous les coins du pays confirment cette pénible impression. Dans le Midi, Léon Lallemand signale que, de 1763 à 1773, 56 pour cent des enfants trouvés à Toulon sont morts dans leur première année, 48 pour cent à Tarascon, 38 pour cent à Sisteron, et 41 pour cent à Apt [27]. Si l'on prend en compte tous ceux qui ne vont pas au-delà de la petite enfance, les chiffres sont encore bien plus impressionnants [28].

A partir de 1770, le sort de ces enfants commence à éveiller un intérêt qui témoigne de la prise de conscience et des sentiments humanitaires inspirés par les Lumières. Montlinot et d'autres hommes comme lui sont révoltés à l'idée qu'un grand nombre d'enfants meurent faute de soins, à cause tant de l'indifférence générale que de l'incompétence du personnel hospitalier. Tout ce gaspillage humain le consterne, ainsi que le climat de fatalité qui pèse sur les enfants. A Paris, ajoute-t-il, environ 105 500 enfants ont été pris en charge de 1772 à 1787, pourtant 14 430 seulement ont survécu et, parmi eux, pas plus de cinq ou six cents ont appris un métier. Le coût est énorme — près de quatorze millions de livres — et le résultat dérisoire. Rien ne peut justifier une si « effrayante consommation d'hommes et d'argent [29] ».

A Bourges, les réformateurs sont atterrés non seulement par ces sombres statistiques mais par le sinistre environnement que subissent ces enfants dans des institutions où « ils ne vivent que pour sentir le poids affreux de leur triste existence » après avoir été rejetés par leurs parents et traités plus cruellement que des animaux [30]. Mais cet appétit de réforme n'a pas toujours un ton aussi philanthropique.

Le gaspillage des deniers publics est d'autant plus ressenti que les enfants assistés sont soupçonnés de ne pas être tous des orphelins ou des bâtards des environs immédiats. Au cours de la période révolutionnaire, comme pendant la décennie précédente, c'est aux « étrangers » qu'est imputée la responsabilité de la crise parce qu'ils viennent chercher assistance dans des villes éloignées de leur domicile. Il est de notoriété publique que les pauvres vont délibérément dans les villes bien pourvues en institutions charitables pour y abandonner leurs enfants sans trop de remords. C'est pourquoi le taux des abandons est si élevé dans la capitale et en Auvergne, où le roi est haut justicier de Riom, Clermont et Issoire jusqu'en 1790 et où les services hospitaliers sont donc exceptionnellement efficaces [31].

Dans son rapport sur Soissons, daté de 1790, Montlinot fait ressortir que, dans cette région, les enfants sont souvent abandonnés par des colporteurs et autres marchands ambulants qui ne sont que « des espèces de vagabonds », ce qui a des effets déplorables pour les hôpitaux locaux. Pire encore, de nombreux enfants étrangers au royaume sont déposés dans des villes françaises qui les prennent en charge. Ainsi, à Soissons, sur 3 240 enfants trouvés, 586 sont issus de parents étrangers ; la plupart originaires de Belgique où les établissements charitables sont pratiquement inexistants et où les pauvres n'ont aucune chance de dépasser le seuil de la misère [32]. Montlinot a beau être un administrateur éclairé, ses sentiments humanitaires ne s'étendent pas à ceux qui, dans son esprit, cherchent à abuser de la charité et de la générosité des Français.

Cette approche persiste pendant la période révolutionnaire où, comme dans tant d'autres domaines de l'assistance, elle s'imprègne d'idéalisme et de principes politiques. Le Comité de Mendicité accorde une attention toute particulière aux champions des théories humanitaires qui inspirent certainement la rhétorique. Il est d'ailleurs intéressant de noter qu'une grande partie de cette rhétorique est transposée dans la législation, à savoir que l'Etat révolutionnaire, de bien des façons, se préoccupera tout autant du sort des enfants illégitimes que de celui des enfants pauvres. La fin de la juridiction seigneuriale contribue à lui forcer la main, puisque le seigneur de l'Ancien Régime avait le devoir de prendre en charge tous les enfants des environs abandonnés sur ses terres. C'est-à-dire que, dans la plupart des cas, les nobles assumaient une partie des dépenses des dépôts qui recueillaient ces enfants ; mais, avec l'abolition de leurs privilèges, leurs obligations ont été également supprimées et leurs responsabilités transférées à l'Etat [33].

C'est pourquoi l'entretien des enfants trouvés est assuré par les autorités locales qui acceptent le principe de l'intervention publique. Ils sont désormais considérés comme les enfants naturels de la patrie, destinés à servir la nation sur le front ou dans les services auxiliaires des armées de la République. Comme citoyens, quelles que soient leurs origines, ils ne peuvent que partager les pleins bénéfices de la citoyenneté et de l'égalité devant la loi. Certains législateurs nationaux comme La Rochefoucauld-Liancourt et des administrateurs locaux comme Clochard à Bordeaux s'efforcent de faire valoir ce point de vue [34].

Sur le plan juridique ils ont certainement obtenu gain de cause : en l'an II un décret garantit aux enfants naturels les mêmes droits de succession qu'aux autres [35]. Avec l'abolition des privilèges de l'Eglise et l'institution officielle du divorce, l'ostracisme qui frappe l'illégitimité s'atténue. Pourtant la tare ne sera jamais complètement effacée. De plus, le surcroît de dépense qu'impose l'entretien des enfants trouvés provoque des critiques grinçantes contre un service que certains continuent à considérer comme un coûteux encouragement à la licence et à l'irresponsabilité. Pendant toute la Révolution, de nombreux mécontents réclament la suppression de cette dépense et insistent pour que les pères des enfants illégitimes soient contraints de payer leur pension alimentaire [36].

Le financement est l'un des principaux obstacles que rencontrent les législateurs dans leurs tentatives pour garantir les droits des enfants illégitimes et faire admettre que l'assistance de ces innocents est une dette nationale. Comme nous venons de le noter, l'échec du système de bienfaisance est dû en grande partie au manque d'argent et à l'inflation, et les enfants trouvés, comme beaucoup d'autres, pâtissent de cette situation. D'après certains indices, la charité privée, qui subsiste après 1790, s'exerce à l'égard de ces enfants : Accarias note que, dans le Puy-de-Dôme, le clergé continue à faire des donations en leur faveur [37]. Par exemple, en 1790, dom Gerle, supérieur de la Chartreuse de Port-Sainte-Marie, verse 40 000 francs au nouvel hôpital des Enfants-Trouvés de Clermont. Mais ces dons isolés sont insignifiants en comparaison des sommes consacrées aux œuvres de bienfaisance sous l'Ancien Régime, car même la pitié qu'inspirent ces malheureux abandonnés ne peut égaler les motivations religieuses des fidèles. Il en résulte que l'entretien des enfants trouvés dépend presque entièrement des subventions de l'Etat. Or, ces subventions deviennent de plus en plus insuffisantes à mesure que les années passent. A cet égard, les hospices d'enfants trouvés sont traités comme tous les autres hôpitaux et ateliers et souffrent des mêmes privations.

En 1790, avant l'abolition des droits féodaux, la Manufacture de Bordeaux peut compter sur un revenu indépendant de 142 000 livres provenant de loyers, de propriétés, d'intérêts et de droits féodaux, mais, en l'an V, ses revenus sont réduits à 43 000 livres, somme inférieure à celle que lui rapportaient les loyers de ses maisons et entrepôts en 1790 [38]. Cette réduction est d'autant plus difficile à supporter que le nombre des bébés assistés s'élève en même temps que le taux d'inflation qui ne cesse de monter après l'abolition du Maximum général. Du fait de la pression qui s'exerce sur l'administration des hôpitaux, les soins qu'ils dispensent sont très inégaux et, dans de nombreux domaines, les enfants en subissent le contrecoup.

Le régime des divers hôpitaux pour enfants trouvés varie peu, bien que le Comité de Mendicité consulte à plusieurs reprises l'opinion médicale. En général, ce régime est très strict et la distinction entre un asile pour enfants abandonnés et un centre de détention pour jeunes délinquants n'est pas très claire. Le président de l'hôpital Saint-Jacques à Aix-en-Provence résume ainsi cette ambiguïté : « L'œuvre des enfants abandonnés est une maison de correction pour les enfants au-dessous de dix-huit ans [39]. » Cette définition s'explique dans la mesure où il n'existe aucune autre institution pour les enfants coupables de délits mineurs, mais elle souligne le rôle singulièrement ambivalent que jouent les hospices pour enfants trouvés.

Dans de nombreuses villes, les parents demandent que leurs fils et filles dont ils ne peuvent venir à bout soient admis dans ces établissements pour être remis dans le droit chemin. Ainsi, Honoré Heiries, un garçon de quatorze ans, fils d'un charretier d'Aix, est admis à l'hôpital Saint-Jacques sur la demande de son père, à condition que celui-ci paie sa pension [40]. On connaît d'autres cas de jeunes voyous transférés aux Enfants-Trouvés par les autorités locales excédées, tels les douze garçons expédiés en 1793 à Strasbourg, « déjà parvenus à l'âge d'adolescens, dont les mœurs et la conduite sont de nature par le mauvais exemple qu'ils ont donné et donnent journellement dans leur hospice actuel [41] »

Il est compréhensible que les institutions où sont transférées ces fortes têtes s'inquiètent, d'autant plus que les cas de vandalisme ne sont pas rares. La discipline est sévère, surtout pour les fautes qui nuisent à la bonne marche de l'établissement. En l'an III par exemple, à Marseille, les autorités doivent faire face à un groupe de garçons qui se réclament de la Déclaration des droits de l'homme pour refuser de se soumettre à la discipline imposée. Irrités par l'attitude de « ces enfants rebelles », les administrateurs demandent des pouvoirs supplémentaires et notamment le droit de recourir à des punitions extrêmes — expulsion, réclusion, régime au pain sec et à l'eau et même emprisonnement [42]. Néanmoins, rien ne prouve que de telles mesures aient jamais été appliquées.

La philosophie qui sous-tend la législation relative aux enfants reste, elle aussi, pratiquement inchangée. Il est admis qu'ils doivent être placés en nourrice à la campagne dans l'intérêt de leur santé avant d'être ramenés à l'hospice pour apprendre un métier, à moins qu'ils ne restent dans leur village d'adoption pour s'adonner aux travaux de ferme. C'est la forme d'assistance traditionnelle appliquée aux enfants abandonnés et, bien qu'elle soit extrêmement critiquée au cours du XVIIIe siècle, rien n'est fait pour enquêter sur ses lacunes.

Dans les vingt ou trente années qui précèdent la Révolution, le public éclairé commence à douter de son efficacité et à se demander si le taux de mortalité infantile n'est pas en liaison directe avec les méthodes employées [43]. Le nombre des enfants confiés aux nourrices a énormément augmenté au cours du siècle et la courbe des décès s'est élevée en proportion. Tenon, un chirurgien réputé dans les années 1770 et 1780, est convaincu qu'il y a une relation de cause à effet entre la montée du taux de mortalité et le système de placement chez les nourrices. Même à Paris, où un Bureau des nourrices chargé de superviser l'exécution des dispositions relatives au placement des enfants exerce un contrôle beaucoup plus strict qu'en province, il note un taux de mortalité de 31 à 32 pour cent dans les années 1770 ; à Lyon où la surveillance est pratiquement inexistante, deux enfants sur trois meurent en nourrice [44].

Cette hécatombe alarme à la fois les réformateurs et la police, et leur inquiétude est accentuée par les nombreux cas de fraude et d'abus qui sont rapportés aux autorités. Certaines nourrices allaitent plusieurs enfants et il suffit que l'un de leurs nourrissons soit malade pour que les autres s'en ressentent ; les bébés sont si étroitement emmaillottés qu'ils étouffent ; d'autres sont délaissés pendant de longues heures par des femmes qui vont travailler aux champs. Quelques rapports signalent des cas de bébés brûlés accidentellement par des feux de cheminée, ébouillantés dans des baquets d'eau chaude, et même mangés par des pourceaux [45]. La plupart du temps, les nourrices ne peuvent se déplacer pour aller chercher leurs nourrissons et, dans ce cas, c'est le plus souvent un charretier ou « meneur » qui se charge de leur transport [46].

Mais c'est le nombre qui constitue le problème majeur : la quantité des enfants qui ont besoin d'être allaités dépasse de beaucoup les nourrices disponibles, même après la promesse d'augmentation des salaires, décidée en 1733. De nombreux nouveau-nés sont expédiés loin de leur lieu de naissance dans des paroisses rurales où règnent la misère et l'ignorance. Ainsi sont-ils transportés de Paris en Normandie, en Picardie ou dans le Beauvaisis. Cette pratique se poursuit sans contrôle, en dépit des avertissements des experts médicaux et d'un lourd tribut de jeunes vies. En réalité, la pratique est si bien enracinée que ce ne sont pas seulement les pauvres et les assistés qui sont envoyés en nourrice mais une grande proportion d'enfants de bourgeois et d'artisans. Cependant, le rapport de Tenon fait ressortir que les conditions les plus antihygiéniques, les plus longs voyages, les nourrices les moins saines et les taux de mortalité les plus élevés sont réservés aux bébés désignés par l'hôpital local des Enfants-Trouvés [47].

Il n'est pas surprenant que l'effrayant pourcentage de décès qui caractérise la fin du XVIIIe siècle ne donne aucun signe de diminution après 1789, en dépit de l'énergie et de l'intérêt paternaliste du Comité de Mendicité. A Limoges, par exemple, un enfant sur cinq meurt dans la première année de sa vie et trois sur cinq avant l'âge de trois ans [48]. Il est facile de comprendre pourquoi. Avec l'accroissement du nombre des enfants admis, il n'est plus possible d'isoler les malades des hôpitaux comme la Pitié qui compte 1 600 pensionnaires, les crises de fièvres sont courantes et les risques d'épidémies atteignent des proportions effrayantes. Il est vrai que les enfants qui ont attrapé la petite vérole et d'autres maladies contagieuses sont envoyés en traitement à l'Hôtel-Dieu et que les patients qui ont contracté des maladies de peau comme la gale sont placés dans des salles séparées. Mais les maladies biliaires et pulmonaires, la diarrhée, la dysenterie et les fièvres malignes affaiblissent tellement les enfants qu'ils sont des proies faciles pour la mort [49]. De nombreux nouveau-nés admis, qui souffrent déjà de maladies vénériennes et respiratoires, n'ont que des chances de survie réduites, et les autres sont exposés à la contagion dans l'atmosphère fétide et malsaine des salles d'hôpital.

Les précautions limitées, prises pour les protéger, n'inspirent guère confiance. A l'hôpital de Toulouse, un établissement plus prévoyant que beaucoup d'autres, les enfants nouvellement admis sont placés pendant deux semaines dans la « salle des épreuves » où ils sont alimentés avec du lait de vache « un peu réchauffé au bain-marie » et plongés dans un bain d'eau tiède deux fois par jour jusqu'à ce que les autorités aient vérifié qu'ils ne présentaient aucun symptôme de maladies vénériennes. Après quoi ils sont remis aux nourrices selon le processus habituel [50].

Tous ces facteurs — surpeuplement des locaux, insuffisance des services médicaux, récession — expliquent que le sort de ces enfants ne s'améliore pas pendant la période révolutionnaire. La plupart des contemporains s'accordent pour dire qu'il s'aggrave assez nettement en dépit des tendances plus libérales de la législation nationale. Comme pour tant d'aspects de la politique sociale révolutionnaire, il y a loin de la théorie à la pratique.

En théorie, tous sont d'accord sur l'importance de l'éducation qui doit préparer ces jeunes déshérités à la vie d'adulte, et certains administrateurs enthousiastes prennent de louables mesures dans ce sens. Dans quelques hôpitaux comme la Trinité, une fondation qui remonte au XIIIe siècle, un programme d'apprentissage est élaboré pour que les orphelins apprennent un métier artisanal [51]. La plupart des villes s'efforcent de procurer des stages d'apprentissage aux adolescents dont elles ont assumé la charge, bien que la modicité des sommes qui leur sont allouées donne à penser que cet enseignement n'a jamais constitué une priorité — pour l'exercice 1789-1790 Strasbourg ne dépense pas plus de 733 livres [52]. Même en 1793, alors que le programme est établi sur des bases plus solides et que des accords sont conclus avec les employeurs locaux, le nombre de garçons des Enfants-Trouvés placés en apprentissage ne dépasse pas vingt-cinq. Les autres sont envoyés en pension dans des familles de la communauté [53].

Les révolutionnaires ont parfaitement conscience de l'importance des mesures éducatives car tous les moyens sont utilisés pour rappeler leurs bienfaits, aussi n'est-ce pas à l'ignorance qu'il faut imputer cet échec relatif. Dans un rapport adressé au Comité de Mendicité en 1790, La Rochefoucauld-Liancourt lui-même déplore le manque de formation technique : il fait ressortir que cette lacune aura pour triste effet de préparer la voie à une nouvelle génération de vagabonds incapables de conserver un emploi ou de contribuer au progrès de la société moderne. Il note qu'à la Pitié on n'enseigne que la lecture, l'écriture et la religion, et que dans ces matières le niveau est extrêmement médiocre. Indépendamment de ces leçons :

> Il n'est aucun travail dans cette maison ; les malheureux enfants, destinés à être pauvres toute leur vie, sont façonnés par la charité à l'oisiveté, à l'inertie, et préparés par conséquent à devenir des sujets nuisibles à la société [54].

Chose surprenante, compte tenu de l'influence de l'opinion éclairée et de son insistance sur la valeur de l'éducation, la période révolutionnaire ne connaît guère de progrès en la matière. Les restrictions financières maintiennent l'instruction à un niveau élémentaire, et dans certains établissements, comme l'hôpital des Enfants à Epinal, le budget de l'éducation est le premier réduit quand les fonds sont sérieusement en baisse en l'an III [55]. En ce temps de pénurie grave, les administrateurs cherchent à répondre aux besoins les plus immédiats des enfants, à savoir la nourriture, l'habillement et le chauffage. En comparaison de ces nécessités vitales, même l'enseignement le plus élémentaire est considéré comme un luxe.

Qu'ils soient situés dans des bâtiments séparés ou à l'intérieur d'hôpitaux généraux, les locaux qui abritent les enfants trouvés sont soumis aux mêmes contraintes financières que les autres services hospitaliers : en conséquence ils subissent la même dégradation. Des salles sordides aux murs suintant d'humidité ne peuvent que ruiner la santé d'enfants en bas âge dont les possibilités de résistance n'ont jamais pu se développer. En outre, l'absence de denrées de base contribue à maintenir la santé des pensionnaires à un niveau très bas.

Comme dans les autres domaines, quand l'an II fait place au nouvel esprit thermidorien et alors que la France assiste au retour de l'économie d'entreprise, les échecs de la politique sociale révolutionnaire apparaissent à tous les yeux. En l'an III et en l'an IV ce ne sont plus seulement les produits de luxe qui sont éliminés. Les fonds expédiés par la commission des hospices de Paris sont nettement insuffisants et les Enfants Trouvés, l'un des secteurs les plus onéreux des services hospitaliers, sont aussi l'un de ceux qui souffrent le plus des restrictions économiques. Un nombre croissant d'enfants abandonnés doit être pris en charge, et contrairement aux autres services hospitaliers, les Enfants-Trouvés ne peuvent renvoyer leurs pensionnaires et les oublier. En réalité, aussi faibles que soient les sommes versées sous le Directoire et malgré des retards de paiements, l'Etat continue à participer aux dépenses jugées indispensables, comme l'écrit le préfet de la Gironde avec juste raison :

> La pénurie où se trouve la Commission des Hospices est principalement occasionnée par les avances qu'elle a fait (*sic*) jusqu'à ce jour pour les Enfants de la Patrie [56].

Mais cet effort n'empêche pas les enfants de mourir pendant l'accouchement, car les sages-femmes refusent d'opérer pour le salaire modique qui leur est offert [57]. Il n'empêche pas non plus que des enfants en bas âge gisent tout nus dans les salles glaciales de nombreux hôpitaux qui n'ont pas de quoi leur acheter des vêtements [58]. Sous le Directoire, les souffrances des enfants trouvés vont croissant et, comme les biens privés des hôpitaux sont déjà vendus ou confisqués, les administrateurs locaux ne peuvent qu'adresser des rapports de plus en plus alarmants aux autorités de la capitale.

Les abandons se multiplient et le nombre des orphelins de guerre augmente aussi ; le manque de place et — pire encore — le manque d'air respirable se font gravement sentir. Le surpeuplement devient un problème majeur, surtout depuis que certains locaux, à l'origine réservés aux enfants, sont réquisitionnés à des fins plus pressantes. Les enfants sont parfois logés dans des salles communes avec des vieillards, des malades chroniques et des moribonds.

En l'an IV, les bâtiments de Stephansfeld à Strasbourg sont convertis en hôpital militaire et les enfants naturels de la patrie qui s'y trouvent sont transférés sans cérémonie dans l'établissement déjà surpeuplé de la ville [59]. A Gray, l'hospice pour orphelins est transformé en centre d'accueil pour soldats, et le détournement de ses maigres fonds au bénéfice des militaires hospitalisés est en grande partie responsable de la famine qui sévit chez les enfants [60]. Les soldats ont la priorité sur tous les autres patients. Plus près du front, les militaires cantonnés à Castellane ont besoin de stocks de bandages et de pansements : les matelas et le linge réquisitionnés pour leur usage auraient dû servir aux cinquante enfants qui vivent sous le même toit qu'eux [61].

C'est sous le Directoire — époque où l'inflation monte en flèche et où la guerre fait rage — que l'aide aux enfants trouvés est au plus bas. Non seulement ils manquent de literie et de linge de nuit, mais ils sont forcés de rester à l'intérieur faute de vêtements. Dans toutes les zones de guerre, la plupart des tailleurs sont réquisitionnés pour l'armée et, d'ailleurs, ils ne tiennent pas à travailler pour de mauvais payeurs comme les hôpitaux locaux. A Strasbourg, aucune main-d'œuvre n'est disponible sauf à des fins militaires : les jardins ne sont plus cultivés et les bâtiments commencent à se dégrader [62]. La pénurie de charbon et de bois de chauffage rend plus pénibles encore les épreuves de l'hiver et, pendant presque toute la période du Directoire, les denrées essentielles sont pratiquement introuvables, de sorte que les enfants sont sous-alimentés.

En l'an IV, à Marseille, le trésorier note que les légumes constituent la seule forme de nourriture consommée à l'hôpital car il n'a pas les moyens d'en acheter d'autre [63]. Deux ans plus tard, l'hôpital de Valenciennes donne un compte rendu détaillé des rations alimentaires qu'il peut distribuer aux enfants dont il a la charge — rations mesurées avec la plus grande parcimonie pour leur permettre de ne pas mourir de faim : chacun reçoit quatre onces de viande tous les dix jours plus une portion quotidienne de « cinq quarterons de pain ». Ils ne connaissent pas d'autre boisson que l'eau [64].

Les administrateurs ont manifestement honte du niveau de nutrition et de la qualité générale de la vie qu'ils procurent aux enfants, qui sont le plus souvent eux-mêmes les innocentes victimes de la guerre. Mais ils ne peuvent que supplier les fournisseurs de prolonger leur crédit de quelques semaines. C'est leur sentiment d'impuissance face aux réalités de la situation — épuisement des ressources, endettement inextricable — qui explique leur répugnance à accepter une charge supplémentaire. A Marseille, par exemple, les trésoriers refusent d'admettre les enfants légitimes sous le prétexte qu'ils ont des parents responsables et, comme à Paris, ils écartent systématiquement tout enfant originaire d'une paroisse située hors des limites de la ville [65].

Après 1794, ce régime spartiate est commun à toutes les sphères des services hospitaliers. Comme les autres institutions charitables, les Enfants-Trouvés subissent le contrecoup de la disette, mais rien ne permet de croire que les restrictions alimentaires aient entraîné une augmentation sensible du taux de mortalité : le service survit à cette période, plus ou moins intact. En revanche, le manque de fonds pour le paiement des nourrices risque de faire échouer toute l'opération. Les nourrices constituent un élément fondamental du système d'assistance aux enfants, car sans elles les hôpitaux, envahis par une multitude d'enfants et exposés à toutes sortes de contagions, n'auraient jamais été à la hauteur de leur tâche. Pourtant, dans la plupart des régions, les frais de nourrice grèvent lourdement le budget des hospices, et lorsque les subventions du Trésor national se font attendre plusieurs mois, la suppression de cette dépense représente la forme d'économie la plus immédiate [66].

En l'an II, avec l'augmentation du nombre des enfants trouvés, les services de ces femmes semblent de plus en plus nécessaires. Or, c'est justement à cette époque que la pénurie de fonds destinés à cette fin atteint les proportions les plus critiques. Ironie des choses, c'est l'incapacité du gouvernement à continuer ses allocations pour une autre forme d'assistance — les secours promis aux veuves et familles des militaires — qui contribue à créer la crise en provoquant une multiplication des abandons [67].

Quant aux nourrices, elles sont pour la plupart des travailleuses ordinaires, femmes d'ouvriers agricoles et d'artisans ruraux vivant près des villes où sont situés les hôpitaux, des mères qui acceptent de donner une partie de leur lait aux orphelins. En général, elles ne le font pas par charité mais par nécessité. Elles ont besoin d'argent, et il arrive souvent qu'une femme épuisée accepte d'allaiter plusieurs bébés de l'hôpital local pour pouvoir toucher les primes. Il est certain que l'appât du gain est leur principale motivation car la tâche est pénible et même dangereuse : le risque de maladie vénérienne communiquée par les enfants des prostituées est toujours présent. C'est une besogne que seules peuvent entreprendre les femmes pauvres qui, grâce à cette petite source de revenus, ont la possibilité de sauver leur famille de la famine. Le salaire est modeste en effet : en 1790, par exemple, l'hospice de la Grave à Toulouse leur donne trois livres par mois en monnaie métal et un assortiment complet de vêtements pour chaque enfant une fois par an. Avec l'inflation et les crises monétaires successives, la valeur réelle de ces paiements diminue régulièrement au cours des années suivantes. Ainsi, sous le Directoire, le même hôpital doit payer un salaire mensuel de 750 livres et les nourrices sont encore plus pauvres qu'elles ne l'étaient en 1790. Mais les dépenses de l'établissement atteignent des proportions astronomiques — en moyenne 1 800 000 livres par mois [68].

Les administrateurs d'hôpitaux craignent par-dessus tout que de nombreuses nourrices cessent d'assurer leurs services à une époque où ils sont tellement indispensables. Or, la montée du taux de l'inflation justifie leurs craintes. Ils ne peuvent espérer que ces femmes continueront à allaiter les orphelins si elles ne sont pas dédommagées de leurs peines ou si les paiements s'effectuent avec un tel retard que leur argent est dévalué à l'arrivée. Dans ce cas, l'enfant devient un fardeau qui pèse sur les ressources limitées de la famille, un fardeau qui peut la réduire elle-même à la mendicité. Pourtant, les retards de paiement s'accumulent. En l'an VII, à Angoulême, les nourrices n'ont pas encore reçu leur allocation pour le dernier trimestre de l'an V [69]. L'année suivante, les délais sont encore plus longs ; à Reims, elles ne sont pas payées depuis vingt-huit mois [70], à Maurs, dans le Cantal, depuis quarante et un mois [71].

La montée régulière du prix du pain entraîne un surcroît de privations, et plusieurs villages témoignent avec tristesse que les nourrices vivent « dans la misère la plus affreuse » alors que les enfants qui leur sont confiés meurent de froid et de faim [72]. Une pétition du district de Brioude dans la Haute-Loire donne un aperçu de la gravité de la situation en fonction de l'inflation. L'auteur du texte compare le pouvoir d'achat des nourrices au prix de base du grain dans la région en 1791, puis en l'an III. En 1791, elles gagnent 8 livres par mois mais le prix du grain ne dépasse pas 4 livres : par conséquent, « leur mois suffisait pour leur nourriture et peut-être au-delà ». En l'an VIII, elles gagnent 30 livres mais le prix du seigle excède 100 livres, de sorte qu'elles ne peuvent acheter plus de cinq onces de pain par jour, nourriture absolument insuffisante [73]. Il n'est pas surprenant qu'un certain nombre de nourrices demandent à être payées en grain, puisque seul le grain peut leur permettre de survivre [74]. Elles se plaignent notamment de la dévaluation continuelle des assignats et réclament des pièces sonnantes et trébuchantes au lieu de monnaie-papier, surtout en ce qui concerne les arrérages dont la valeur en assignats est déjà considérablement dépréciée [75].

Certaines autorités locales essaient de trouver d'autres moyens pour nourrir les enfants en bas âge. Douai tente l'expérience du lait animal et d'autres formes d'allaitement artificiel mais sans grand succès et presque tous les enfants ainsi nourris meurent malgré les soins attentifs dont ils font l'objet [76]. En désespoir de cause, l'hôpital de Mont-de-Marsan, qui doit plus de 100 000 livres à ses nourrices, en est réduit à les remplacer par des chèvres, un système qui, de son propre aveu, « expose à une mort certaine les orphelins qu'on est obligé en quelques lieux d'élever avec les chèvres [77] ».

Ce sont là des cas extrêmes, mais ils donnent une idée des solutions désespérées auxquelles le service doit recourir pendant la période révolutionnaire. Si l'on considère le caractère généralement docile des nourrices, leur manque d'organisation et la dispersion des hameaux où elles vivent, la Révolution a accompli un véritable exploit en créant chez elles un état d'esprit qui les pousse non seulement à exiger un salaire convenable, mais encore à assortir leur demande de la menace d'une grève.

En l'an III et en l'an IV, des rapports émanant de tous les coins de France insistent pour que la Convention augmente les allocations des nourrices, faute de quoi des multitudes de bébés seront déposés sur le seuil des hôpitaux. En l'an IV, les nourrices de la Haute-Marne sont suffisamment organisées pour manifester dans les rues en spécifiant que, si elles n'ont pas obtenu satisfaction dans le courant du mois, elles renverront tous leurs nourrissons à la fois [78]. Ces femmes comprennent très bien qu'elles ont conclu un contrat avec leur hôpital local, aussi est-ce à l'administration hospitalière qu'elles s'en prennent lorsque leur salaire est bloqué. Le directeur de l'hôpital de Sedan se montre d'autant plus compréhensif que l'injustice dont elles sont les victimes est flagrante, mais il note avec amertume que les nourrices ne semblent pas savoir que c'est le gouvernement qui bloque leurs salaires. C'est en effet au personnel de l'hôpital qu'elles reprochent de détourner les fonds à son profit [79].

Ailleurs, elles sont elles-mêmes accusées d'affamer et de maltraiter leurs nourrissons pour se débarrasser de charges qui ne leur rapportent que des ennuis [80]. Après 1795, les rumeurs et contre-rumeurs circulent dans tous les sens. Les nourrices menacent continuellement de renvoyer les enfants qu'elles allaitent, et tout aussi continuellement les autorités hospitalières leur promettent qu'elles seront payées dans quelques jours. Les unes et les autres sont exaspérées par l'inefficacité bureaucratique qui déclenche ces crises périodiques.

Entre 1795 et 1800, toute la structure de l'assistance des enfants trouvés semble sur le point de crouler. De temps à autre des allocations tardives arrivent de Paris et la menace est écartée une fois de plus. Parfois, les autorités emploient des expédients à court terme, par exemple à Metz, en l'an VI, où elles vendent les biens des émigrés pour dédommager les nourrices [81]. A Bagnères, elles décident que seules seront payées les femmes qui gardent des enfants de moins de sept ans, sous le prétexte que l'hôpital ne possède ni les compétences ni les ressources nécessaires à l'entretien de pupilles en bas âge [82].

Le service est en permanence au bord de la catastrophe car les nourrices sont traitées avec une grande injustice par un gouvernement qui considère que le financement de l'effort de guerre et du ravitaillement de Paris constitue une priorité autrement importante que le paiement des salaires dus. Il commet une lourde erreur en prenant leurs menaces trop à la légère, car en l'an IV et en l'an V, commune après commune rapportent que les bébés leur sont retournés souvent à demi morts de faim, au grand désespoir des administrateurs des hôpitaux. « Ces enfants, déplore un directeur de l'Eure, sont absolument tout nuds (*sic*) », et le centre local des Enfants-Trouvés est tellement démuni qu'il ne peut même pas les vêtir [83]. En l'an VII, l'hôpital récupère à contre-cœur les bébés et enfants en bas âge qui sont déposés devant ses portes, parfois une demi-douzaine en un seul jour, et le directeur fait ressortir que certains de ces malheureux sont morts par la faute du gouvernement qui n'a pas payé les nourrices [84].

Les autorités n'ont guère de moyens de réagir. Les nourrices se glissent jusqu'à une grille de l'hôpital sous le couvert de la nuit et abandonnent leurs nourrissons, nus ou à peine vêtus, dans des endroits où elles sont sûres qu'ils seront bientôt découverts, puis elles disparaissent dans l'ombre. En fin de compte, des départements comme la Dordogne voient leurs pires craintes se réaliser, sans avoir la moindre idée des moyens à employer pour éviter une série de tragédies en chaîne. Ils demandent au ministre s'ils doivent arrêter ces malheureuses et les punir pour décourager les autres [85]. Comme de nombreux départements, la Dordogne sait qu'aucun châtiment ne pourra avoir un effet de dissuasion car, loin d'être fortes et vigoureuses, les nourrices sont elles-mêmes au bord de l'indigence, réduites à la mendicité pour se nourrir, elles et leurs propres enfants. Leur détresse est telle qu'en l'an VIII un canton de l'Ouest en vient à signaler que l'état de délabrement des femmes qui allaitent constitue un danger plus grand pour la santé des nourrissons que l'abandon proprement dit [86]. Une nourrice épuisée et desséchée par les privations ne peut guère apporter d'espoir de survie à un bébé malingre et maladif [86].

Sous le Directoire, le gouvernement central est de moins en moins disposé à accepter la responsabilité de ce secteur de l'assistance. Il ne croit plus au concept jacobin d'un Etat Providence centralisé et estime que les hôpitaux et dépôts doivent assurer une importante partie de leurs dépenses courantes. De même que les hôpitaux généraux, les hospices d'enfants trouvés se voient restituer le droit de gérer et de louer des terres mais sans avoir la garantie que le gouvernement remplacera dans l'immédiat leurs biens nationaux aliénés par des propriétés équivalentes [87].

En l'an VIII, le ministère propose une autre solution : les conseils municipaux assumeront de nouveau la responsabilité des établissements d'assistance, puisque la nouvelle législation leur permet de percevoir les taxes locales, les octrois, pour financer ces services. En ventôse de la même année, le ministre de l'Intérieur répond au département du Pas-de-Calais, qui lui adresse un pressant appel de fonds, qu'il ne veut pas prendre la responsabilité de lui envoyer une subvention prélevée sur le Trésor national. Il ajoute que les octrois ont été institués pour que les hôpitaux puissent retrouver une partie de leur indépendance, et si le taux en cours est insuffisant pour assurer l'entretien des enfants abandonnés, le tarif pourra être relevé pour augmenter le montant des revenus [88].

Le gouvernement peut également mettre à son crédit l'adoption de certaines lois humanitaires en faveur des enfants trouvés, lois qui semblent améliorer la qualité de leur vie, par exemple le décret du 30 ventôse an V, selon lequel les enfants abandonnés resteront chez leurs nourrices jusqu'à l'âge de douze ans ; après quoi ils seront placés chez des cultivateurs, artisans ou manufacturiers pour apprendre un métier [89]. Malheureusement, comme la majeure partie de la législation de l'époque, ce décret suggère une solution constructive et charitable mais il n'est jamais sérieusement mis en application, et les conditions de misère et d'abandon continuent à régner pendant de longues années.

Le pire échec de la politique sociale de la Révolution en ce qui concerne les enfants trouvés est dû au fait que ses bonnes intentions ne se sont jamais concrétisées. Même en l'an VIII ou en l'an X, la situation des enfants reste déplorable et les locaux qui les abritent sont dans un état de délabrement incroyable. Malgré tous les espoirs que la Révolution a fait naître, malgré toutes ses promesses, l'angoisse et l'insécurité qui dominent en l'an II et en l'an III subsistent dans les premières années du XIXe siècle. Rien n'a changé sinon que les stocks de nourriture et de linge sont de plus en plus réduits ; les directeurs et économes doivent s'habituer à des normes intolérables.

A La Fère, en l'an VIII, l'administration rapporte que non seulement le gouvernement n'a pas payé les subventions allouées pour l'exercice en cours mais qu'il est en retard pour le versement de sommes substantielles dues depuis l'an III [90]. L'hôpital pour enfants abandonnés de Blangy se plaint de ne pas avoir reçu le moindre sou depuis quatre ans [91]. Les statistiques indiquent que la misère est tout aussi atroce en l'an VIII qu'à n'importe quelle autre période de la Révolution. Il est significatif que, dans le désordre bureaucratique qui accompagne les changements de gouvernement successifs, l'œuvre sociale de la Révolution ait été si inefficace, il faudra attendre des années après le début de l'ère napoléonienne pour que les finances des dépôts commencent à atteindre un niveau de stabilité acceptable.

En l'an IX, les hôpitaux locaux doivent encore faire face aux réclamations des nourrices qui menacent de rapporter leurs nourrissons, bien que le véritable danger concerne moins les enfants qui sont déjà placés que la nouvelle génération de bébés abandonnés dont aucune nourrice n'accepte de se charger. Le dépôt de Soissons se trouve devant la perspective angoissante de devoir reprendre quelque 250 à 350 bébés placés à la campagne [92]. A Auch, les autorités accablées par le nombre d'enfants déposés sur leur seuil lancent un cri d'alarme au ministre [93].

Pour les Enfants-Trouvés, comme pour d'autres secteurs des services hospitaliers, la période qui couvre l'an IX et l'an X est aussi sombre que les précédentes. A cette époque, le gouvernement abdique la responsabilité du financement direct, mais le rendement des taxes locales et des propriétés restituées est encore insuffisant pour redresser la situation financière des institutions. Le nombre d'enfants assistés a considérablement augmenté à cause de la guerre, mais celui des nourrices a singulièrement baissé, et les bébés admis dans les dépôts n'ont guère de chances de survie.

A Marseille, la pression exercée sur les nourrices encore inscrites sur les registres de l'hôpital est si forte que plusieurs femmes finissent par accepter d'allaiter trois ou quatre nourrissons à la fois tandis que les fournisseurs du dépôt, effrayés par le montant des sommes qui leur sont dues, refusent de livrer leur marchandise. Pendant deux mois, les enfants doivent se contenter de pain sec et d'eau. Dans une situation aussi tragique, il n'est pas étonnant que la plupart des enfants meurent. Sur les 555 admis en l'an VII, douze survivent en nivôse de l'an VIII [94].

Les pires craintes des administrateurs se réalisent et les espoirs des réformateurs du Comité de Mendicité qui attendaient l'aube de la nouvelle ère avec tant d'optimisme sont cruellement déçus. Jamais, même aux heures les plus sombres de la période pré-révolutionnaire, les hôpitaux n'avaient connu la misère sur une telle échelle. Ce n'est qu'après l'an XII, lorsque les principes jacobins d'assistance sociale seront complètement éliminés, que la situation économique des hôpitaux commencera à se rétablir.

8

Service militaire et guerres révolutionnaires

Les cinq chapitres précédents sont consacrés à la politique sociale révolutionnaire qui concerne certaines catégories de pauvres nettement définies — les malades, les abandonnés, ceux qui ont besoin d'une pension ou d'un emploi pour éviter la déchéance. L'intérêt des gouvernements de la Révolution se porte d'abord sur eux parce qu'ils forment des groupes et peuvent être classifiés par la bureaucratie gouvernementale. Pourtant, comme nous l'avons vu, les pauvres de la France du XVIIIe siècle n'entrent pas tous dans des catégories bien définies. Un large éventail de la population est composé d'individus qui risquent de basculer dans l'indigence.

Dans une période aussi interventionniste que la Révolution, où les citoyens ordinaires sont appelés à faire des sacrifices pour la cause commune, il est normal que la politique gouvernementale ait un sérieux effet sur l'équilibre délicat de l'économie domestique d'importants secteurs de la population. Or, c'est dans le domaine des Affaires étrangères que cette politique est la plus omniprésente. Après 1792, la guerre engagée contre la majeure partie de l'Europe domine à ce point l'activité gouvernementale qu'elle a une incidence immédiate sur tout autre aspect de la Révolution française. Nous avons aussi souligné à maintes reprises que les exigences financières de la guerre sont si énormes qu'il faut empiéter sur les budgets réservés à d'autres fins pour les satisfaire. L'efficacité sociale de la bienfaisance jacobine, en particulier, est constamment compromise par les dépenses colossales des armées révolutionnaires. Cependant, la plupart des Français, et surtout les jeunes des classes populaires, sont beaucoup plus préoccupés par la perspective d'être appelés à revêtir l'uniforme et à quitter leur village pour défendre la République contre ses ennemis.

Les armées de l'an II évoquent une image d'enthousiasme délirant et d'élan révolutionnaire. Le soldat typique est dépeint comme un jeune homme brûlant d'ardeur patriotique et prêt à répandre son sang sur le champ de bataille, si ce sacrifice peut contribuer à sauver son pays. L'armée est représentée comme un échantillon de la jeunesse française, comme « le peuple armé, la nation en armes [1] ». C'est un tableau rassurant qui doit consolider la notion du sens patriotique de la tradition révolutionnaire tout au long du XIXe siècle, mais il ne prend pas en compte les doutes et les craintes qui assaillent l'esprit de chaque soldat en particulier.

Le charpentier d'Avignon et le cultivateur de la Beauce ne se dépouillent pas du jour au lendemain de leurs traditions, de leurs préjugés, de leurs instincts séculaires. Le service militaire ne leur inspirera jamais la passion intense et tenace qu'il inspire à un Dubois-Crancé. La qualité de la prochaine moisson, le sort de leur famille, la menace toujours présente du chômage à leur retour de la guerre, telles sont les considérations qui les touchent, beaucoup plus que toute la propagande militaire du gouvernement. La libération des peuples d'Europe opprimés par la tyrannie des rois est certainement un rêve glorieux qui stimule les politiciens révolutionnaires, mais ce rêve n'entre guère en ligne de compte dans les motivations du Français moyen, même en 1793 ou en l'an II.

Il n'est pas question, naturellement, de déprécier l'œuvre des hommes qui ont organisé les armées révolutionnaires, car cette œuvre est prodigieuse. La France introduit de nouvelles méthodes de recrutement radicales et d'apparence démocratique, comme la levée des 300 000 en février 1793 et la levée en masse de l'an II. Les victoires remportées par l'armée française sur les champs de bataille d'Europe pendant la période révolutionnaire témoignent avec éloquence de l'efficacité de ces innovations et de la valeur des réformes introduites par la Révolution.

Ces changements comprennent la suppression radicale des châtiments corporels pour faute militaire, l'introduction d'un élément de démocratie dans l'élection des officiers, et la garantie que les soldats jouiront de tous les privilèges et responsabilités de la citoyenneté, y compris le droit de participer activement à la politique et à la vie des clubs et sociétés. Sur le plan collectif, ces mesures contribuent pour une large part à élever le prestige de l'armée et le statut social du soldat [2]. Il est certain que ce statut avait besoin d'être modifié.

L'Ancien Régime n'avait que du mépris pour la soldatesque et les troupes du roi sont abruties par des années de brimades et de déchéance. Ceux qui s'enrôlent représentent généralement la lie de la société. Accablés de misère et d'épreuves, ils n'ont d'autres ressource pour survivre — fils cadets qui n'ont pas de quoi nourrir leur famille, journaliers sans terre condamnés à mendier ou à voler, petits paysans dont les récoltes sont ruinées, travailleurs émigrés isolés dans une mansarde sordide. Aucune pension n'est prévue pour les soldats qui quittent le service du roi. Souvent blessés ou brisés par des années de campagne, la plupart n'ont pas de famille pour les recueillir. Ainsi les ex-militaires sont-ils parfois des épaves pitoyables qui errent de village en village, montrant leurs blessures de guerre pour exciter la pitié. Telle est l'image de l'armée qui est familière aux Français avant la Révolution, et cette image rend les réformes des armées révolutionnaires aussi indispensables pour le moral de l'armée qu'elles sont souhaitables pour la cause de l'humanité.

Les historiens de la Révolution se sont concentrés sur ces réformes et présentent l'armée de la République non seulement comme un ensemble d'unités de combat efficaces mais aussi comme un exemple intéressant de la démocratie en action. Ils n'ont pas tort, mais il semble que cet aspect démocratique soit confiné à la structure et aux institutions de l'armée, et que les nouvelles demi-brigades ne constituent pas vraiment — même en l'an II — un échantillon de la population française dans son ensemble. On ne peut soutenir non plus qu'après l'aube glorieuse de la Révolution le service militaire soit tellement populaire. Il est vrai, bien entendu, que le nombre des soldats augmente et qu'un plus large éventail de la population acquiert une expérience directe de la vie militaire. Mais toutes les couches de la société ne sont pas représentées. Les aristocrates qui fournissent les cadres de l'armée sous l'Ancien Régime ont émigré en masse et d'autres ont été dégradés.

Et que deviennent les bourgeois ? N'est-ce pas pour défendre leur cause et leurs intérêts que les guerres ont éclaté ? Certes, les fils des classes moyennes se sont engagés avec enthousiasme dans les rangs de la Garde nationale formée en 1790. Ils ont participé aux réjouissances publiques des fêtes de la Fédération. C'est un geste patriotique qui ne coûte pas cher et ne menace en rien leur bien-être. D'ailleurs, c'est divertissant. Ils portent crânement la cocarde nationale sur leur bonnet ; ils manient les armes, parfois sans adresse, ils se pavanent d'un air important, arrêtent d'innocents passants pour les interroger sur leurs faits et gestes, et leurs motivations politiques. C'est un rôle amusant, une position confortable accessible à tout fils à papa entre sa sortie du collège et son entrée au comptoir. Dans les années 1790, comme pendant d'autres périodes troublées de l'histoire de France, la bourgeoisie sait de quel côté se trouvent ses intérêts, et si la Garde leur paraît attrayante, les armées combattantes ne les attirent certainement pas. Jouer au petit soldat est une chose, participer aux combats en est une autre. Si, comme Jean-Bertaud l'indique, les classes moyennes sont représentées dans les cadres des armées révolutionnaires, leur contribution n'est jamais proportionnelle à leur nombre ni aux bénéfices qu'elles espèrent tirer de la guerre [3].

Ce n'est pas seulement dans les classes moyennes que le service militaire est impopulaire pendant la période révolutionnaire. La masse de la population ne manifeste qu'un empressement très réservé pour le devoir national. Il est vrai que certains Jacobins farouches, enflammés d'ardeur patriotique et influencés par la propagande des chefs politiques, s'engagent en 1791 et 1792 et forment l'avant-garde pendant les premières campagnes hésitantes de la guerre d'Autriche, mais ils ne réussissent pas à communiquer leur zèle à la masse de la population. Même au printemps de 1793 certains départements ont de grandes difficultés à remplir leurs quotas pour la levée militaire.

Constatant que le volontariat ne fournit pas un nombre de recrues suffisant, les autorités se voient bientôt obligées de recourir à la manière forte. Les témoignages des régions sont déprimants : dès 1792, un climat de découragement s'installe, créé autant par le caractère impersonnel de la nouvelle forme de recrutement que par la lenteur de la bureaucratie révolutionnaire. En Dordogne, par exemple, l'appel lancé en 1792 pour la formation de bataillons locaux est beaucoup mieux accueilli que les lois de recrutement national, simplement parce que les demandes locales semblent pertinentes et que les autorités locales inspirent plus de confiance [4]. Au printemps de 1793, au moment de la levée des 300 000, les dernières traces d'ardeur patriotique s'effacent. Ceux dont le patriotisme aurait encore pu être réveillé par un appel aux armes se battent déjà sur les frontières italienne et allemande.

Ceux qui restent sont, au mieux, indifférents ou, au pire, ouvertement hostiles au service des armées. Il n'est pas difficile de comprendre pourquoi car, en dépit des réformes législatives et de la réorganisation administrative de Dubois-Crancé et d'autres, la crainte séculaire du service militaire et le mépris pour le métier de soldat restent ancrés dans de nombreuses couches de la population française. Après les premières campagnes, les hommes qui reviennent du service actif épuisés et souvent démoralisés ne peuvent que communiquer à la population civile une idée des frustrations de la vie militaire.

Les villageois apprennent très vite à se méfier des slogans lancés par les propagandistes du recrutement : lutte pour la liberté ; croisade contre les monarchies et les forces du despotisme. Ils savent que la réalité est faite de misère et d'ennui. Ils ne redoutent pas tant le danger que la morne tristesse de la vie militaire. Ils ont entendu les récits d'autres villageois. Ainsi Joliclerc, du 7e bataillon du Var, leur a raconté qu'il avait dormi plusieurs mois durant sur le même carré de terrain, dans le même uniforme souvent trempé [5]. Joseph Capellin, membre du 6e bataillon de Marseille, leur a dit que les hommes de son unité avaient été obligés de manger des racines faute de vivres [6]. En l'an II, Louis Deroire, d'Amplepuis écrit du front pyrénéen qu'en sortant de l'hôpital militaire de Perpignan il s'était aperçu que ses papiers avaient été volés et que, depuis, il vivait dans la crainte d'être arrêté et peut-être exécuté [7]. De telles histoires, souvent exagérées en passant de bouche à oreille dans les cabarets de village, ne sont pas faites pour atténuer la méfiance du Français moyen envers le service des armées.

C'est cette méfiance généralisée qui détermine l'introduction de la levée en masse en l'an II. Après les levées de 1791 et 1792, la France avait compté sur l'enrôlement massif des volontaires assez ardents patriotes pour répondre à l'appel de la patrie en danger. Mais les nécessités de la guerre de plus en plus impérieuses rendent urgente une nouvelle augmentation des effectifs. Comme le démontre l'historien américain Sam Scott, l'armée de ligne est solide même avant le recours à l'*amalgame,* décrété en février 1793, pour constituer une force combattante de 300 000 hommes. Cette force est composée, entre autres, de nombreux fils de Jacobins militants, prêts à donner leur vie pour la cause révolutionnaire avec ou sans conscription [8].

C'est la levée en masse de février et mars 1793, l'appel de 300 000 hommes supplémentaires pour porter les forces armées à plus de 500 000 soldats, qui marque en fin de compte l'inefficacité du volontariat. Sous la pression incessante de Paris qui exige que les quotas soient atteints, les députés en mission en province rapportent que le nombre des recrues est insuffisant, et les unes après les autres, les communes doivent reconnaître qu'elles ne trouvent pas assez de volontaires. Seuls les régions dotées d'une longue tradition militaire et les districts les plus pauvres des villes — comme la section de la rue Beaubourg à Paris [9] — peuvent proclamer fièrement que leurs quotas sont dépassés. Seuls les pauvres acculés au désespoir, privés de tout appui dans la société, s'enrôlent encore, comme ils le faisaient sous l'Ancien Régime.

Pour atteindre leurs quotas, les communes sont souvent forcées d'abandonner le volontariat et de recourir à des stratagèmes, comme par exemple le système du tirage au sort : tous les jeunes gens célibataires en âge de servir sont convoqués à la mairie où le hasard doit décider de leur avenir. Inutile de dire que ce procédé est fort impopulaire chez les jeunes qui risquent de se trouver arbitrairement séparés de leurs amis plus fortunés et obligés de rejoindre leur bataillon. Les réactions sont souvent violentes.

A Hesdin, dans le district de Saint-Pol, dans le Pas-de-Calais, le commissaire Darthé doit faire face à une foule furieuse opposée à toute forme de tirage au sort. Menacé d'être écharpé, il doit renoncer à l'opération [10]. A Chasseneuil, dans la Vienne, où huit noms sur cinquante-trois doivent être tirés, une émeute empêche le déroulement du tirage, bien que, dans ce cas précis, les meneurs soient les domestiques des nobles locaux et, en tant que tels, suspects de sympathies contre-révolutionnaires [11]. En Vendée, la promulgation des lois de recrutement est souvent considérée comme l'une des principales causes de la rébellion paysanne. Et même dans des régions relativement loyales comme la Sarthe, les paroles rassurantes des députés en mission ne peuvent dissimuler le triste fait que la ville du Mans est près de se rebeller et qu'un climat de violence règne dans tout le voisinage [12].

La loi est souvent traitée avec un respect très mitigé. A Marcolès, dans le Cantal, où une émeute empêche le tirage au sort, le conseil municipal promet que les fauteurs de troubles seront pardonnés, car il a peur des représailles du peuple s'il tente de punir les coupables [13]. Cette attitude est tout simplement réaliste et rien ne prouve qu'un seul rebelle ait jamais été appréhendé.

Certains conseillers municipaux adoptent la méthode de la sélection par scrutin. C'est le cas de Laroquebrou près d'Aurillac. La description qui est parvenue jusqu'à nous est à la fois pittoresque et instructive [14]. Les villageois se rassemblent à une date convenue et une liste des candidats proposés parmi les bons patriotes de dix-huit à quarante ans, sans famille à charge, est passée en revue. Chaque candidat est solennellement soumis à l'élection de ses pairs. Le premier, un bouvier qui vit hors des limites du village, est élu par 77 voix contre 14. Tous les candidats choisis sont adoptés par un électorat qui comprend au plus 104 membres et au moins 66. A part un garçon tailleur et un garçon menuisier, tous sont gardiens de troupeaux. La cérémonie se déroule au milieu d'un vacarme qui s'enfle à l'appel des noms.

Les documents officiels tendent à prouver que cette façon de lever une armée par acclamation populaire et sur la base du prétendu patriotisme des candidats est parfaitement démocratique. En réalité, il semble que ce mode de recrutement se soit heurté à l'hostilité de l'ensemble de la population. Il est d'ailleurs peu probable que les candidats aient été choisis en fonction de leurs solides qualités républicaines. Il est évident au contraire que les parents et amis se liguent pour élire des inconnus afin de limiter les possibilités de recrutement d'un membre de leur entourage.

C'est par de tels procédés et par l'attribution libérale de primes d'enrôlement [15] que l'idéal révolutionnaire de la nation en armes commence à prendre corps, un idéal qui doit en principe exiger une dose égale de sacrifices de tous les citoyens. La loi proclame l'obligation du service militaire pour tous les Français sans distinction de classe ni de fortune. Seules certaines catégories de métiers nécessaires à la poursuite de l'effort de guerre en sont dispensées.

Ainsi, le 14 mars 1793, la Convention décide que les boulangers, les charretiers et les convoyeurs, qui peuvent prouver qu'ils fournissent les armées, sont exemptés du service. Le 2 avril, ce privilège est étendu à un autre groupe de travailleurs dont les talents sont indispensables ailleurs — ceux qui sont « attachés à la fabrication des armes, aux fonderies de canons, aux grandes forges et aux mines de fer [16] ». Les cultivateurs, agriculteurs et fermiers objectent que la réquisition aura pour effet de laisser les terres en friche et de réduire encore le produit des moissons alors que le grain est tellement indispensable à l'alimentation des troupes et des fabricants de munitions. Il est remarquable en effet qu'en l'an II ce sont les paysans qui évitent la réquisition, tant est puissante la crainte de la famine et de la pénurie de récoltes [17].

La politique des exemptions conduit à l'accusation de favoritisme et d'injustice. Sauf pendant une brève période de l'an II, aucun effort sérieux n'est tenté pour supprimer l'habitude du remplacement et, naturellement, les membres les plus pauvres de la communauté sont bien incapables de trouver l'argent ou l'appui nécessaire à l'obtention d'une exemption. Il en résulte que de nombreux Jacobins locaux voient avec rancœur les fils de la haute bourgeoisie échapper régulièrement aux griffes de l'officier recruteur en payant une somme d'argent pour éviter le service militaire. A leurs yeux, c'est une façon de favoriser les riches [18].

Un rapport provenant de la Sarthe déclare que c'est une offense au principe d'égalité puisqu'« il n'y a que les pauvres à soutenir les armées parce qu'ils ne peuvent, faute d'argent, se procurer des exemptions [19] ». Parfois, les accusations sont plus spécifiques. Chargé de mission par la Convention, Giraud de l'Aude est tellement préoccupé par le manque d'armuriers à Saint-Etienne qu'il publie un décret autorisant quiconque voudra entrer en apprentissage chez un armurier à quitter l'armée. Comme le déclare la commune rurale de Millery, le résultat est facile à prévoir : de nombreux fils de riches citoyens sans la moindre expérience du métier retournent aussitôt à la vie civile pour bénéficier de la tranquillité relative d'un atelier d'armurier. Tout aussi prévisible est le ressentiment que suscite cette décision, et la commune ne manque pas de porter des accusations de corruption contre les parents désireux d'acheter des appuis pour leurs enfants :

> Cela occasionne un grand murmure entre les jeunes gens de notre commune, qui sont partis aux frontières de bonne volonté, disant quel privilège ceux-là peuvent avoir de plus qu'eux parce qu'ils sont riches et que leurs pères égoïstes par le moyen de leur argent ont cherché des protections auprès des maîtres armuriers pour y placer leurs enfants après être enrollés dans le Bataillon [20].

Même si tous les animaux étaient égaux en droit, certains seraient jugés plus égaux que d'autres.

Quelle part de vérité ces allégations comportent-elles ? Est-il exact que les pauvres soient sacrifiés à la cause révolutionnaire tandis que les nantis et les privilégiés vivent en toute sécurité ? Il n'est pas douteux que, même en l'an II, tous les Français ne sont pas également exposés à se retrouver en uniforme : la Constitution du 24 juin peut bien proclamer que le service militaire est un devoir qui va de pair avec la citoyenneté, c'est là un idéal qui reste lointain et abstrait [21].

La géographie et l'âge jouent l'un et l'autre un rôle discriminatoire, car les armées républicaines sont recrutées en majeure partie dans les zones frontières et la moyenne d'âge des soldats est très basse : la loi permet l'enrôlement d'adolescents de seize ans et Jean-Paul Bertaud note que, sur un échantillon de quelque huit mille recrues, 79 pour cent ont moins de vingt-cinq ans [22].

La classe sociale aussi est un facteur important car, bien que la bourgeoisie ait constitué une partie des cadres de l'armée révolutionnaire, en 1793 et en l'an II son ardeur a sensiblement diminué. La nouvelle armée égalitaire et politisée ne lui plaît guère, d'autant plus que les officiers peuvent être élus et que les généraux risquent d'être tenus pour personnellement responsables des défaites. Les jeunes bourgeois exerçant des emplois stables préfèrent se payer un remplaçant ou faire un don substantiel à la cause de la patrie. Le profil des jeunes gens enrôlés dans les bataillons de la République émerge des listes conservées dans les archives départementales et il corrobore en quelque sorte les accusations de discrimination sociale portées par le conseil municipal de Millery.

Dans la France rurale, les membres des communautés qui occupent une certaine position sociale semblent dispensés du service. Les unes après les autres, les communes envoient des listes comprenant des paysans, des ouvriers agricoles, des transporteurs et des apprentis. Dans de nombreux villages, la paysannerie, toujours récalcitrante devant la menace de la conscription, réussit à éviter le service militaire, et les recrues locales se composent en conséquence de journaliers, de forgerons et de charpentiers. Le notable supervise le recrutement mais il est peu probable qu'il serve lui-même. Par exemple, Pierre Reynier, officier municipal de Ceyreste, près de Marseille, enrôle neuf hommes pour la levée des 300 000 : cinq ouvriers de ferme, un charretier, un berger, un valet et un ancien matelot, mais il ne propose pas son propre nom [23].

Plus intéressante encore est la liste complète des enrôlements de 1792 qui subsiste pour le district de Lyon-Campagnes, les communes rurales du Lyonnais. Dans cette région, les recrues reçoivent une prime de 80 à 120 livres et l'énumération de leurs occupations, 243 en tout, reflète fidèlement les tâches accomplies par les petites gens de la région. Travailleurs agricoles : 127, soit 51 pour cent, comprenant des vignerons, des laboureurs, des cultivateurs et des jardiniers. Dans une zone où l'industrie de la soie est une source d'emplois appréciable, il n'est pas exceptionnel que les ouvriers du textile soient bien représentés : 41, soit 17 pour cent. Les travailleurs du bâtiment sont moins nombreux : 15, soit 6 pour cent ; mais les cordonniers, un groupe réputé pour son engagement révolutionnaire, sont au nombre de 25. Les autres sont surtout des artisans, des domestiques ou des apprentis. Seules exceptions relevées, un étudiant en droit, un employé des postes, un acteur, un garçon de dix-sept ans qui signe dans un élan d'enthousiasme juvénile, et un homme qui se déclare « bourgeois ». Presque tous les autres sont des enfants du pays, tous très jeunes : 61, soit 25 pour cent, ont dix-huit ans, et 80 pour cent ont vingt-cinq ans ou moins. Dans le Lyonnais en tout cas, il est clair que ce sont les fils valides des ouvriers de ferme et des artisans qui s'élancent au secours de la République [24].

Dans les villes, la gamme des emplois est plus variée mais les implications sociales du recrutement sont tout aussi apparentes. De même qu'à la campagne c'est le « menu peuple » composé de travailleurs manuels qui s'engage dans l'armée. Une liste de 104 candidats recrutés à Marseille entre le 13 mars et le 11 avril 1793, en réponse à la levée des 300 000, reflète le schéma industriel de la cité [25]. Contrairement à Lyon où l'industrie de la soie est dominante, Marseille n'a pas d'activité qui déséquilibre le marché du travail. Sur les 104 hommes en question, 16 sont cordonniers et 15 employés dans le secteur du textile. Neuf sont savonniers, 3 fabricants de chandelles, 10 maçons et ouvriers du bâtiment, métiers qui souffrent d'une sérieuse récession depuis le début de la Révolution. Quatre sont « scieurs de long », les autres simples ouvriers ou apprentis tanneurs ou amidonneurs, ébénistes, chapeliers et souffleurs de verre. Marseille est une ville active, un port peuplé de nombreux immigrants qui viennent de l'arrière-pays, et ses listes de recrutement reflètent ces caractéristiques. Treize recrues seulement sont nées dans la ville, les autres viennent surtout du Sud-Est rural, de Provence, de la vallée du Rhône, du Gard, de l'Ardèche et naturellement de toute la région des Bouches-du-Rhône.

Les statistiques indiquent que le recrutement révolutionnaire comporte une forte dose d'injustice et que l'idéal d'égalité est loin de se retrouver dans les bataillons de 1793. Cette injustice est particulièrement flagrante dans le Cantal, où la misère rurale est si intense que la plupart des hommes valides sont forcés de quitter leurs villages chaque année pour chercher un travail saisonnier dans une région moins aride. Or, lorsque les quotas sont fixés, les jeunes gens de ces communes pauvres font encore la moisson dans les Pyrénées à moins qu'ils ne soient en route.

Pour un district comme Murat, le travail saisonnier est un élément essentiel de la lutte pour la survie, mais ce district se trouve placé dans une position intolérable lorsqu'il reçoit l'ordre de se conformer au quota prescrit. Plusieurs communes sont obligées de désigner des recrues en leur absence, ce qui peut provoquer d'amères récriminations à leur retour. Les villages à court de main-d'œuvre sont tentés de choisir parmi les habitants d'autres communes afin de conserver les citoyens valides de leur propre population pour les travaux agricoles. La commune de Saint-Martin-sous-Vigouroux, par exemple, choisit quatre de ses habitants sur un quota de onze et complète avec sept hommes de la campagne avoisinante, y compris un prêtre de Cézens qui leur semble le candidat idéal pour la circonstance [26].

Confronté à la même pénurie de main-d'œuvre valide, le district de Saint-Flour réclame une réduction de son quota en faisant habilement valoir que, si l'agriculture manque de bras, la famine constituera une menace aussi sérieuse que les armées ennemies pour la sécurité de la République, mais cet argument n'est pas retenu [27]. Les Cantaliens craignent surtout que leurs fils ne soient appréhendés dans les régions où ils travaillent ou qu'ils traversent, et englobés dans les bataillons du Rhône, de l'Ardèche ou du Puy-de-Dôme. Le bruit court que Paris remplit ses quotas avec des travailleurs saisonniers, et les personnalités locales dénoncent âprement de nombreux cas d'injustice.

Saint-Bonnet, dans le district de Murat, apprend avec indignation que trois hommes du village, officiellement autorisés à exercer le métier de marchands forains, sont arrêtés en route et obligés de se soumettre au scrutin. Les autorités du village notent qu'ils ont été élus parce que Clermont a la réputation de recruter son contingent parmi les travailleurs de passage [28]. Et si Saint-Martin-sous-Vigouroux est satisfait de remplir ses propres quotas avec des éléments extérieurs, il l'est moins lorsque trois de ses fils sont intégrés au bataillon de l'Aveyron [29].

L'injustice est encore renforcée par l'intérêt personnel et la malhonnêteté flagrante des fonctionnaires locaux. Dans leur désir de se soustraire au service et de l'éviter à leurs proches, les conseils municipaux et les assemblées de villageois sont capables de déformer grossièrement les intentions de la Convention. Deux gardes nationaux d'Arpajon se voient désignés bien qu'ils soient chefs de famille et, partant, exemptés d'après les termes de la loi [30]. Des travailleurs saisonniers qui ont échappé à la conscription sur leurs lieux de travail apprennent à leur retour qu'ils ont été recrutés pendant leur absence.

Il semble que les villageois aient eu pour règle de choisir

ceux qui n'étaient pas en mesure de plaider leur cause le jour du scrutin. A Junhac, dix jeunes gens des hameaux les plus éloignés de la commune expliquent à l'administration que leur isolement les a empêchés d'assister à la réunion de recrutement et que, de ce fait, ils ont été injustement enrôlés [31]. Les bouviers qui vivent dans les montagnes à l'écart de leurs concitoyens sont les premiers élus par les villageois qui redoutent que leur famille ne soit décimée. En mars 1793, treize bouviers de La Besserette déclarent qu'« il s'est formé une coalition entre les garçons de ladite paroisse pour nommer tous les garçons étrangers ». Bien que leur plainte soit certainement justifiée, le conseil municipal décrète avec aigreur que leur pétition est rejetée [32]. Après tout, il a rempli les quotas requis avec un minimum d'ennuis, et c'est là son principal objectif.

L'injustice est encore amplifiée dans les villages où le maire et les notables modifient ouvertement les listes, fabriquent des bordereaux de recrutement, ou falsifient les documents pour tricher sur les quotas. Ainsi, le maire de Saint-Etienne-de-Maurs forge une liste pour éliminer toute possibilité d'être recruté lui-même. Dans ce cas précis le district d'Aurillac indigné le suspend de ses fonctions pour un mois et demande au procureur s'il n'y a pas là matière à poursuites [33]. Mais ces sursauts d'indignation sont rares. En général les maires agissent en toute impunité, jouissant de l'admiration reconnaissante des élites locales. Les mécontents peuvent toujours se plaindre et protester contre de tels procédés, comme le fait l'auteur de la lettre suivante qui dénonce les pratiques de recrutement de Moissac :

> Le recrutement donne lieu à beaucoup d'injustice dans les paroisses, les municipalités se coalisent avec les riches propriétaires et se concertent pour désigner ou les pauvres ou leurs ennemis personnels, et par ce moyen exemptent leurs enfants, de sorte qu'en général le recrutement ne porte que sur les pauvres. Nous voilà encore, conséquemment, sous l'Ancien Régime [34].

Il est exceptionnel que ces protestations soient suivies d'effet. Avant que la législation de la conscription ne soit imposée avec toute la rigueur de la Terreur, les riches et les notables qui contrôlent la politique du village jusqu'au milieu de la période révolutionnaire continuent à échapper au service militaire. L'armée de la République est en majeure partie une armée de pauvres.

L'injustice n'est pas limitée à une seule région et elle crée un climat de malaise chez les soldats, comme chez les jeunes gens qui attendent avec anxiété le prochain tirage, et dans les familles des classes laborieuses. Le service obligatoire est une nouveauté pour les Français, une innovation qui représente un fardeau intolérable. Les rudiments d'instruction civique qui leur ont été inculqués n'ont certes pas suffi à leur faire comprendre la nécessité de ce devoir national. L'inquiétude fait bientôt place à la peur, surtout chez les jeunes de dix-huit à vingt-cinq ans, car ce sont eux qui vont avoir à supporter tout le poids de la guerre. Qui plus est, la durée du service est indéterminée, de sorte que, même quand ils ont passé l'âge de vingt-cinq ans, ils n'ont aucune chance d'être libérés de leurs obligations patriotiques. Des hommes dont le seul crime est d'appartenir à une tranche d'âge inférieure à vingt-cinq ans le 23 août 1793 sont toujours sous les drapeaux pendant les campagnes de l'an VII. Selon la terrible phrase de Gustave Vallée, leur génération est « chargée à elle seule d'acquitter intégralement l'impôt du sang [35] ».

A cette injustice révoltante viennent s'ajouter d'autres abus qui détériorent un système déjà bien imparfait — corruption locale, jalousies, vendettas, méfiance à l'égard des adversaires politiques. L'antagonisme ville-campagne s'accentue, les blessures ancestrales se rouvrent ; toutes les haines créées par le service de la milice semblent renaître. Dans une commune de la Dordogne, le scrutin se prête à une nouvelle forme de chantage, des plus profitables : moyennant une « contribution » financière ouvertement sollicitée, le donneur est assuré de ne pas être désigné pour le service [36]. A la base, le problème est simple :

> Ce qui aggrave les inconvénients de ce système, c'est que les désignations de ceux qui doivent partir sont faites par les collectivités mêmes sur lesquelles pèse l'obligation [37].

Même le plus vertueux des maires a dû prendre la mesure de la tentation qui se présentait à lui.

D'après les exemples cités, il est clair que la réorganisation de l'armée française a des implications d'une grande portée pour la masse de la population. La répugnance qu'inspirait le service militaire sous l'Ancien Régime est partiellement effacée de la mentalité populaire et les soldats acquièrent un statut qui aurait été autrefois inconcevable. Ils sont les héros de la Révolution ; ils combattent pour sauver la France et ses institutions politiques. Ils représentent la première priorité de la nation en matière d'approvisionnement et de réquisition de grains. Ils ont une position privilégiée dans les affaires de l'Etat.

Cependant, le Français ordinaire voit surtout les obligations que lui impose le service requis et les risques qu'il comporte — effondrement de l'économie domestique, ruine des familles, sans compter le danger permanent qui le menace dans sa personne. Après 1793, il n'y a guère de famille, du moins dans les classes populaires, qui n'ait un fils sur le front de la Somme ou dans l'armée des Alpes, ou un soutien embourbé dans les horreurs de la guerre de Vendée. Comme le parti communiste français est prompt à le remarquer de nos jours, l'armée est une force qui pèse lourd dans le plateau de l'égalitarisme, précisément parce que l'expérience du service militaire est largement partagée, sinon par les riches et les puissants du moins par la masse de la population. C'est aussi une contrainte supplémentaire qui intervient dans l'équilibre déjà précaire de la vie quotidienne, une contrainte pénible pour les pauvres et les mal lotis.

Le gouvernement reconnaît cet état de choses, et une grande partie de la législation de l'époque tend à diminuer les souffrances des soldats et à alléger leurs angoisses les plus chroniques.

C'est naturellement la peur de la mort et de la mutilation qui explique la répugnance de nombreux Français pour le service militaire. Comme nous l'avons vu, au XVIIIe siècle, une famille sans soutien valide est quasi certaine d'être condamnée à la misère et à la déchéance. Aussi est-il primordial que tout gouvernement de la période révolutionnaire garantisse des pensions et autres formes de sécurité aux familles qui sont à la charge des combattants, politique exigée à la fois par les nécessités de l'effort de guerre et par les impératifs humanitaires. Il va presque sans dire que le gouvernement reconnaît cette obligation et décrète que les primes payées aux nouvelles recrues seront complétées par un programme de pensions pour les mutilés de guerre et pour les femmes et enfants des soldats tués au combat. Surtout dans les premières années de la guerre, entre 1792 et la réaction thermidorienne, la démarche adoptée à l'égard de ces pensions est teintée d'idéalisme ; les politiciens s'efforcent de trouver une solution qui mettra fin à l'injustice atroce de la législation royale en vigueur, qui condamne les soldats et leurs familles à la famine, alors que la classe privilégiée des officiers bénéficie de grosses primes [38].

Dès 1793, toute la base sur laquelle les pensions sont calculées est modifiée. La somme payée à un soldat blessé, incapable de continuer à servir la patrie et sérieusement handicapé dans la vie civile, est désormais proportionnelle à la gravité de ses blessures et non à son grade dans l'armée [39]. Les pensions des veuves, jusque-là calculées en fonction de la solde de leur mari, sont elles aussi révisées ; en prairial de l'an II, Collot d'Herbois propose une loi qui fixe tous les paiements au même taux [40].

Plus radicale encore est la loi égalitaire du 6 juin 1793 : partant du principe que les blessures graves mettent fin à toute possibilité de promotion, elle décrète que tous les soldats grièvement blessés, frappés d'infirmité ou de cécité, seront automatiquement promus au rang de sous-lieutenant honoraire avec la pension de lieutenant [41]. C'est une solution d'ordre idéologique tout à fait en rapport avec le climat qui règne dans la France de l'an II et avec les nécessités d'une armée révolutionnaire. Certes, personne ne peut accuser la Convention d'indifférence à l'égard des hommes de troupe. Pendant les treize mois où ils exercent le pouvoir, les Jacobins rédigent plus de vingt-cinq rapports, lois, décrets et adresses concernant le sort des soldats ; plusieurs insistent pour que le ministère de l'Intérieur prenne conscience de l'importance du problème, et une commission spéciale est désignée pour assurer la distribution équitable des ressources en accord avec la loi [42].

Des réformes radicales sont également introduites dans les statuts et le régime de l'Hôtel des Invalides, l'institution la plus prestigieuse destinée au logement et à l'entretien des vétérans et mutilés sous l'Ancien Régime. Les gouvernements royaux ont toujours prodigué leurs faveurs aux Invalides dont ils ont fait une institution privilégiée financée par la Couronne et disposant en 1788 d'un budget de 350 000 livres, considérablement supérieur aux sommes allouées aux deux grands hôpitaux civils de la capitale, l'Hôpital général et l'Hôtel-Dieu. Il bénéficie aussi d'exemptions d'impôts, possède des liquidités suffisantes pour faire des investissements en rentes, et approvisionne une clientèle d'officiers sur une telle échelle que la Révolution le considère avec une certaine hostilité comme un centre de privilèges et non comme une vraie source d'aide aux soldats nécessiteux [43]. D'ailleurs, comme dans le domaine de l'assistance civile, la Révolution persiste dans sa méfiance à l'égard de l'assistance institutionnelle et encourage autant de vétérans que possible à accepter plutôt des pensions. Dubois-Crancé envisage même de supprimer les Invalides, mais en 1793 le gouvernement décide d'appliquer une politique de liberté de choix entre la pension à domicile et le séjour à l'hôpital.

En tout cas, le régime et le statut privilégié des Invalides sont réformés : dès 1793, les volontaires et les soldats de l'armée régulière sont admis dans l'établissement, les privilèges des officiers sont abolis, et un effort est accompli pour démocratiser l'administration de l'hôpital. A cette fin, il est décidé que les administrateurs seront élus par les invalides eux-mêmes. Comme le dit Isser Woloch, l'institution doit devenir une « cité » modèle ayant en charge quatre mille vétérans dont deux milles sont résidents [44]. Sous les Jacobins, les conditions de vie et d'alimentation sont les mêmes pour tous et les invalides peuvent bénéficier d'une certaine forme d'enseignement de base qui pourra leur permettre de se réadapter aux exigences de la vie civile lorsqu'ils seront rendus à la société [45]. C'est une transformation hardie, typique de la vision réformiste d'un Lacuée, et pourtant, malgré ses mérites, elle est largement responsable de la désaffection généralisée et de l'esprit de révolte qui règne dans l'hôpital sous le Directoire.

La transformation est de courte durée car ni l'idéologie qui inspire l'attitude du gouvernement à l'égard des Invalides ni son souci d'assurer des pensions décentes à tous les mutilés ne peuvent survivre aux ravages des périodes thermidorienne et directoriale. Cet échec peut être mis sur le compte d'un changement dans les priorités gouvernementales et d'un manque de volonté.

Le Directoire peut rester fidèle à l'idée que l'aide aux vétérans constitue une dette nationale, mais il ne partage pas les concepts jacobins d'égalité et s'empresse de rétablir un régime différentiel fondé sur le rang et l'ancienneté des services [46]. Alarmés par l'agitation et l'indiscipline qui règnent aux Invalides, les milieux gouvernementaux soupçonnent l'institution d'être une dangereuse cellule de néo-jacobinisme. En conséquence la surveillance se resserre, et des examens médicaux minutieux sont imposés aux pensionnaires pour établir le droit de chacun à rester dans l'établissement. En l'an VI, à l'époque des élections, le gouvernement transfère les dissidents et les activistes jacobins de l'Hôtel des Invalides dans un bâtiment de Versailles pour essayer de rétablir l'ordre dans les rues de Paris [47].

Si ce changement est dicté en partie par des raisons d'ordre politique, il est dû également à de mesquines considérations d'ordre pratique. L'obligation contraignante de constituer des dossiers de demandes de pension sous-entend que le processus d'attribution traîne en longueur et que d'interminables listes de solliciteurs attendent d'être examinées. Comme le montre Woloch, en pluviôse de l'an V, alors que des pensions sont déjà accordées à 5 150 officiers, 5 250 hommes et 5 300 veuves de guerre, la décision est encore en suspens en ce qui concerne 4 500 officiers, 19 200 soldats et 10 700 veuves. Il note qu'à la veille du coup d'Etat du 18 brumaire il reste plus de 25 000 vétérans qui réclament une forme d'assistance quelconque [48]. La France révolutionnaire n'a aucune expérience d'administration sociale à cette échelle. Une fois de plus, les intentions des législateurs risquent d'être noyées sous une avalanche de paperasses.

Plus fondamental encore est le problème permanent des finances. A mesure que la guerre s'étend, le Trésor se vide et le pays doit affronter un chaos monétaire sans précédent. Même en 1793 et en l'an II, avant que les pressions de l'inflation ne se fassent sentir avec la plus grande intensité, l'application de la loi est imparfaite et aucun fonds n'est disponible, même en cas d'extrême urgence. Souvent, les paiements sont laissés à la charge des autorités municipales et sectionnaires qui doivent puiser l'argent dans la caisse noire déjà sollicitée à diverses fins. Le résultat est prévisible : dès 1793, les sommes allouées sont nettement insuffisantes et les autorités locales harcelées se voient forcées de compter sur les souscriptions publiques et les taxes exceptionnelles pour remplir leurs obligations à l'égard des soldats et de leurs familles. Au milieu des pressions qui s'exercent de toutes parts sur les deniers publics, même une cause aussi estimable que celle des victimes de guerre paraît moins capitale.

Les clubs et sections sont censés trouver l'argent des primes promises aux nouvelles recrues et les équiper pour le combat. Or, ce genre d'équipement n'est pas bon marché : dans le district de Villefranche-sur-Saône, les dépenses relatives à l'habillement et à l'armement des hommes enrôlés au printemps de 1793 varient de 240 à 320 livres suivant les communes, une somme considérable pour l'époque [49]. A Marseille, en 1792, les Amis de la Constitution réunissent 28 000 livres par souscription publique pour l'achat de 874 fusils et de 1 100 piques destinés à armer les bataillons locaux [50].

Dans de telles circonstances, le public se montre généreux mais, en période de marasme économique, cette générosité est limitée aux moyens dont il dispose et, à mesure que les mois passent et que la guerre prélève un tribut de plus en plus lourd de victimes, les appels pathétiques des nécessiteux témoignent de l'insuffisance des fonds de secours disponibles. En général, ils font état de leur patriotisme et de leur vertu révolutionnaire pour rendre leur cause plus convaincante et leur sacrifice plus irréfutable. La femme d'un boucher de la section des Arcis de Paris demande de l'argent pour pouvoir nourrir sa famille pendant que son mari se bat pour la France. Elle explique qu'elle a adopté un bébé abandonné qui autrement aurait été à la charge de la paroisse. Or, privée de l'argent auquel elle a droit, elle est obligée de le déposer aux Enfants-Trouvés [51]. La veuve de François Cigogne, médecin attaché aux bataillons de la section de l'Observatoire, implore aussi l'aide de la Convention en signalant que son mari a perdu la vie en soignant des sans-culottes blessés pendant la bataille du 10 août [52]. La requête de la citoyenne Petitjean qui a deux fils dans l'armée est d'autant plus fondée que non seulement elle a perdu son mari à la guerre, mais qu'elle a été blessée elle-même en servant la République dans sa lutte contre les rebelles de Vendée. Ces demandes et bien d'autres encore cachent de réelles souffrances que les ressources limitées de la Convention ne sont pas toujours capables de soulager.

Les femmes et les enfants des combattants souffrent autant que les soldats, même lorsque les autorités ont promis de leur verser une pension mensuelle. La rupture de cette promesse peut provoquer des heurts entre les soldats et leurs conseils municipaux qu'ils accusent de trahison et de tromperie.

Ainsi, les militaires envoyés à Cassel par la section des Lombards protestent avec vigueur parce que leurs familles meurent de faim pendant qu'ils se sacrifient pour la patrie. Comme soldats mariés, ils font valoir avec juste raison que seul le patriotisme les a incités à partir pour le front alors que des célibataires sans responsabilités familiales restent chez eux au lieu de servir la France... Cependant, le patriotisme doit être encouragé par des garanties, et la section consent à payer une somme mensuelle de 15 livres pour les femmes et de 7 livres 10 sous pour chacun des enfants. Les hommes viennent se plaindre : deux mois après leur départ, l'allocation n'a pas encore été versée et ils menacent de repartir pour Paris en dépit de l'humiliation qu'ils infligeront à leur section. Pour aggraver la situation, ils n'ont reçu ni uniforme ni l'allocation quotidienne promise et ils concluent avec mépris : « Citoyens, remplissez vos engagements comme nous remplissons les nôtres[53]. » Malheureusement, la section des Lombards n'est pas riche : il faut se rendre à l'évidence, l'engagement ne peut être tenu.

Si des difficultés d'ordre pratique viennent contrecarrer les bonnes intentions des autorités révolutionnaires sur le plan des pensions et compensations, qu'en est-il des conditions de vie des soldats eux-mêmes ? Comme toute armée en temps de guerre, les soldats de la Révolution sont à certains égards des citoyens privilégiés. Ils sont généralement mieux nourris que d'autres secteurs de la population ; des stocks de provisions sont réquisitionnés pour eux ; des chariots et des péniches sont forcés de transporter toutes sortes de denrées alimentaires vers les zones de guerre.

Malgré les plaintes concernant le manque d'uniformes et d'armement, dès 1793 et 1794, les envoyés du gouvernement se démènent pour que l'équipement essentiel soit livré : toute une nouvelle bureaucratie se met en place dans l'unique dessein d'assurer les livraisons et de faciliter les transports, ce qui ne signifie pas que les soldats ne souffrent jamais de scorbut ni de disette, ni qu'ils soient toujours convenablement logés et habillés. De nombreux rapports signalent des cas de privations et de malnutrition mais, compte tenu de la mauvaise qualité des communications et de l'efficacité de la machine d'Etat du XVIIIe siècle, la Révolution accomplit un exploit qui dépasse les prévisions les plus optimistes des contemporains en organisant une armée moderne et disciplinée avec les recrues inexpérimentées de la levée en masse.

Les plaintes régulières des soldats reflètent une réalité fondamentale que la bureaucratie révolutionnaire aurait préféré ignorer et qui est pourtant inhérente à toute l'histoire du recrutement révolutionnaire — les nouvelles recrues servent avec la plus grande répugnance et saisissent n'importe quel prétexte pour échapper à la discipline et à la vie militaire. Sans police moderne, civile ou militaire, les armées révolutionnaires sont incapables d'empêcher les évasions, et si nous sommes impressionnés par l'ampleur des réformes de l'époque et l'introduction du service militaire pour tous, nous ne devons pas oublier l'aspect secondaire de la conscription : un taux élevé de fraude et de désertion.

Le nouveau libéralisme dont la Révolution fait preuve à l'égard des soldats encourage les abus, et le commandement militaire ne cesse de déplorer que le manque de surveillance et l'absence de contrôle sapent la force des armées combattantes. Les intendants distribuent de l'argent et des passeports dont ils sont incapables de vérifier l'utilisation. Le système des primes payées à l'enrôlement conduit à de graves excès, d'autant plus que la moitié de la somme promise doit être payée d'avance avec les frais de voyage. C'est une invitation à la fraude.

De nombreux fonctionnaires, comme le procureur-syndic de Roanne, s'inquiètent du grand nombre de recrues à la mine patibulaire qui se présentent pour le service, demandent à partir aussitôt pour le front, et ne rejoignent jamais leurs unités [54]. Tel est le cas de Jean-François Vergoin, de Saint-Loup dans le Lyonnais : après avoir empoché son argent, il fait un bref détour par Tarare pour dire au revoir à ses parents, puis il déclare qu'il a été dépouillé en chemin et ne peut donc poursuivre sa route [55]. Comment les fonctionnaires harassés peuvent-ils vérifier l'exactitude de son histoire ? Les nouvelles recrues sont censées rejoindre leurs bataillons par leurs propres moyens. Mais le trajet est souvent long et dangereux dans une région sauvage, sans surveillance policière, où les tentations peuvent facilement ébranler une résolution déjà chancelante. Après avoir dépensé leur prime dans les tavernes de la route ils sont réduits à la mendicité et à la délinquance.

Tel est aussi le cas des soldats blessés qui reviennent du front, armés du précieux certificat qui leur obtiendra l'admission à l'hôpital. Les soldats qui se croisent sur les routes de France commencent à représenter un fléau pour les populations des campagnes. Les autorités militaires ont beau essayer d'obliger les hommes à suivre un itinéraire surveillé par la police, leurs efforts sont sans effet et ne réussissent pas à calmer les inquiétudes de la population locale [56].

A mesure que les demandes des officiers-recruteurs se font plus pressantes, le taux des désertions augmente. Jusqu'à l'avènement du Directoire, c'est l'un des problèmes sociaux majeurs des gouvernements révolutionnaires. La désertion est une réaction contagieuse, particulièrement dans les départements ruraux où la population est par essence hostile au service militaire. La proportion des déserteurs est difficile à évaluer — ce qui dénote un manque de contrôle de la part des autorités militaires — mais elle s'élève d'une manière sensible après 1793. Pour le fils du paysan ordinaire qui n'a pu bénéficier d'une exemption et qui manque d'argent pour s'acheter un remplaçant, la désertion est souvent le seul moyen d'échapper à la gloire méconnue de la vie militaire.

Or, il lui est facile de ne pas rejoindre son unité, de rentrer chez lui pour la moisson ou d'aller chercher refuge dans les collines qui encadrent son village natal. En l'an III, le 5e bataillon de Rhône-et-Loire, recruté dans les environs de Lyon, rapporte que quatre-vingts de ses membres sont manquants, mais l'officier ajoute que la plupart de ses conscrits sont probablement rentrés chez eux pour les mois d'hiver avec l'intention de rejoindre l'armée pour la nouvelle campagne de printemps [57]. D'autres sont moins optimistes. Sur les 71 soldats envoyés d'Aurillac à Saint-Flour au printemps de 1793, 19 seulement sont encore sous les drapeaux au milieu d'août. Quant aux autres, les autorités de Saint-Flour suggèrent avec une nuance de mépris qu'ils ont vraisemblablement regagné leurs pénates entre-temps [58].

En l'an VII et en l'an VIII, des armées entières se dissolvent, à la grande consternation des généraux. Parmi tous les hommes recrutés dans la Creuse en l'an VIII, rares sont ceux qui se donnent la peine d'obéir à l'appel — à peine 300 sur 1 314 conscrits [59]. La même année, la Haute-Loire rapporte que sur les 1 400 hommes du 1er bataillon auxiliaire, 1 087 ont déjà déserté et que 6 000 déserteurs circulent en liberté dans ce seul département [60]. Le tableau est à peu près le même dans toute la France. En l'an VIII, 6 soldats de l'Ardèche sur 333 rejoignent leur régiment à Dijon [61]. En l'an VII, dans les Landes, 60 hommes sur 1 200 sont restés sous les drapeaux après un seul jour de service [62]. La désertion est loin d'être une solution désespérée ; en fait, dans la plupart des provinces, elle est devenue la norme pour ceux qui ont eu la malchance d'être mobilisés.

Pourquoi la désertion atteint-elle de telles proportions, non seulement dans les zones les plus reculées du Massif Central et du Sud-Ouest mais encore dans les départements du Bas-Rhin et du Pas-de-Calais, aux frontières mêmes que l'armée française est obligée de défendre [63] ? C'est une question qui hante le commandement militaire et qui se heurte sans cesse aux mêmes réponses : le moral des troupes n'est pas toujours au plus haut, la discipline est parfois dure et l'encadrement inhumain.

Un rapport émanant des Basses-Alpes déclare que les conscrits du département sont souvent maltraités dans les dépôts militaires, qu'ils sont insultés et menacés, obligés de dormir dans les conditions les plus malsaines, privés du confort le plus élémentaire, et même d'eau, s'ils n'ont pas d'argent pour soudoyer leurs officiers, et il conclut : « On nous a rapporté que des esclaves trouveraient moins de rigueur chez un peuple barbare [64]. »

La Haute-Garonne se plaint aussi de l'état physique de ceux de ses fils qui rentrent après une période de service. Le département signale que bien que l'armée ait tendance à mettre les désertions sur le compte des « malveillants » et de leur propagande pernicieuse, c'est le triste état de santé des hommes à leur retour au village qui rend la propagande antimilitariste si efficace [65].

Et si les officiers les traitent mal à leur arrivée dans le bataillon désigné, les convoyeurs militaires leur ont déjà donné en route un avant-goût de ce qui les attend. Les convoyeurs sont chargés de nourrir et de transporter les conscrits, et leur cupidité est notoire : les nouvelles recrues qui traversent plusieurs départements du Sud-Est se plaignent d'être littéralement affamés ou nourris avec des aliments de si mauvaise qualité qu'ils sont impropres à la consommation humaine [66]. A mesure que l'effort de guerre s'intensifie et que le taux de désertion s'amplifie, les autorités imputent de plus en plus au voyage la responsabilité des désertions. Elles se demandent en effet si c'est uniquement par accident que tant de conscrits s'échappent la seconde nuit qui suit leur départ pour le front [67].

L'ennui, l'inconfort, les mauvais traitements sont autant de facteurs qui incitent à la désertion, mais ils ne l'expliquent pas toute. L'armée essaie d'en imputer la responsabilité à la propagande antimilitariste et aux agents royalistes et vendéens, mais à part quelques dénonciations sans fondement émanant du Calvados [68], rien ne permet de supposer que ces agents aient eu une influence autre que marginale. Dans l'Eure, les autorités notent avec orgueil que la campagne locale contre la chouannerie a suscité un véritable enthousiasme chez les paysans et que le nombre des déserteurs s'en trouve considérablement réduit [69]. Cependant, les rumeurs qui circulent dans diverses régions ont certainement un effet de dissuasion marquant — à savoir que le service est une forme de boucherie déguisée, que les autres conscrits ont déjà quitté l'armée en toute impunité, que les villageois sont prêts à offrir aide et protection aux déserteurs. C'est ce qui explique le schéma irrégulier des désertions.

Dans des villages entiers aucun candidat ne se présente, et les officiers recruteurs sont accueillis avec une sourde hostilité. Dans la Seine-Inférieure, des tracts conseillent aux recrues de résister à la conscription [70]. Dans les Basses-Pyrénées, des rumeurs se répandent comme une traînée de poudre, encourageant les jeunes gens à rester dans leurs fermes avec la bénédiction des autorités locales [71] ; dans l'Hérault, en l'an VIII, la nouvelle de graves revers en Italie se communique de village en village, ce qui a pour effet immédiat de tarir toutes les sources de recrutement [72]. Tout groupe opposé à la politique du pouvoir peut profiter de la répugnance naturelle des jeunes gens à s'arracher à leur communauté pour créer des dissensions.

D'après certains commentaires contemporains qui semblent pertinents, la décision de déserter est motivée par des craintes et des aspirations plus profondes qu'une simple aversion pour la discipline militaire. Les autorités révolutionnaires n'ont que trop tendance à trouver des raisons politiques au comportement quotidien, surtout dans une paysannerie qui ne leur inspire guère de sympathie. Le paysan vendéen qui ne se précipite pas au secours de la France est trop vite classé dans la catégorie des royalistes ou des traîtres. Il peut avoir des raisons toutes différentes comme Guérin, de Soullans, qui choisit de se retirer dans le Bocage pour rejoindre sa maîtresse et n'émerge de sa retraite qu'en l'an IV pour se marier [73].

Quelques observateurs, comme les nouveaux préfets de la période napoléonienne, sont suffisamment familiarisés avec les coutumes de la campagne pour expliquer les mauvais résultats du recrutement en fonction des mentalités locales. Ils reconnaissent que la tradition du service militaire est inexistante dans de nombreuses communautés rurales où les hommes sont attachés au sol et aux impératifs du calendrier. Selon le préfet des Landes, ils ont « une aversion insurmontable » pour le service loin de leur propre pays [74]. Exiger des paysans qu'ils traversent la moitié de l'Europe pour défendre une abstraction comme la France ou la nation est une entreprise vouée à l'échec.

Les zones rurales ont d'autres motifs d'irritation : la sous-alimentation, l'absence de bras pour les travaux des champs alors que les plus riches s'achètent des remplaçants [75]. Les conseillers et les bureaucrates locaux sont souvent parmi les premiers à réclamer des exemptions [76] et le préfet du Lot-et-Garonne n'est pas seul à mettre le mécontentement de la population sur le compte de ces injustices [77].

En écoutant les récits des soldats qui reviennent du front, le paysan peut trouver une multitude de raisons pour éviter le service et, sous l'Empire, les sommes qu'il est disposé à payer pour se soustraire à l'appel montrent à quel point il est hostile à l'idée de la vie militaire. Mais l'intérêt économique et la rancœur ne sont pas ses seules motivations. Son inexpérience de l'armée est le reflet d'une répugnance plus profonde pour le métier des armes et le changement de statut du soldat introduit par la législation révolutionnaire ne réussit guère à extirper les préjugés profondément ancrés dans la paysannerie française.

Si le paysan a des raisons précises pour éviter le service militaire, il en a la possibilité. Non seulement les officiers n'ont pas les moyens de s'assurer que les conscrits rejoignent leurs bataillons, mais l'attitude complaisante de la communauté dans son ensemble facilite les désertions. Le conscrit qui rentre au bercail reçoit de ses concitoyens un accueil chaleureux, et reprend généralement sans difficulté sa place dans l'économie rurale. En temps normal, il ne risque pas d'être tourmenté par les autorités locales et encore moins par la population.

En l'an VI, des soldats sont envoyés dans le petit village de Cayeux, en Picardie, pour débusquer les quarante-cinq déserteurs qui sont censés s'y être réfugiés [78]. Quelques-uns ont tout simplement regagné le domicile familial ou l'une de ces petites entreprises artisanales, souvent marginales ou itinérantes, qui se fondent si aisément dans la forêt et dont les patrons sont trop heureux d'embaucher un déserteur du pays. Dans l'Yonne, les entrepreneurs de maçonnerie engagent régulièrement de jeunes déserteurs dans leurs chantiers et carrières [79]. En l'an VI, à Saint-Igny-de-Vers (Saône-et-Loire), une cinquantaine de nouveaux bûcherons sont embauchés dans l'une des zones forestières les plus impénétrables, des hommes qui viennent des hameaux environnants et, d'après un rapport officiel, ils forment « un rassemblement armé dans la forêt [80] ».

Les autorités militaires sont incapables de lutter contre les traditions séculaires de la France rurale. Ces déserteurs n'ont aucune peine à trouver du travail dans les équipes de forestiers qui expédient du bois de flottage de certains départements comme la Nièvre sur la capitale [81]. Ils peuvent facilement échapper aux recherches en passant les limites départementales et même, dans les Pyrénées, la frontière franco-espagnole. Paysans, journaliers et contrebandiers utilisent ce passage depuis des générations et connaissent chaque col et chaque cachette de la région [82].

En réalité, la désertion n'est pas nécessairement associée à des années de misère passées dans la crainte constante du châtiment. Pour beaucoup, c'est un retour à la vie rurale sous la protection des fermiers pour lesquels ils travaillent [83]. Dans certains cas, trop fréquents pour constituer une exception, des groupes de déserteurs prennent part aux bals champêtres, courtisent les filles et font la fête dans les tavernes [84].

Les déserteurs sont aidés par la complicité de nombreux maires et conseillers locaux qui vivent dans les petites communautés de la France rurale et reflètent leur mentalité et leurs préjugés. Comme ils ne peuvent se permettre d'indisposer leurs concitoyens, il est évident que, pour la majorité des maires, le lien de solidarité est plus fort que celui qui les attache au gouvernement de la capitale.

Accusées d'être responsables des désertions, les autorités militaires se plaignent avec véhémence du manque de coopération de leurs homologues civils. En l'an XII, un officier rapporte que, dans le Pas-de-Calais, les déserteurs se rallient à des bandes conduites par des activistes jacobins et que les maires locaux les aident ouvertement [85]. Dans le Sud-Ouest, le général commandant la place de Bordeaux se plaint avec insistance de l'« inconcevable indulgence » des autorités civiles à l'égard des déserteurs et de la « protection presque ouverte » qu'elles leur accordent [86].

Certaines accusations sont plus spécifiques. Dans divers départements, les communes s'abstiennent tout simplement de présenter les listes de conscrits comme la loi le leur prescrit, omission qui empêche les militaires de distinguer les déserteurs de ceux qui ne le sont pas [87]. Les autorités municipales sont alternativement accusées de stupidité et de fraude. Dans le Rhône, où la plupart des maires de communes éloignées ne se donnent pas la peine de soumettre leurs listes, le préfet se hâte d'attribuer cette omission au « peu d'intelligence de la plupart des conseils municipaux [88] ». Le mépris du citadin pour le paysan est toujours présent. Pourtant, il serait naïf de mettre le comportement des maires sur le compte de la bêtise.

Il est prouvé en effet que leur abstention n'est que l'une des facettes d'une vaste opération de non-coopération dans ce domaine. Dans la Gironde, les cinquante communes qui négligent de fournir les renseignements demandés ne sont pas toutes des secteurs isolés : elles comprennent des villes comme Bourg, Blaye, Cadillac, La Réole, Sainte-Foy et Pauillac, outre les trois municipalités de Bordeaux même [89].

Ailleurs, des menaces d'émeutes et de désordres obligent les maires à refuser les informations requises. Le préfet de la Haute-Garonne doit admettre que, pendant la période napoléonienne, les parents et les proches des déserteurs forment un groupe de pression qui défie les fonctionnaires locaux collaborateurs [90].

Dans un département reculé comme la Lozère, les dossiers du ministère de la Justice font état de nombreux exemples de maires qui aident encore plus directement les déserteurs en modifiant les certificats, en forgeant des documents et même en les cachant chez eux [91]. Dans plusieurs régions, les déserteurs peuvent se fier à leurs élus locaux pour les soustraire à une éventuelle arrestation.

Cependant, la complicité des fonctionnaires locaux n'est pas la seule source de secours accessible aux conscrits dont la liberté est menacée. Les parents, les proches et les autres jeunes gens du village se groupent autour d'un déserteur qui est arrêté ou en danger de l'être, et la violence est fréquemment employée contre les gendarmes ou les militaires chargés de l'appréhender. Les cas où des prisonniers sont délivrés au cours d'un affrontement avec les forces de l'ordre sont légion dans les années 1790 et il arrive souvent que les malheureux gendarmes soient obligés de libérer leurs captifs et de prendre la fuite sous les quolibets des villageois.

Quelques-uns de ces attroupements sont des rassemblements familiaux : par exemple, en l'an VII, dans le village de Courlon (Yonne) un déserteur capturé est délivré par son frère et un certain nombre de femmes de sa famille qui s'opposent aux gendarmes [92]. Ailleurs, ce sont les jeunes du village, parmi lesquels beaucoup d'insoumis, fréquemment armés, qui affrontent les officiers — c'est le cas dans divers villages de l'Ariège où il apparaît que les rebelles s'identifient très nettement aux nouveaux appelés [93].

La violence de tels affrontements est incontestable, bien que les gendarmes qui reviennent bredouilles de leurs missions aient tendance à en exagérer les dangers — différents rapports signalent des cas d'officiers lapidés par des civils furieux, de prisonniers libérés de leur cachot ou au milieu de la route, et de gendarmes tués en essayant de cerner les déserteurs [94].

Cette vaste résistance au service militaire montre le degré de méfiance et de haine que l'armée inspire à l'ensemble de la société rurale, ce qui n'empêche pas que, pour la majorité des appelés, la Révolution est une longue période de service épuisant sur les frontières, période qui s'étend souvent aux années napoléoniennes. Aux yeux des hommes qui se battent, la désertion sur une échelle aussi massive constitue une injustice supplémentaire qui vient s'ajouter aux autres, à savoir que le système de conscription est loin d'être universel et qu'ils souffrent pour que d'autres puissent échapper à leurs responsabilités.

Nombreux sont les Français qui se souviennent avec amertume des années passées sous l'uniforme pendant les guerres révolutionnaires et napoléoniennes. De même que François Bellardie, le héros du roman de Martial Chaulanges, ils ne peuvent oublier les pressions exercées par les autorités civiles pour les obliger à accomplir leur service ni — sous l'Empire — pardonner les menaces de damnation que laissent planer sur la tête des « insouciants » les prêtres et les évêques qui vont jusqu'à refuser les derniers sacrements aux déserteurs. Comme tant d'autres, François a perdu toute chance d'assurer une modeste prospérité à sa famille. Il a sacrifié toute possibilité de posséder sa métairie et épuisé toute son énergie au service de la France. Et pourquoi ? Traduisant en paroles ce que la plupart des paysans pensent tout bas, il ne nourrit guère de doutes :

> Six ou sept ans de jeunesse perdue !... Et tout ça parce que nous avions eu mauvaise chance au tirage et qu'il nous avait manqué trois mille francs pour payer un remplaçant [95].

Ainsi François et les garçons de sa génération ont-ils de bonnes raisons d'être amèrement déçus car le prix du salut, de la liberté et de l'indépendance reste hors de leur portée et c'est cette incapacité à réunir la somme nécessaire qui est responsable de tous les échecs et déceptions qu'ils rencontrent par la suite :

> Depuis l'âge de dix-huit ans je n'ai jamais été mon maître. Et tout ça parce qu'il n'y avait pas 3 000 francs à la maison... Les riches restent chez eux, mais toi, bon pour partir à l'armée ! Là-bas plier, toujours plier [96].

Conclusion

Il convient d'évaluer le bilan des succès et des échecs de la politique d'assistance révolutionnaire avec une certaine circonspection. Si l'on considère sa valeur nominale, son œuvre législative est incontestablement impressionnante, à la fois pour les réformes introduites et pour les pensions votées. Les rapports et les débats du Comité de Mendicité reflètent l'optimisme délirant d'un siècle éclairé à mesure que les députés entreprennent de résoudre les problèmes sociaux au moyen de méthodes législatives uniformes. Si nous devions juger les réalisations de la Révolution à l'aune de ses intentions et de ses décrets, nous serions en droit de nous féliciter de ses initiatives humanitaires et de proclamer que la politique de la Révolution a apporté une contribution majeure au progrès humain dans le plus négligé des domaines.

Cependant, cet ouvrage s'intéresse moins aux lois et aux intentions qu'aux résultats et réalisations pratiques, ou à l'incidence réelle des décrets bien intentionnés sur la vie des pauvres et sur les institutions qui s'en occupent. Le texte d'une loi se révèle trop souvent insuffisant, car il existe un abîme entre les espoirs et les réalisations, d'autant plus que l'enthousiasme de 1790 et 1791 a été cruellement anéanti par le terrible hiver de *Nonante-cinq* qui a conduit tant de malheureux affamés au bord du suicide. Etant donné la misère qui règne pendant les périodes thermidorienne et directoriale, on peut être tenté d'adhérer, momentanément du moins, à la thèse de Léon Lallemand qui voit dans la Révolution française un désastre total pour les pauvres [1].

L'humanitarisme éclairé semble déjà démodé et dépourvu de tout réalisme, tandis que les pauvres luttent pour survivre et que les hôpitaux sont obligés de recourir aux expédients les plus avilissants pour rester ouverts. Le beau rêve des physiocrates et de La Rochefoucauld-Liancourt semble s'être transformé en affreux cauchemar.

Il est certain que les pauvres de la fin des années 1790 ne sont pas plus heureux en dépit des droits et privilèges que la Révolution leur a conférés. Jamais autant de mesures n'ont été prises au nom des couches populaires, et sous le prétexte de leur intérêt. Pourtant, ces réformes ne leur ont guère apporté de bienfaits. Ils ont obtenu des droits civils, la fin de privilèges dont jouissaient les autres Français, des dispositions législatives qui n'ont guère d'effet sur leur existence marginale. Le droit de vote, la citoyenneté, la doctrine de l'égalité n'ont que peu d'intérêt pour des gens trop pauvres, trop vulnérables pour comprendre leurs implications. Même les grandes réformes sociales concernant les campagnes ne profitent pratiquement pas à la section la plus pauvre de la communauté rurale.

Certes, le pouvoir seigneurial est aboli et, avec lui, les exactions féodales de l'Ancien Régime, mais il est remplacé par un nouveau système de contraintes économiques et sociales qui repose sur les rapports d'argent et sur les relations entre une nouvelle génération de fermiers capitalistes et les ouvriers agricoles qu'ils emploient [2]. Les octrois et droits de péage sont supprimés et les pauvres tirent un avantage passager de cette suppression, mais la vie qu'ils mènent sous la Révolution ne correspond sûrement pas aux espoirs qu'ont éveillés les festivités qui président à l'installations de l'Assemblée nationale et à la chute de la féodalité. La fameuse vente des biens nationaux n'améliore guère le sort des pauvres car, dans de nombreuses régions, seuls les riches peuvent en tirer profit [3].

Contrairement aux espoirs suscités par la prise de la Bastille, les impôts sont non seulement maintenus mais augmentés, car il faut payer le tribut de la guerre et les dépenses supplémentaires de l'administration intérieure. Le maximum apporte des avantages à court terme aux pauvres ruraux, de même qu'à leurs homologues citadins, mais ces avantages sont bientôt annulés et, après Thermidor, le propriétaire-fermier et l'ouvrier agricole sans terre sont tous deux frappés par des taux d'inflation implacables qui menacent d'ébranler l'équilibre précaire de leur économie domestique.

A la fin de la décennie, les pauvres ont maintes raisons de penser que la Révolution qu'ils ont vécue n'est pas la leur mais une révolution destinée à favoriser les intérêts des bourgeois, des villes, de Paris, de toutes sortes d'individus qui n'ont aucune idée de leur misérable condition.

De plus, la Révolution exige d'eux un tribut trop lourd. Comme nous l'avons vu, c'est aux couches les plus pauvres de la société, aux éléments les moins aptes à défendre leurs intérêts, que les politiciens s'adressent pour remplir les bataillons de l'armée, ce qui a sur l'économie rurale un effet désastreux ; le rendement baisse et les petites propriétés ne sont plus rentables sans les bras qui accomplissent le gros du travail. De ce fait, les rangs des paysans pauvres grossissent régulièrement. Pour de nombreuses familles, le sacrifice exigé va bien au-delà de la participation à la guerre. Elles sont aussi appelées à renoncer à leur rêve d'indépendance.

Ce n'est d'ailleurs pas tout. La Révolution est un événement politique et, pendant toute la période révolutionnaire, les individus sont jugés en fonction de critères politiques et d'un certain degré d'engagement conforme à l'état d'esprit qui règne à l'époque. Surtout après 1791, tout prend une connotation politique et la moindre déviation de l'orthodoxie révolutionnaire entraîne une possibilité de dénonciation, de surveillance et, dans les cas extrêmes, de poursuites judiciaires.

Pour ceux qui sont conscients de la menace, cette situation présente déjà de graves dangers, mais pour la masse des pauvres qui ne sont au courant des événements que par les bruits qui circulent dans le village ou par la dernière harangue prononcée au coin de leur rue, le danger est beaucoup plus insidieux. Les travailleurs sont généralement traités avec une certaine indulgence par les tribunaux révolutionnaires qui sont tout disposés à croire qu'ils se sont laissés égarer par des hommes plus instruits qu'eux. Il n'en reste pas moins vrai que de nombreux condamnés sortent des rangs des pauvres, ignorants en matière de politique [4]. Il est tellement facile de commettre une erreur grave, et même fatale.

Le chômeur qui essaie de gagner quelques sous en vendant des journaux sur un pont de la Seine peut être compromis pour avoir distribué la littérature de la faction politique hostile au gouvernement en place. Le valet de ferme au bord de la famine à la fin de l'année agricole risque l'inculpation de haute trahison pour s'être opposé aux réquisitions militaires s'il attaque un convoi de blé ou vole du grain dans une péniche. Le maçon parisien qui critique sans réfléchir le régime ou déplore les récentes augmentations de prix en vidant un verre au cabaret — l'un des rares plaisirs de la vie qui lui reste sous la Révolution — peut être inculpé du crime odieux d'aristocratie. En Vendée et dans les régions de rébellion fédéraliste, un pauvre peut être incité par intérêt ou par loyalisme personnel à porter les armes contre la République, un crime passible de la peine de mort en l'an II.

Le danger d'arrestation est toujours présent : sur 14 000 victimes de la Terreur étudiées par Donald Greer, 28 pour cent sont des paysans et 31 pour cent des travailleurs urbains — une proportion très élevée pour une Révolution qui se donne pour mission de parler au nom des Français ordinaires [5]. C'est d'autant plus aberrant que le domaine de la discussion politique dépasse le cadre de leurs soucis quotidiens, de sorte qu'ils ne sont pas armés pour affronter les questions qui se posent à eux pendant les années révolutionnaires.

Si le bouleversement général créé par la Révolution et la nouvelle politique libérale n'a guère amélioré le sort du paysan, quel jugement peut-on porter sur les mesures plus spécifiquement sociales tendant à éliminer la pauvreté ? Le schéma qui émerge dans chacun des domaines examinés — hôpitaux, pensions, assistance à domicile, ateliers, enfants trouvés — est remarquablement consistant et donne matière à certaines observations d'ordre général.

Avant tout, les solutions proposées par la Révolution n'ont rien de très nouveau. Le Comité de Mendicité et ses successeurs puisent dans l'expérience des vingt ou trente années précédentes, dans les projets de réformes des physiocrates et les exposés adressés par les administrateurs d'hôpitaux éclairés aux sociétés compétentes. A maints égards, le changement révolutionnaire n'est que le prolongement de réformes précédentes, de même que les attitudes révolutionnaires à l'égard des pauvres sont fondées sur les idées du XVIIIe siècle. Les problèmes des hôpitaux et des dépôts de mendicité se posaient certes déjà dans les dernières années de l'Ancien

Régime. Malgré toute la rhétorique, le changement institué après 1789 dans la plupart des secteurs sociaux ne mérite guère le qualificatif de « révolutionnaire ».

L'unique grand progrès accompli réside dans l'intérêt que prête le gouvernement aux propositions de réformes et dans son désir d'élaborer des programmes sociaux ambitieux. La réaction des gouvernements du XVIIIe siècle avait toujours été hésitante et sporadique, répondant à des crises individuelles au lieu d'entreprendre des changements majeurs. Longtemps avant 1789, la charité privée et religieuse s'était révélée insuffisante par rapport aux besoins des indigents ; pourtant les gouvernements royaux semblaient peu enclins à pallier cette insuffisance. Ce sont les administrations révolutionnaires, de l'Assemblée nationale à la Convention, qui commencent à s'attaquer énergiquement au problème, acceptant de vastes responsabilités auxquelles leurs prédécesseurs s'étaient soustraits. Leur concept de la bienfaisance en tant que droit reconnu aux citoyens indigents est un tribut à leur rationalisme et à leur esprit humanitaire. Leurs divers programmes de sécurité sociale, subordonnés à la nature des besoins et répartis avec équité dans tout le territoire français, sont à la fois ambitieux et originaux.

En 1795, il est évident que ces projets vont à vau-l'eau, mais l'idéal qu'ils reflètent ne doit pas être dénigré. L'œuvre du Comité n'est pas dédaignée et l'innovation est récompensée. Les premiers programmes de pensions essaient de définir les zones les plus défavorisées, et le Grand Livre de bienfaisance marque un effort original pour établir un équilibre entre les villes et la campagne, les pauvres qui peuvent être soignés à domicile et ceux qui ne peuvent être traités qu'à l'hôpital. Le système d'allocations, quelles qu'aient été ses lacunes, présente l'inestimable avantage de distribuer de l'argent aux régions et aux hôpitaux les plus défavorisés.

Grâce à ses commissions d'enquête, le Comité peut soulager les îlots de misère plus équitablement que ne pouvaient le faire les monastères ou les fonds de secours du XVe siècle. Les gouvernements de 1793 et de l'an II ont plus de poids que ceux de l'Ancien Régime pour obtenir des informations sur les dommages causés par les intempéries. Dans les premières années de la Révolution, avant que l'argent ne manque et que d'autres priorités ne deviennent trop pressantes, les subventions accordées aux hôpitaux et aux conseils municipaux semblaient apporter une certaine qualité de soins aux vieillards et aux malades. En outre, le niveau des pensions allouées aux pauvres méritants surpassait de beaucoup le produit des bonnes œuvres et des legs du XVIIIe siècle.

C'est après que vient le tournant. Sous la Convention, les fonds s'épuisent, les subventions arrivent au compte-gouttes, et l'assistance de l'Etat — si précisément définie par la loi du 23 messidor an II — suit une courbe descendante. Les Jacobins persistent à croire à ce système de sécurité sociale, mais ils n'ont pas les moyens de le financer.

Avec l'arrivée au pouvoir des Thermidoriens et le démantèlement progressif de l'Etat jacobin, la volonté politique disparaît et le projet d'une assistance financée par l'Etat est voué à l'échec. Sous le Directoire, les hôpitaux reprennent progressivement leur autonomie et assument de nouveau leurs responsabilités financières. Avec le rétablissement de l'octroi, le dernier vestige de responsabilité du gouvernement central est supprimé et les trésoriers locaux, désorientés par les changements rapides qu'ils ont vécus, ne peuvent qu'essayer de reconstituer leurs fonds dispersés. Les hôpitaux se remettent lentement sur cette base, mais de nombreux programmes de pensions, les ateliers et tous les aspects de l'assistance à domicile sont condamnés à des restrictions et souvent à l'extinction. Sous le Consulat et l'Empire, le ton de la politique de l'assistance redevient pragmatique : les entreprises ambitieuses du début des années 1790 restent à l'état de projet.

Pourquoi l'idéal jacobin, l'Etat-Providence de La Rochefoucauld-Liancourt et de son Comité, ne répond-il pas aux espérances qu'il a fait naître ? L'économie du laisser-faire des Thermidoriens l'a peut-être enterré mais ses lacunes apparaissent avant la chute de Robespierre. La guerre ne peut expliquer complètement ses déficiences.

En 1790 et 1791, les erreurs fiscales du nouveau régime sont déjà visibles. Le produit des impôts, si essentiel au succès de ces projets, baisse dans des proportions considérables avec le départ des riches émigrés et l'abolition des droits féodaux. Les ventes forcées de biens nationaux, la mainmise sur les terres du clergé, l'émission d'assignats sont autant d'opérations nécessitées par l'insuffisance de l'apport fiscal et par la répugnance compréhensible de la communauté bancaire et des prêteurs de devises étrangères à risquer leurs capitaux dans une aventure incertaine. Les contributions exceptionnelles imposées aux riches ne remplacent pas un revenu stable et une infrastructure économique saine.

Les emprunts forcés et les donations patriotiques ne peuvent compenser les mauvaises récoltes et les pertes de production dues soit au recrutement par l'armée de la main-d'œuvre essentielle, soit à la crise économique causée par la guerre, soit encore aux troubles politiques qui sévissent sur une grande partie du territoire. A la vérité, les révolutionnaires n'ont jamais réussi à relancer l'économie de manière à produire le niveau de richesse requis pour que leurs rêves ambitieux puissent se réaliser.

Le manque d'argent n'est pourtant pas le seul obstacle à une action efficace dans le domaine de l'assistance publique ; la Révolution doit aussi surmonter les déficiences inhérentes aux méthodes qu'elle choisit d'adopter. Virtuellement, tout le changement doit s'opérer par la législation, au moyen de décrets émis au centre et imposés d'une manière équitable à l'ensemble du pays. Comme nous l'avons vu à plusieurs reprises, le gouvernement ne consulte les organismes locaux que pour obtenir des informations sur le niveau de misère et évaluer le degré d'intervention que cette misère nécessite. Les autorités locales et les institutions charitables ne sont pas censées participer à l'élaboration de la politique, pas plus que les administrateurs des hôpitaux ne sont encouragés à faire preuve d'initiative en ce qui concerne les cas qui leur sont présentés. Ils doivent s'en tenir au rôle d'exécutants. Décisions et politiques sont adoptées à Paris au nom sacré de l'égalité et non laissées à la merci de la population locale de Privas ou de Perpignan.

Les gouvernements révolutionnaires croient au pouvoir universel de la loi et ils l'utilisent comme un instrument de politique sociale sur une grande échelle. La législation libère la paysannerie des privilèges féodaux et de la juridiction seigneuriale ; de nouvelles lois sont promulguées pour permettre de lever, d'entretenir et d'équiper une armée de conscrits ; d'autres lois sont nécessaires pour établir le prix maximum des denrées alimentaires, réquisitionner les bâtiments destinés à augmenter la capacité des services hospitaliers, organiser le cantonnement des soldats, ouvrir des ateliers pour les déshérités, attribuer des pensions aux indigents et aider les pauvres à surmonter les difficultés de l'économie du marché libre. Par le moyen de la législation, une succession de gouvernements cherche à persuader la population que la charité est un concept paternaliste qui a été enterré avec les autres maux de l'Ancien Régime et qui doit être remplacé par la bienfaisance, un devoir national ayant pour but de venir en aide aux malheureux incapables de joindre les deux bouts. Laborieusement, le comité nommé par la Convention accumule des rapports massifs et recueille des statistiques locales pour pouvoir résoudre les problèmes sociaux au moyen d'un code de lois.

Cependant la législation qui en résulte, universaliste dans sa conception, ne tient pour ainsi dire aucun compte des conditions régionales et des besoins particuliers. La même panacée est appliquée aux hôpitaux de la capitale et aux hospices de petites villes comme Brioude et Issoire, qui doivent pourvoir à toutes les éventualités de l'année agricole dans les montagnes d'Auvergne. La solution législative peut être brutale et insensible, ignorant les protestations locales et écartant les opinions des fonctionnaires locaux au nom du progrès et de l'égalité des chances pour tous. C'est là une déficience toujours implicite dans une république dominée par des hommes de loi.

Sans financement et indifférente aux conditions de vie régionales, une législation charitable ne peut être entièrement satisfaisante et les réalisations pratiques des révolutionnaires ne sont jamais à la hauteur de leurs idéaux. D'abord, le niveau de redistribution de l'impôt obtenu par le changement de fiscalité, par l'abolition des droits féodaux et la vente des biens nationaux, est très limité, du moins en ce qui concerne les paysans les plus pauvres [6]. Pour eux, le soulagement de la misère dépend du succès des nouveaux programmes de pension et de la nouvelle législation des hôpitaux.

Mais cette législation est souvent confuse et mal appliquée. Comme nous l'avons maintes fois noté, les projets d'assistance se heurtent fréquemment à des objectifs politiques plus généraux et, dans ce cas, ce sont souvent les pauvres et les infirmes qui se trouvent sacrifiés. Ainsi, l'abolition des droits féodaux a l'effet imprévu de détruire la base économique de nombreuses institutions charitables, exactement comme les décrets anticléricaux du début de la Révolution provoquent une crise aiguë dans le personnel des hôpitaux. Aux frontières, les exigences et les pertes de la guerre imposent un effort supplémentaire aux services hospitaliers, au moment précis où les embarras financiers du gouvernement vont les priver de fonds et des denrées les plus élémentaires.

Comme tous les gouvernements, ceux des années 1790 doivent choisir entre des priorités rivales, et les vieillards, les malades, les faibles d'esprit sont sacrifiés à des obligations plus pressantes — aux contraintes commerciales et au Maximum, à la purge des suspects et à l'installation du gouvernement révolutionnaire, à la déchristianisation et à la réquisition et, par-dessus tout, à l'effort de guerre. Toutes ces priorités nécessitent beaucoup d'argent, de l'argent pour lequel le budget social doit lutter, et il faut admettre que le vieillard, et le pauvre malade ne peuvent constituer un groupe de pression très efficace. Ils perdent non par manque de volonté, du moins pendant la période jacobine, mais parce qu'ils cessent de représenter l'un des problèmes les plus urgents qui se présentent à un gouvernement harcelé de toutes parts.

Avant tout, ils ont perdu à cause des déficiences de la bureaucratie révolutionnaire. Pour apporter une solution législative aux problèmes de la pauvreté il faut avoir les moyens d'imposer cette législation, de réaliser cette égalité de fait promise par les décrets du gouvernement. Il faut une structure administrative d'Etat moderne, une législation à l'échelon national et un rythme bureaucratique régulier, inconnu au XVIIIe siècle et impossible à assurer dans le tumulte politique de la décennie révolutionnaire. Même à l'apogée de la Terreur, les Jacobins ne peuvent concrétiser toutes leurs ambitions centralistes, car ils ne disposent d'aucune assise assez solide pour construire leur édifice.

Les tribunaux composés de citoyens politiquement dignes de confiance ne peuvent se substituer à une magistrature établie qui rend la justice sur la base d'une tradition respectée de tous. Le respect de la loi ne peut être inculqué en permanence par la vue d'une « guillotine ambulante » dressée sur la place du village, ni par l'encouragement à la dénonciation de toute infraction aux causes révolutionnaires.

Les bandes d'enthousiastes qui constituent les armées révolutionnaires ne peuvent pas non plus remplacer une force de police disciplinée — pourtant la France n'aura pas de police régulière avant 1795 et sûrement aucune tradition de police générale pour assurer le maintien de l'ordre avant les premières décennies du XIXe siècle.

Les départements, districts et municipalités font bien leur travail, promulguant des décrets au niveau local et publiant des décisions qui concernent la vie de leurs citoyens. Clubs et sections contribuent à développer la notion de conscience politique chez des individus qui n'ont aucune expérience de la politique. En fin de compte, de grands progrès ont été accomplis à cette époque ; mais chez les pauvres, les illettrés et les paysans des zones rurales reculées, l'impact de la législation du gouvernement central est souvent quasi imperceptible. Si les politiciens de Paris croient qu'ils peuvent résoudre les problèmes de ces catégories de citoyens au moyen de lois et d'ordonnances administratives, ils commettent une erreur grossière.

Ce n'est pas seulement la structure d'une bureaucratie moderne qui manque à la France révolutionnaire, ce sont aussi les habitudes de communication, les traditions légales communes, le langage et les coutumes qui jouent un rôle si important dans le développement de l'unité nationale. Les révolutionnaires peuvent plaider la cause de l'Etat-nation et se vanter d'avoir donné naissance à « la nation une et indivisible », mais les slogans souvent répétés et les constantes références au nom sacré de la nation ne prouvent pas qu'un esprit national se soit déjà formé. Ils expriment plutôt une insécurité profonde, l'espoir passionné qu'un rêve est en train de se réaliser.

Certes la Révolution et les guerres révolutionnaires ont contribué à éveiller un esprit de patriotisme : dix ans d'exhortation et d'endoctrinement ne peuvent manquer de laisser leur empreinte sur le peuple français, mais ce n'est pas suffisant pour déplacer le centre d'intérêt d'une population en majorité paysanne du niveau purement local au niveau national.

Les ouvrages récents d'historiens comme Jean Vidalenc, Eugen Weber et Théodore Zeldin montrent bien que jusqu'en 1870 ce processus n'est pas encore achevé. Au milieu du XIXe siècle, la France est encore loin d'être l'Etat-nation rénové, modernisé dont rêvaient les chefs révolutionnaires. Paris peut bénéficier d'une machine administrative hautement centralisée correspondant aux aspirations des Jacobins, la

France reste un pays de vifs contrastes, fragmenté et localisé en apparence, et encore enraciné dans les traditions séculaires de la société rurale. Les paysans du Sud et de l'Ouest sont toujours intensément provinciaux dans leur mentalité bien après l'avènement de la IIIe république ; ils s'identifient plus fortement à la Bretagne, au Languedoc ou au Poitou qu'à l'entité lointaine et abstraite que la France représente pour eux [7].

Dans de nombreuses régions, le français est une langue étrangère pour la masse de la population qui ne parle qu'un dialecte et dont la mentalité paroissiale est encore intensifiée par l'influence de légendes locales et d'un patrimoine folklorique : à l'Ouest, entre Honfleur et les Sables-d'Olonne, par exemple, les histoires de chouans des années 1790 continuent à hanter l'imagination populaire un siècle après la fin de la Révolution [8].

Les contacts avec les autres provinces sont strictement limités, car les habitants des villages ne dépassent les frontières de leurs communes que lorsque la nécessité économique les y contraint. En Corrèze ou en Haute-Loire, tous ceux qui résident au-delà d'un rayon de quinze à vingt kilomètres sont considérés avec méfiance comme des « étrangers » qui ne participent pas aux affaires privées de la communauté villageoise. Les représentants de l'Etat, du monde extérieur du gouvernement et de sa loi qui s'introduisent dans leur vie, sont accueillis comme des intrus dans leur univers fermé [9]. Ce n'est pas par hasard que le service militaire est abhorré au cours de la période révolutionnaire et que les députés en mission sont si mal reçus dans les hameaux perdus d'Auvergne.

La Révolution essaie, au moyen de mesures parfois draconiennes, d'imposer une structure législative moderne, et souvent compliquée, à une société où l'ignorance est largement répandue et le sentiment national encore en gestation. C'est un objectif inaccessible. En vérité, il est surprenant qu'une œuvre aussi importante ait pu être accomplie dans des conditions aussi difficiles.

Notes

INTRODUCTION

1. M. Vovelle, *Piété baroque et Déchristianisation : les attitudes devant la mort en Provence au XVIIIe siècle.*
2. C.C. Fairchilds, *Poverty and Charity in Aix-en-Provence, 1640-1789*, p. 147.
3. L. Lallemand, *La Révolution et les Pauvres.*
4. A. de Watteville, *Législation charitable de 1790 à 1863.*
5. En ce qui concerne les études locales consultées pour la préparation de cet ouvrage, voir Bibliographie. Les archives départementales consultées sont celles des départements suivants : Bouches-du-Rhône (Marseille), Cantal (Aurillac), Charente-Maritime (La Rochelle), Cher (Bourges), Haute-Garonne (Toulouse), Gironde (Bordeaux), Isère (Grenoble), Jura (Lons-le-Saunier), Loire (Saint-Etienne), Bas-Rhin (Strasbourg), Rhône (Lyon), Seine (Paris), Seine-Maritime (Rouen), Haute-Vienne (Limoges).

CHAPITRE 1

1. E. Labrousse, *La Crise de l'économie française à la fin de l'Ancien Régime et au début de la Révolution.*
2. J.-P. Gutton, *La Société et les Pauvres — l'exemple de la généralité de Lyon, 1534-1789.*
3. C. Bloch et A. Tuetey (éditeurs), *Procès-verbaux et rapports du Comité de Mendicité de la Constituante.*

3. O. Hufton, *The Poor of Eighteenth Century France, 1750-1789.* Cette étude présente un superbe portrait des pauvres français, fondé pour l'essentiel sur des matériaux primaires mais offrant également une synthèse d'une grande partie de l'histoire sociale régionale écrite sur l'Ancien Régime en France et

notamment d'ouvrages comme ceux de Saint-Jacob et Poitrineau, Gutton et Garden. C'est une œuvre remarquable par sa chaleur et sa sensibilité, et aucun historien du paupérisme ne peut manquer de lui être profondément redevable. Le présent chapitre montre l'étendue de cette dette.

5. C. Bloch et A. Tuetey, *op. cit.*, *Cinquième Rapport du Comité de Mendicité* ; A. Mathiez, « Notes sur l'importance du prolétariat à la veille de la Révolution », pp. 504-505.

6. Les études sociales sur le XVIIIe siècle sont de plus en plus courantes en France de nos jours. Parmi les plus remarquables, citons celles de J.-P. Gutton, *op. cit.*, et de P. de Saint-Jacob, *Les Paysans de la Bourgogne du Nord au dernier siècle de l'Ancien Régime.*

7. O. Hufton, *Bayeux in the Late Eighteenth Century,* chapitre 5, notamment pp. 85-86.

8. A. Forrest, *Society and Politics in Revolutionary Bordeaux,* pp. 182-184.

9. Cité par J.-P. Gutton, *op. cit.*, p. 9.

10. M.F. Buchalet, *L'Assistance publique à Toulouse au XVIIIe siècle,* p. 17. Buchalet soutient que l'absence de concentration industrielle, à l'exception de la meunerie, dans la région de Toulouse a probablement évité une misère plus profonde.

11. R.C. Cobb, *Paris and its Provinces, 1792-1802.*

12. F. Lebrun, *Les Hommes et la Mort en Anjou aux XVIIe et XVIIIe siècles,* pp. 127-132.

13. G. Bouchard, *Le Village immobile : Sennely-en-Sologne au XVIIIe siècle,* pp. 112-113.

14. F. Lebrun, *op. cit.*, p. 289.

15. P. Higonnet, *Pont-de-Montvert : Social Structure and Politics in a French Village, 1700-1914,* p. 1.

16. S.T. McCloy, *Government Assistance in Eighteenth Century France,* notamment pp. 23-39.

17. A. Young, *Travels in France,* 1re partie, pp. 16-39.

18. P. de Saint-Jacob, *op. cit.*, pp. 478-479.

19. A. Poitrineau, *La Vie rurale en Basse-Auvergne au XVIIIe siècle,* I, p. 92.

20. O. Hufton, *The Poor,* pp. 44-48 ; F. Lebrun, *op. cit.*, pp. 270-272.

21. P. Higonnet, *op. cit.*, p. 48.

22. J. Coiffier, *L'Assistance publique dans la généralité de Riom au XVIIIe siècle,* p. 14.

23. A. Forrest, *op. cit.*, p. 194.

24. G. Bouchard, *op. cit.*, pp. 109-114.

25. O. Hufton, *The Poor,* pp. 65-66.

26. F. Lebrun, *op. cit.*, p. 281.

27. *Ibid.*, pp. 403-406.

28. Pour une étude sur le sort des travailleurs immigrés dans l'une des villes en expansion de la France au XVIIIe siècle, voir A. Forrest, *The Condition of the Poor in Revolutionary Bordeaux.*

29. Statistiques relevées dans G. Bouchard, *op. cit.*, pp. 75-76.

30. O. Hufton, *The Poor.* Le chapitre 12 contient un excellent

exposé sur les abandons et les meurtres d'enfants dans la campagne française.

31. L'essai de Richard Cobb, *A view on the Street : Eduction and Pregnancy in Revolutionary Lyon,* fournit un document révélateur sur les déclarations de grossesse des servantes à Lyon au XVIIIe siècle. L'auteur s'est fondé sur les fiches de police de la ville. Voir R. Cobb, *A sense of place,* pp. 77-135.

32. O. Hufton, *The Poor,* pp. 69-71.

33. Les ouvrages sur la charité et l'assistance institutionnelle sont nombreux. Plusieurs ont été publiés dans la période 1890-1914, et tous insistent sur l'insuffisance des fonds disponibles. Citons entre autres : C. Bloch, *L'Assistance et l'Etat en France à la veille de la Révolution* ; C. Paultre, *De la répression de la mendicité et du vagabondage en France sous l'Ancien Régime* ; F. Buchalet, *L'Assistance publique à Toulouse au XVIIIe siècle* ; H. Chotard, « L'assistance publique en Auvergne au XVIIIe siècle », *Revue d'Auvergne,* 15 (1898) ; et Y. Bézard, *L'Assistance à Versailles sous l'Ancien Régime et pendant la Révolution.*

34. Sur les migrations, voir l'étude d'Olwen Hufton, *The Poor,* pp. 69-106.

35. A. Poitrineau, *Aspects de l'émigration temporaire et saisonnière en Auvergne à la fin du XVIIIe et au début du XIXe siècle,* p. 15.

36. S. Delaspre, *L'Emigration temporaire en Basse-Auvergne au XVIIIe siècle jusqu'à la veille de la Révolution,* notamment pp. 26-39.

37. O. Hufton, *The Poor,* pp. 107-127.

38. R.C. Cobb, « La Bande d'Orgères, 1790-17999 », dans *Reactions to the French Revolution,* pp. 181-211.

39. O. Hufton, *The Poor,* p. 355.

CHAPITRE 2

1. C. Lucas, *The Structure of the Terror,* chapitre 1 ; voir aussi « Auvergnats et Forézîens pendant la mission du conventionnel Javogues », dans *Gilbert Romme et son temps,* p. 131.

2. G. Lefebvre, *La Grande Peur de 1789,* pp. 110-112.

3. A.D. Rhône, *C6 Police, 1739-1789,* rapport au chancelier concernant une émeute à Lyon, 28 novembre 1768.

4. Le rôle de l'Eglise en matière de bonnes œuvres dans l'Europe du début des temps modernes est traité ailleurs, notamment par J.-P. Gutton dans *La Société et les Pauvres en Europe (XVIe-XVIIIe siècles).* Pour la France, voir la thèse du même auteur sur *La Société et les Pauvres : l'exemple de la généralité de Lyon, 1534-1789,* et la deuxième partie de l'ouvrage d'Olwen Hufton, *The Poor of Eighteenth Century France, 1750-1789.*

5. L'importance de la présence religieuse dans les hôpitaux de l'Ancien Régime apparaît clairement dans les archives et procès-verbaux des établissements hospitaliers, notamment dans ceux de l'hôtel-Dieu de Lyon et de l'hôpital Saint-André de Bor-

deaux. De nombreuses monographies locales sur la vie des hôpitaux au XVIIIe siècle témoignent de la même influence envahissante de l'Eglise. Voir, par exemple, B. Bellande, *L'Ancien Hôpital général d'Issoire* ; M. Fortin, *La Charité et l'Assistance publique à Montbéliard sous l'Ancien Régime* ; L. Merle, *L'Hôpital du Saint-Esprit de Niort, 1665-1790* ; ou H. Desgranges, *Hospitaliers d'autrefois ; l'hôpital général de Paris, 1656-1790.*

6. M. Quétin, « L'hôpital d'Aurillac de 1649 à la Révolution ».

7. P. Loupès, « Le clergé paroissial du diocèse de Bordeaux d'après la grande enquête de 1772 ».

8. T. Tackett, *Priest and Parish in Eighteenth Century France,* p. 157.

9. P. Loupès, « L'assistance paroissiale aux pauvres malades dans le diocèse de Bordeaux au XVIIIe siècle ».

10. J. McManners, *French Ecclesiastical Society under the Ancien Regime : a Study of Angers in the Eighteenth Century,* chapitre I.

11. A.N., F[15] 1861, lettre du département de la Lozère, 4 avril 1793.

12. M. Vovelle, *Religion et Révolution : la déchristianisation de l'an II.*

13. M. Vovelle, *Piété baroque et Déchristianisation en Provence au XVIIIe siècle,* pp. 230 et suiv.

14. A.N. F[15] 138, Mémoire (non daté) du règne de Louis XVI, dépôt de Carcassonne.

15. A. Forrest, *Society and Politics in Revolutionary Bordeaux,* pp. 10-11.

16. Cité dans J. McManners, *The French Revolution and the Church,* p. 9.

17. Les exemples qui suivent sont tirés de l'ouvrage de P. Coubert et M. Denis (éditeurs), *1789 : les Français ont la parole,* pp. 175-181.

18. S.T. McCloy, *The Humanitarism Movement in Eighteenth Century France,* pp. 1-4.

19. Voir, par exemple, P. Barrière, « Les académies et la vie intellectuelle dans la société méridionale au XVIIIe siècle ».

20. J.-P. Gutton, *La Société et les Pauvres : l'exemple de la généralité de Lyon, 1534-1789,* pp. 425-429.

21. O. Hufton, *The Poor of Eighteenth Century France,* p. 194.

22. Voltaire, *Lettres philosophiques,* 20.

23. Turgot, article sur les « Fondations » dans l'*Encyclopédie.*

24. J. Necker, *De l'administration des finances de la France* (1784) III, pp. 160-161.

25. H. Grange, *Les Idées de Necker,* pp. 185-186.

26. A.D. Gironde, 12L3, Section 5 (Simoneau), minute du 10 mai 1793.

27. G. Le Trosne, *Mémoire sur les vagabonds et sur les mendiants.*

28. Du Pont de Nemours, *Idées sur les secours à donner aux pauvres malades dans une grande ville* (1786), p. 16.

29. G. Le Trosne, *op. cit.,* pp. 63-68.

30. O. Hufton, *op. cit.*, p. 180.
31. A.D. Seine-Inférieure, C2284, déclaration royale du 3 août 1764.
32. C. Bloch, *L'Assistance et l'Etat en France à la veille de la Révolution*, pp. 157 et suiv.
33. O. Hufton, *op. cit.*, p. 222.
34. Ballainvilliers, *Mémoire sur le Languedoc - hôpitaux* (MS Montpellier, 1788), p. 246.
35. *Ibid.*, p. 243.
36. J.-C. Gorjy, *Mémoire sur les dépôts de mendicité*, pp. 3-4.
37. Montlinot, *Etat actuel du Dépôt de Soissons*, pp. 1-4.
38. A.D. Jura, L861, rapports au département sur les effets des désastres naturels, 1790-1791 ; Arch, mun. Le Havre, F^{28}, rapport du 13 mars 1790.
39. A.D. Gironde, 4L133, décret du département, 6 août 1793.
40. L. Lallemand, *La Révolution et les pauvres*, en fournit une bonne illustration.
41. *Le Moniteur*, 32-33, séance du 3 août 1789, discours de Malouet.
42. F. Dreyfus, *L'Assistance sous la Législative et la Convention, 1791-1795*, p. 16.
43. C. Bloch et A. Tuetey (éditeurs), *Procès-verbaux et rapports du Comité de Mendicité de la Constituante, 1790-1791*, p. IX.
44. F. Dreyfus, *La Rochefoucauld-Liancourt, un philanthrope d'autrefois.*
45. Parmi ses écrits les plus importants citons trois pamphlets qui sont inspirés par son expérience de Soissons : son discours sur *Les Moyens de détruire la mendicité dans la ville de Soissons ;* une brochure sur l'*Etat actuel du Dépôt de Soissons, précédé d'un essai sur la mendicité ;* et ses *Observations sur les Enfants trouvés de la généralité de Soissons.*
46. C. Bloch et A. Tuetey, *op. cit.*, 2e partie.
47. A. Poitrineau, « Aspects de l'émigration temporaire et saisonnière en Auvergne à la fin du XVIIIe et au début du XIXe siècle », p. 37.
48. A.N. F^{16}967, *Tableaux de population et de mendicité*, rapport pour Rodez (Aveyron), 1791.
49. A.N. F^{16}968, *Tableaux de population et de mendicité* pour Paris ; Arch. municipales Bordeaux, L66, L67, *Secours aux indigents ;* listes de distribution des fonds de secours dans les sections de la ville.
50. A.N. F^{16}966, *Tableaux de population et de mendicité*, Evreux (Eure).
51. A.N. F^{16}966, *Tableaux de population et de mendicité*, Tarascon (Ariège).
52. A.D. Gironde, 7L97, District de Cadillac, rapport sur les vieillards indigents, 5 prairial II.
53. A.N., F^{15}1861, rapport du département des Hautes-Pyrénées, 1791.
54. A.N., F^{15}1861, rapport intitulé « Etat de population et de mendicité » soumis au Comité de Mendicité, 1791.

55. A.N., F^{16}967, *Tableaux de population et de mendicité,* rapport pour le district de Marseille (Bouches-du-Rhône).
56. Liancourt, « Plan de travail du Comité pour l'extinction de la mendicité », en date du 21 janvier 1790, dans Bloch et Tuetey (éditeurs), *Procès-verbaux et rapports du Comité de Mendicité de la Constituante, 1790-1791,* p. 311.
57. *Ibid.,* p. 315.
58. Arch. Chambre de commerce de La Rochelle, carton I, dossier 15, *Mémoire de la part des administrateurs de l'Hôpital de La Rochelle,* présenté à la Chambre de commerce (non daté).
59. C. Bloch et A. Tuetey, *op. cit.,* p. 379.
60. *Ibid.,* pp. 377-378.
61. A.N., A.D.XIV^{9}, Jean-Baptiste Bô (Aveyron), *Rapport et projet de décret à la Convention,* an II.
62. A.N., AD.I^{88}, rapport de Jourdain (Ille-et-Vilaine), 4 vendémiaire VIII.
63. A.N., AD.I^{88}, rapport de Bertrand (Calvados), 1er germinal VII.
64. A.N., AD.I^{88}, rapport de Baudin (Ardennes), 6e jour complémentaire VII.
65. A.N., AD.XIV^{9}, rapport de Bô, *op. cit.*
66. A.N., F^{7}3035, lettre d'un notaire de Gap au président des états généraux, 18 décembre 1789.
67. A.N., AD.I^{88}, rapport de Chabot (Allier), non daté.
68. A.N., AD.I^{88}, rapport de Porcher (Indre), 11 vendémiaire VIII.
69. A.N., AD.I^{88}, rapport de Chabot, *op. cit.,* p. 2.
70. A.D. Seine-Inférieure, C2111, *Procès-verbal des séances de l'assemblée provinciale de la généralité de Rouen pour 1787.*
71. C. Bloch et A. Tuetey, *op. cit.,* rapports du Comité de Mendicité, *passim.*

CHAPITRE 3

1. P. Loupès, « L'hôpital Saint-André de Bordeaux au XVIIIe siècle ».
2. J.-P. Gutton, *La Société et les Pauvres,* p. 9.
3. Arch. hôtel-Dieu Lyon, F.^{HD}.227, registre des malades pour 1793.
4. A.D. Loire, 844L, *Tableau de la maison d'hôtel-Dieu de Saint-Etienne,* 28 novembre 1790.
5. C. Bloch et A. Tuetey (éditeurs), *Procès-verbaux et rapports du Comité de Mendicité de la Constituante.*
6. *Ibid.,* pp. 564-565.
7. A.D. Haute-Garonne, L4066, lettre du Comité de Mendicité, 23 août 1791.
8. A.N., F^{15}436, *Revenus des hôpitaux avant la Révolution,* cas de l'hôtel-Dieu de Sens (Yonne).
9. Arch. mun. Saint-Etienne, 3Q249, *Etat de revenus et de dépenses de l'hospice de Saint-Etienne,* an VIII.
10. C. Jones, *Poverty, Vagrancy and Society in the Montpellier*

region, 1740-1815, p. 296 ; voir aussi le tableau des revenus pour 1764, admis par 957 hôpitaux dans leurs rapports au Comité de Mendicité, dans C. Bloch et A. Tuetey, *op. cit.,* pp. 564 et suiv.

11. A.D. Gironde, 10L101, district de Libourne, comptes rendus des hôpitaux pour 1791.

12. C. Bloch et A. Tuetey, *op. cit.,* pp. 564 et suiv.

13. A. Tuetey, *L'Assistance publique à Paris pendant la Révolution : documents inédits,* III, pp. 256-257.

14. *Ibid.,* p. 5.

15. *Ibid.,* pp. 218-219.

16. A.N., AD.XIV[8], décret du 9 ventôse X concernant un legs de 1785 aux hôpitaux d'Agen (Lot-et-Garonne).

17. A.D. Gironde, 11L31, Bordeaux-Intra-Muros, *Etat général des hospices de Bordeaux,* pour le mois de prairial V.

18. A. de Watteville, *Législation charitable,* I, p. 1.

19. *Ibid.,* p. 3.

20. *Ibid.,* p. 8.

21. C. Bloch et A. Tuetey, *op. cit.,* pp. 568-569, appendice 1.

22. A.D. Haute-Vienne, L373, liste des pertes subies par l'hôpital général Saint-Alexis de Limoges, 8 janvier 1793.

23. A.N., F[15]260, lettre de l'administration de l'hospice Saint-André, Gaillac (Tarn), 17 janvier 1791.

24. C. Jones, *op. cit.,* pp. 282-283.

25. Arch. hôtel-Dieu de Lyon, E.HD·1694, 1722, 1750, 1777, 1805, 1816, 1843, 1870 et 1894, *Recettes des droits d'entrées sur les vins pour l'année 1790.* Les montants des droits levés aux diverses portes d'octroi sont indiqués sur le tableau ci-dessous :

	Livres	sols	deniers
Porte Saint-Just	647	0	1
Porte Saint-Sébastien	113	3	0
Porte de Vaise	3 216	4	9
Porte Saint-Georges	1 572	13	6
Porte du Rhône	244	2	7
Porte de l'Isle Mogniat	4 422	15	4
Port du Temple	1 874	10	1
Port de l'Abondance	3 672	0	5
Port Saint-Clair	198	11	3
	15 941	1	0

26. A.D. Rhône, 1L1137, *Rapport sur la Charité,* 1790.

27. Arch. mun. Marseille, Q[3]I, *Etat des amendes envoyées par la municipalité à l'hôtel-Dieu, 2 juillet 1790-28 janvier 1791 ;* MS., sans date.

28. A.D. Gironde, 11L31, Bordeaux-Intra-Muros, *op. cit.* ; A.D. Loire, 843L, Mémoire sur la suppression des droits féodaux et ses effets sur l'hôtel-Dieu de Feurs, 17 mars 1791.

29. A.D. Haute-Vienne, L373, liste des pertes subies par l'hôpital général Saint-Alexis de Limoges, 8 janvier 1793.
30. Arch. mun. Marseille, Q^{3}2, Mémoire de la Maison de Refuge Saint-Joseph, 2 septembre 1793.
31. A. de Watteville, *op. cit.*, pp. 9 et suiv.
32. *Ibid.*, pp. 1-3.
33. A. Tuetey, *op. cit.*, III, pp. 72, 423-424. Les décrets cités sont ceux du 2 floréal II et du 1er germinal III.
34. Arch. mun. Bordeaux, 18/25, Tustet, *Tableau des événements qui ont eu lieu à Bordeaux depuis la Révolution de Quatre-vingt-neuf jusqu'à ce jour*, p. 37.
35. A. de Watteville, *op. cit.*, pp. 32-34.
36. L. Lallemand, *La Révolution et les Pauvres.*
37. A. de Watteville, *op. cit.*, p. 32 note.
38. A.N., F^{15}294, lettre de l'hospice civil de Tarbes, 7 pluviôse V.
39. A.D. Loire, 846L, pétition de l'administration de l'hôpital du district de Saint-Etienne, prairial III.
40. A.D. Rhône, 1L1144, documents relatifs à la vente de terres appartenant à l'hôtel-Dieu aux Brotteaux, 1791.
41. A.N., AD.XIV^{7}, rapport de Chabot (député de l'Allier), 1er ventôse IX.
42. A.D. Rhône, 1L1167, lettre du conseil municipal de Lyon aux recteurs de l'hôtel-Dieu, 12 février 1791.
43. A.N., F^{15}258, lettres du conseil municipal de Saint-Mandé, en date du 3 ventôse II et du 24 pluviôse II.
44. A.D. Bouches-du-Rhône, 1L1240, lettre du ministre de l'Intérieur au département, 22 nivôse IV.
45. A.N., F^{15}1862, lettre du district de Besançon (Doubs) à la commission des secours, 13 fructidor II.
46. A.D. Rhône, 1L1150, registre du conseil municipal de Commune-Affranchie (Lyon), 8 ventôse II.
47. A.D. Loire, 844 L, *Etat des baux du prix desquels les fermiers et locataires des immeubles des hospices civils demandent la réduction*, 25 thermidor VII.
48. A.D. Gironde, 4L133, hôpital Saint-André, rapport de 1792 ; A.D. Gironde, 11L27, *Précis sur les hospices de la commune de Bordeaux*, 10 vendémiaire VIII.
49. Pour une étude détaillée du rôle des hôpitaux civils affectés aux soldats et marins français au cours de la période révolutionnaire, voir chaptire 4, pp. 66-71.
50. A.D. Haute-Garonne, L4066, liste des administrateurs de l'hôtel-Dieu (hospice Saint-Jacques) à Toulouse, 1791.
51. A.N., F^{15}1861, rapport sur les hôpitaux et l'assistance publique à Paris adressé à Jussieu en mai 1790.
52. A.D. Rhône, 3L179, district de Lyon-Campagnes, lettre de l'administration de l'hospice à l'Arbresle, 23 mai 1792.
53. A.N., F^{15}129, rapports de Nogent (Eure-et-Loir), daté du 17 nivôse VI ; d'Evreux (Eure), daté de germinal VI ; et d'Auxonne (Côte-d'Or), daté du 4 thermidor VII.
54. A.N., AD.XIV^{7}, Branges, *Rapport sur la pétition des*

ci-devant trésoriers et administrateurs de l'hospice général de N.-D.-du-Pont-de-Rhône et grand hôtel-Dieu de Lyon, p. 2.

55. A.D. Loire, 845bis L, décret de Javogues sur l'hôpital de Montbrison, 23 pluviôse II ; voir aussi C. Lucas, *The Structure of the Terror, passim.*

56. A.D. Gironde, 4L133, hôpital Saint-André, mémoire sur le personnel, écrit pendant l'année 1792.

57. A.N., F15129, rapport sur les mesures prises par le département de la Côte-d'Or pour le renvoi des prêtres attachés à l'hôpital de Beaune, 19 décembre 1791.

58. A.D. Haute-Garonne, L4066, lettre au ministre de l'Intérieur concernant le sort des aumôniers de l'hôtel-Dieu Saint-Jacques à Toulouse, 1792.

59. Arch. Assistance publique, NS. 72, *Adresse aux membres de l'Assemblée Nationale par les religieuses hospitalières de l'hôtel-Dieu de Paris* (1791).

60. Arch. hôtel-Dieu de Lyon. E.HD.18, procès-verbal de l'hôtel-Dieu, 13 décembre 1789.

61. Arch. mun. Le Havre, Q17, documents concernant la loi et les infirmières de l'hôpital municipal, 1791-1793.

62. A.N., F15129, rapport de Saint-Brieuc (Côtes-du-Nord), 16 octobre 1792.

63. Arch, mun. Toulouse, 3Q5, dénonciation des sœurs de l'hôpital Saint-Jacques de Toulouse, an V.

64. A.N., F15130, lettre du Département de la Haute-Garonne, 3 mai 1792.

65. A.N., AD.XIV8, *Adresse à Messieurs de l'Assemblée Nationale par les religieuses hospitalières de l'hôtel-Dieu de Paris,* 1791.

66. A.D. Gironde, 4L7, District de Bordeaux, procès-verbaux du 24 avril 1793.

67. A.D. Haute-Vienne, L373, pétition des citoyens de Limoges, 27 janvier 1793.

68. Arch. mun. Bazas, BB2, registre 7, procès-verbaux du 14 ventôse II et 18 messidor II.

69. A.D. Gironde, 8L70, district de La Réole, mémoire de ventôse III sur l'état de l'hôpital de La Réole.

70. Arch. mun. Le Havre, Q17, conseil municipal du Havre, procès-verbal du 9 germinal II.

71. J. Adher, *Recueil de documents sur l'Assistance publique dans le district de Toulouse de 1789 à 1800,* p. 85 note. Voir aussi le décret des députés en mission Mallarmé et Bouillerot, cité par Adher (6 vendémiaire III).

72. A.D. Haute-Vienne, L373, réponse de l'administration de l'hôpital, à la pétition du 27 janvier 1793.

73. Arch. mun. Le Havre, Q17, lettre de l'administration de l'hôpital de la ville, 10 germinal II.

74. A.D. Haute-Vienne, L373, *Observations de l'ingénieur des ponts et chaussées sur la nécessité d'augmenter le logement de l'hôtel-Dieu de Limoges, et de rendre cette habitation plus salubre,* 18 février 1793.

75. A.D. Gironde, 10L101, district de Libourne, lettre au département de la Gironde des administrateurs de Libourne, s.d.
76. A. Tuetey, *op. cit.*, III, pp. 146-149.
77. C. Jones, *Social Aspects of the Treatment of Madness in the Paris Region,* 1789-1800, pp. 1-5.
78. A.D. Rhône, 1L1162, minute du 15 septembre 1790 sur l'établissement de l'hôpital aux Fontaines.
79. C. Jones, *Social Aspects,* pp. 35 et suiv.
80. A.D. Rhône, 1L1163, 1164, administration de dépôts pour les aveugles et les sourds-muets.
81. Arch. mun. Bordeaux, Q17, *Ecole des sourds et muets, 1790-an VIII,* décret du 12 mai 1793.

CHAPITRE 4

1. A.D. Rhône, C162, mémoires du 28 novembre 1782 et du 19 juillet 1785.
2. C. Bloch et A. Tuetey (éditeurs), *Procès-verbaux et rapports du Comité de Mendicité de la Constituante,* pp. 564-565.
3. Pour une étude détaillée de l'inflation et de l'insécurité économique de cette période, voir R.C. Cobb, *The Police and the People* ; et A. Mathiez, *La Vie chère et le Mouvement social sous la Terreur.*
4. A. de Watteville, *Législation charitable,* I, p. 40.
5. *Ibid.,* p. 41.
6. A.D. Rhône, 1L1145, hôtel-Dieu de Lyon, comptabilité, 1792-an II.
7. A.N., F^{15}264, lettre du département du Gers au ministère de l'Intérieur, 25 nivôse IV.
8. A.N., F^{15}440, pétition du Canton de Montbrison (Loire), 9 frimaire V.
9. A.N., F^{15}308, lettre du département du Cantal, 28 frimaire VI.
10. A.N., F^{15}294, lettre du département des Hautes-Pyrénées, 7 pluviôse V.
11. Loi du 16 vendémiaire V, article 6, dans A. de Watteville, *op. cit.,* p. 41.
12. A.N., F^{15}280, lettre du président du département du Cantal au ministre de l'Intérieur, 26 prairial V.
13. A.N., F^{15}267, lettre des administrateurs de l'hôpital de Douai, 11 brumaire IV.
14. A.N., AD.XIV^{8}, rapport de J.-A. Delacoste, 5 frimaire VI.
15. A.N., AD.XIV^{8}, discussion du Conseil des Anciens sur une pétition des hôpitaux d'Amiens (Somme), an VI.
16. A.N., F^{15}433, lettre des hospices civils de Béziers, 9 plu viôse VIII.
17. A.N., F^{15}444, rapport sur le fonctionnement de la loi du 23 messidor II.
18. A.N., F^{15}308, lettre du département du Calvados au ministre de l'Intérieur sur l'hôpital d'Honfleur, 27 fructidor VI.

19. A.N., F^{15}373, lettre du ministre de l'Intérieur aux députés du département du Gers, 27 brumaire VIII.

20. A.N., F^{15}266, lettre du département de la Moselle au ministre de l'Intérieur, 28 brumaire V.

21. A.N., F^{15}103, lettre de Pius sur l'administration hospitalière, fructidor VI.

22. A.N., F^{15}104, rapport intitulé « Situation des hôpitaux au 1er nivôse an VIII ».

23. A.N., F^{15}268, lettre du maire et des officiers municipaux de Gray (Haute-Saône), 29 vendémiaire IV.

24. A.N., F^{15}252, lettre de la commune de Perreux (Loire) au ministre de l'Intérieur, 20 ventôse IV.

25. C. Jones, *Poverty, Vagrancy and Society,* p. 315.

26. A.N., F^{15}291, lettre du chef de la 6e Division des bureaux du ministre de l'Intérieur à la commune de Dunkerque, 4 pluviôse V.

27. A.N., F^{15}312, lettre de la Commission administrative de Bordeaux au ministre de l'Intérieur, 13 floréal VI.

28. A.D. Gironde, 11L27, « Etat général des dettes passives des hospices du canton de Bordeaux » (Bordeaux, an VIII).

29. A.N., F^{15}267, mémoire sur l'état de l'hôpital de Douai, 1er germinal IV.

30. A.N., F^{15}249, lettre du conseil municipal de Moissac (Lot) au ministre de l'Intérieur, 19 germinal VI.

31. A.N., F^{15}283, lettre du département du Gers sur le financement de l'hôpital civil d'Auch pour les ans II, III et IV (18 messidor V).

32. A.N. F^{15}382, rapport d'Auxerre (Yonne), 1er fructidor VII.

33. A.D. Rhône, 1L1176, « Bureau de Bienfaisance - gestion et comptabilité, an II-an VIII » : reçus de la Caisse des indigents de Lyon.

34. A.D. Rhône, 1L1178, reçus du Grand Théâtre de Lyon, an V-an VII.

35. A.D. Rhône, 1L1177, loi du 7 frimaire V.

36. A.N., F^{15}377, rapport sur la « situation des hospices de Lyon », 8 nivôse VIII.

37. A.N., F^{15}104, « Droit pour les spectacles », comptes mensuels.

38. C. Jones, *op. cit.*, p. 318.

39. A. de Watteville, *op. cit.*, pp. 67-68.

40. A.N., F^{15}382, rapport de la Commission administrative des hospices de Caen, 2 messidor IX.

41. A.N., F^{15}384, rapport de l'hospice civil de Quimper (Finistère), 6 germinal IX.

42. A. de Watteville, *op. cit.*, p. 107 ; C. Jones, *op. cit.*, pp. 360-366.

43. A.N., F^{15}440, lettre des officiers de santé de l'hospice de Valenciennes, 16 prairial VI.

44. A.N., F^{15}274, lettre de l'hospice général de Rouen au ministre de l'Intérieur, 18 ventôse IV.

45. A.N., F^{15}312, lettre de Martineau à la commission administrative de l'hôpital Saint-André de Bordeaux, 25 ventôse VI.

46. A.N., F^{15}259, factures adressées aux hôpitaux civils de la Seine, an III.

47. A.N., F^{15}260, lettre de l'hôpital de Niort (Deux-Sèvres), 12 fructidor III.

48. A.N., F^{15}303, lettre du département de Seine-et-Oise au ministre de l'Intérieur, 1er thermidor V.

49. A.N., F^{15}312, pétition des hôpitaux de Bordeaux, 7 vendémiaire VI.

50. A.N., F^{15}266, lettre du conseil municipal de Dieuze (Meurthe), 21 thermidor II.

51. A.D. Rhône, 1L257, hospice général des malades de Lyon, minute du 9 vendémiaire III.

52. Arch. H.-D. de Lyon, E.^{HD}.18, minute du 31 mars 1790.

53. A.N., F^{15}250, lettre de l'hôpital général de Bourges (Cher) au ministre de l'Intérieur, 5 pluviôse IV.

54. A.N., F^{15}283, lettre de l'hôpital de Cadillac (Gironde) au conseil municipal, 6 messidor V.

55. Arch. mun. Toulouse, 3Q2, lettre de la Commission administrative des hospices civils de la commune de Toulouse au conseil municipal, 16 pluviôse VI.

56. A.D. Haute-Vienne, L373, « Etat des prêtres et religieuses qui sont domiciliés à l'Hospice civil de la commune de Limoges au 12 vendémiaire VIII » (MS).

57. A.N., AD. XIV^{7}, rapport de Trotyanne sur les hôpitaux français, 13 thermidor V.

58. A.N., F^{15}308, lettres du commissaire aux hôpitaux de Saint-Flour, 5 brumaire V et 30 floréal V.

59. A.N., F^{15}310, pétition de Barbeck, pensionnaire à l'hospice civil de Dijon, 5 frimaire VI.

60. A.N., F^{15}310, « Tableau de l'état où se trouvent les hospices du département de la Dordogne », description de l'hospice de Montignac, 13 brumaire VI.

61. C. Jones, *op. cit.*, p. 320.

62. A.N., F^{15}312, rapport de Tarare (Rhône), 4 fructidor VI.

63. A.N., F^{15}316, lettre du département du Lot-et-Garonne, 28 brumaire VI.

64. A.N., F^{15}249, correspondance entre le district de Trévoux (Ain) et la Commission des secours publics, vendémiaire III.

65. A.N., F^{15}382, lettre du commissaire du gouvernement de Blangy (Seine-Inférieure) au ministre de l'Intérieur, 23 nivôse VIII.

66. A.N., F^{15}260, liste du personnel des hospices d'Epinal et de Mirecourt (Vosges) en l'an III.

67. A.N., AD. XIV^{8}, décret impérial sur les sœurs grises d'Aix, 23 avril 1807.

68. Pendant la Révolution, la priorité est donnée à l'approvisionnement et aux soins des armées, parfois au détriment des autres objectifs du gouvernement ; voir ci-dessous, chapitre 8.

69. A.D. Rhône, 1L901, hôpitaux militaires, instructions et circulaires, décret du 3 février 1793.

70. A.N. Bouches-du-Rhône, L785, hôpitaux militaires, décret du 6 messidor II.

71. A.D. Rhône, 1L221, rapport sur les conditions dans l'hôpital militaire de Mâcon, 1er pluviôse II.

72. A.D. Bouches-du-Rhône, L785, réquisitions pour les hôpitaux d'Aix-en-Provence, an II.

73. A.D. Bouches-du-Rhône, L785, réquisitions pour l'hôpital d'Aix-en-Provence, 25 juin 1793 et 2 nivôse III.

74. A.D. Haute-Vienne, L375, hôpital militaire de Limoges, rapport envoyé aux autorités militaires, 9 vendémiaire V.

75. A.D. Rhône, 1L221, rapport d'Hion sur la nécessité d'un hôpital militaire à Lyon, 6 frimaire II.

76. A.D. Rhône, 1L221, rapport de Bernard sur l'épidémie qui sévit à Dijon, 6 ventôse II.

77. Arch. hôtel-Dieu de Lyon, E.HD.1618, minute du 15 décembre 1793 (23 frimaire II) notant le décret transférant toute responsabilité aux hôpitaux civils.

78. A.D. Bouches-du-Rhône, L451, décret du Comité de Salut public, 5 fructidor III.

79. A.D. Bouches-du-Rhône, L451, lettre du commissaire-ordonnateur au ministère de la Guerre à Paris au département, 12 avril 1793.

80. Arch. hôtel-Dieu de Lyon, E.HD.1613, mémoire sur les dépenses relatives aux soins des soldats à l'hôpital, an VIII.

81. Arch. hôtel-Dieu de Lyon, E.HD.1613, lettre au ministère de l'Intérieur, ventôse V.

82. A.D. Haute-Vienne, L373, registre de l'hôpital général de Limoges, 5 messidor III.

83. A.D. Bouches-du-Rhône, L858, hôpital Saint-Jacques, note des recteurs, an II.

84. Arch. hôtel-Dieu de Lyon, E.HD.1613, *Etat des militaires malades*, rapport de l'an VIII.

85. A.N., F^{15}129, lettre de l'administration de l'hôtel-Dieu de Troyes, 5 octobre 1792.

86. A.N., F^{15}308, minute du département du Cantal, 6 prairial V.

87. A.N., F^{15}276, minute du département de la Haute-Vienne, 11 thermidor III.

88. A.N., F^{15}261, rapports des hôpitaux de Bourg-en-Bresse (Ain), 22 nivôse IV et 20 pluviôse IV.

89. A.N., F^{15}268, lettre de l'hospice de Gray (Haute-Saône), 29 vendémiaire IV.

90. A.N., F^{15}255, lettre de la commune de Neufbrisach au district de Colmar (Haut-Rhin), s.d.

91. A.N., F^{15}373, lettre de l'hospice civil de Morlaix (Finistère) au ministre de l'Intérieur, 21 pluviôse VIII.

92. A.N., F^{15}2818, lettre de la Commission de la police administrative de Paris sur les troubles de la Maison nationale des Invalides, 15 ventôse III.

93. Arch. mun. Bordeaux, H40, rapport du commandant de la 11e Division, janvier 1793.

94. A.D. Rhône, 1L903, rapport du Comité militaire à Lyon, 2 juin 1793.
95. Arch. hôtel-Dieu de Lyon, E.HD.1613, mémoire du 13 août 1791.
96. C. Jones, *op. cit.*, p. 325.

CHAPITRE 5

1. A.N., A.D. XIV[11], « Pétition des pauvres de Paris » (du faubourg Saint-Antoine), prairial VI.
2. A.N., AD. XIV[7], Conseil des Cinq-Cents, lettre du 26 nivôse VI.
3. A.N., AD. XIV[9], rapports de Dutramblay de Rubelle (s.d.) et de Bô (Aveyron), an II.
4. A.N., AD. XIV[6], loi du 25 mai 1791 et rapport sur les travaux des commissions de bienfaisance.
5. A.N., AD. XIV[7], rapport intitulé « Opinion de Lebrun », 15 vendémiaire V.
6. A.N., A.D. XIV[10], pétition de la section de la Fontaine-de-Grenelle, 30 décembre 1791.
7. Arch. mun. Aurillac, sans cote, document intitulé « Tableau des patriotes indigens, dressé conformément à la loi du 13 ventôse II ».
8. Arch. mun. Aurillac, *ibid.*, statistiques extraites des listes établies par la municipalité en l'an II.
9. Rapport de Lecloy (Somme) daté du 12 vendémiaire IV, cité dans A. Tuetey, *L'Assistance publique à Paris pendant la Révolution*, III, p. 127.
10. Arch. mun. Bordeaux, L66, 67, 68, statistiques sur les secours aux indigents, 1793-an II.
11. A.D. Rhône, 31L23, Section de la Concorde, listes de ceux qui ont reçu l'indemnité de 1792.
12. A.D. Rhône, 31L23, Section de la Concorde, recensement de 1793.
13. A.D. Rhône, 31L96, Section de la rue Juiverie, registre de ceux qui ont reçu l'indemnité de pain de l'an II.
14. A.D. Rhône, 31L160, Section de la rue Thomassin, registre de ceux qui ont reçu l'indemnité de pain de l'an II.
15. A.D. Jura, L861, rapports communaux sur les fonds de secours du district de Lons-le-Saunier, 1791.
16. A.D. Cantal, L161, « Population : état de population des districts par cantons et communes », rapport de 1790 au Comité de Mendicité de Paris.
17. A.D. Seine-Inférieure, L2622, « Mémoire concernant les pauvres des paroisses de la ville de Rouen », 1790.
18. A.D. Gironde, 9L64, district de Lesparre, mémoire sur les fonds de charité, 1790.
19. A.D. Bouches-du-Rhône, L494, rapports sur les fonds de secours des communes d'Allauch (1790), Auriol (1790), et Tarascon (1792).

20. Arch. mun. Marseille, Q^{3}I, revenus fournis par les corporations de Marseille pour les Incurables.
21. Arch. mun. Saint-Etienne, 3Q249, « Etat des revenus des établissements de secours à domicile dans l'arrondissement de Saint-Etienne », 9 brumaire IX.
22. Arch. mun. Le Havre, Q1, rapport sur les revenus du Bureau de bienfaisance, 25 ventôse II-30 frimaire IV.
23. A.D. Gironde, 12L18, *Amis de la Liberté*, lettre du 1er juin 1793.
24. Arch. mun. Le Havre, Q1, dons inscrits en nivôse III.
25. A.D. Seine, VD^{o}948, Section du Mail, lettre au maire de Paris, 13 août 1793.
26. C. Bloch et A. Tuetey (éditeurs), *Procès-verbaux et rapports du Comité de Mendicité de la Constituante*, troisième rapport, p. 395.
27. A. de Watteville, *Législation charitable*, I, pp. 17-18.
28. *Ibid.*, pp. 20-24.
29. *Ibid.*, p. 20, note.
30. A.N., AD.XIV^{9}, Barère, *Premier Rapport fait au nom du Comité de Salut public sur les moyens d'extirper la mendicité dans les campagnes et sur les secours que doit accorder la République aux citoyens indigens*, 22 floréal II.
31. A.N., AD.XIV^{9}, *Décret sur l'extinction de la mendicité dans les campagnes*, 22 floréal II. Des mères avec deux enfants âgés de moins de dix ans qui acceptent d'en prendre un troisième ont droit à l'assistance, au même titre que les veuves mères d'un enfant de moins de dix ans qui acceptent d'en garder un autre. Le salaire de ces femmes est fixé à quarante livres et augmenté de vingt livres si leurs enfants sont encore vivants à la fin de l'année. (Les détails de la législation sont contenus dans un document MS, A.N., F^{15}1862.)
32. A. de Watteville, *op. cit.*, pp. 29-31.
33. C. Jones, *Poverty, Vagrancy and Society*, p. 303.
34. A. de Watteville, *op. cit.*, p. 42.
35. *Ibid.*, p. 42.
36. A.D. Rhône, 3L179, pétition de Guillaume Laurent de Bully (canton de l'Arbresle) au district de Lyon-Campagne, 13 janvier 1793.
37. A.N., F^{15}247, pétition de Louis Perray au maire de Paris, 16 août 1791.
38. A.D. Gironde, 12L28, pétition de Santoux au Club national de Bordeaux, an II.
39. A.N., F^{15}247, pétition de Charles Bertonnet au maire de Paris, 29 juillet 1791.
40. A.D. Seine-Inférieure, L2620, pétition de Rupallay, 24 fructidor II.
41. Arch. mun. Le Havre, Q10, Secours aux indigents, « Liste des malheureux et patriotes de la section de la République », 29 ventôse II.
42. Pour de plus amples détails sur les pensions militaires, voir chap. 8.

43. A.N., AD.XIV^{11}, rapport et décret concernant la compensation à payer à ceux qui ont perdu leur propriété pendant la guerre, établi par Tardiveau (Ille-et-Vilaine), 31 juillet 1792.

44. A.N., AD.XIV^{11}, rapport de Maignet (Puy-de-Dôme) sur l'évaluation des pertes de guerre dans les départements frontières, s.d.

45. A.D. Rhône, 1L988, lettre du ministre de l'Intérieur au département de Rhône-et-Loire, allouant une subvention de deux millions de livres au département, 14 ventôse II.

46. A.N., AD.XIV^{11}, rapport de Zangiacomi sur la compensation aux victimes de dommages de guerre, 3 germinal V.

47. A.N., AD.XIV^{11}, rapport de Dubois (Vosges) sur les réductions d'impôts pour les départements ravagés par la guerre de Vendée, 26 germinal VI.

48. A.D. Rhône, 1L989, déclaration de perte par Jean Guinard.

49. A.D. Rhône, 1L991, lettre de Jeanne Giraud, 26 frimaire II.

50. A.D. Rhône, 1L989, déclaration de perte de Charles Beluze.

51. A.D. Rhône, 1L989, déclaration de perte de la veuve Lanoy.

52. Voir plus haut, chapitre 2.

53. A.D. Seine-Inférieure, L321, décret du 30 mai 1790.

54. A.N., F^{15}101, lettre du département du Loiret au Comité des secours publics, 23 mars 1792.

55. A.N., AD.XIV^{9}, décret du 11 brumaire sur la condamnation des mendiants aux travaux forcés dans les colonies pénitentiaires.

56. Sixième rapport du Comité de Mendicité, « Sur la répression de la mendicité », juin 1790, dans C. Bloch et A. Tuetey, *op. cit.*, p. 523.

57. A.D. Gironde, 4L134, Clochard, *Observations utiles au sujet des secours que la mendicité rend nécessaire* (brochure imprimée, 18 janvier 1793).

58. A.N., F^{15}1861, rapport sur l'assistance à Paris, mai 1790.

59. A.N., F^{16}937, Clochard, *Projet pour détruire l'indigence* (Bordeaux, 30 messidor X).

60. A.D. Rhône, 1L1226, Dépôt de mendicité de Lyon, bordereau des salaires du 16 floréal V.

61. A.N., F^{15}2790, Dépôt de mendicité de Bordeaux, bilan, 1786-1794.

62. A.D. Rhône, 1L1229, *Gestion du Dépôt de Lyon,* rapport au département du Rhône, 28 septembre 1791.

63. A.D. Isère, L61, minute du département de l'Isère, 3 nivôse II.

64. A.D. Rhône, 1L1229, *Gestion du Dépôt de Lyon,* minute du 20 germinal IV.

65. A.D. Rhône, 1L1229, lettres au ministre de l'Intérieur, 17 nivôse VI et 3 ventôse VI.

66. A.N., F^{15}435, lettre de l'administration du dépôt de Lyon, 11 fructidor V.

67. A.N., F^{15}435, réclamation au ministère de l'Intérieur du Dépôt de Lyon, 8 nivôse VI.

68. A.D. Gironde, 4L134, dossier concernant les individus emprisonnés pour mendicité en février, mars et avril 1790.

69. A.D. Charente-Inférieure, C219, dossiers du dépôt de mendicité de La Rochelle pour 1789.

70. A.D. Seine-Inférieure, L321, Dépôt de mendicité de Rouen, minute de 1791.

71. A.D. Rhône, 1L1229, liste des pensionnaires du dépôt de mendicité de Lyon, germinal IV.

72. A.N., F^{15}1861, plan destiné à soulager le sort des servantes âgées, 24 décembre 1790.

73. A.N., F^{16}968, Section de la Fraternité, tableau de mendicité, dossier Denis Mauguin.

74. A.N., F^{16}968, Section de la Fraternité, tableau de mendicité, dossier Nicholas d'Huiq.

75. A.N., F^{16}968, Section du Bonnet Rouge, tableau de mendicité. Les statistiques sont tirées d'une liste de cinquante-trois mendiants des deux sexes.

76. A.D. Gironde, 4L134, liste des prisonniers pour mendicité, *op. cit.*

77. A.D. Charente-Inférieure, C219, dossiers du dépôt de mendicité de La Rochelle pour 1789.

78. A.N., F^{16}968, Section des Quinze-Vingts, déclaration du 3 germinal II.

79. A.D. Rhône, 2L96, District de Lyon-Ville, police générale, lettre du district datée du 23 février 1791.

80. Arch. mun. Bordeaux, Q4, lettre de Clochard à la municipalité du Sud, 12 messidor IV.

81. A.D. Cher, L565, lettre des représentants en mission dans le département du Cher, 5 floréal III.

82. A.D. Seine-Inférieure, L1369, registre des mendiants dans le dépôt de Rouen, novembre 1791.

83. A.D. Seine-Inférieure, L1365, lettre du dépôt de mendicité de Rouen, quatrième registre d'admissions.

84. A.D. Seine-Inférieure, L1365, lettre du dépôt de mendicité de Rouen au conseil municipal, 5 octobre 1790.

85. A.D. Gironde, 4L134, Dépôt de mendicité de Bordeaux, liste des pensionnaires pour pluviôse III.

86. Arch. mun. Toulouse, 3Q1, « Mémoire abrégé, et situation annuelle, de l'hôtel-Dieu de Toulouse », 1790, p. 4.

87. A.D. Seine-Inférieure, L1369, registre des mendiantes du dépôt de Rouen, novembre 1791.

88. A.N., F^{15}2811, registre du dépôt d'Auch (Gers) pour 1791.

89. A.D. Seine-Inférieure, L1369, *op. cit.*

90. A.D. Seine-Inférieure, L1365, rapport du chirurgien au dépôt de Rouen, 27 octobre 1790.

91. A.D. Seine-Inférieure, L1366, rapport sur l'état du dépôt en février 1793.

92. Arch. mun. Le Havre, Q15, lettre au conseil municipal du Havre, 27 nivôse V.

93. Lettre de Julien Leroy, économe à Bicêtre, le 11 nivôse III, citée par A. Tuetey, *op. cit.*, III, p. 393.

94. Rapport de Paganel et Merlino à la Convention sur les

prisons et maisons de santé, 28 vendémiaire III, cité *ibid.*, III, p. 89.

95. A.N., F[15]104, décret sur les dépôts de mendicité, 23 nivôse IX.

CHAPITRE 6

1. « Plan de travail du Comité pour l'extinction de la mendicité » décrété par l'Assemblée nationale le 21 janvier 1790, dans C. Bloch et A. Tuetey (éditeurs), *Procès-verbaux et rapports du Comité de Mendicité de la Constituante, 1790-1791,* 2e partie, p. 312.

2. Voir, par exemple, le *Premier Rapport du Comité de Mendicité,* 12 juin 1790, *ibid.*, p. 330.

3. A.D. Seine-Inférieure, C2121, *Mémoire sur la mendicité* (MS. 1787).

4. A.D. Seine-Inférieure, C2111, procès-verbal des séances de l'assemblée provinciale de la généralité de Lyon, minute du 19 novembre 1787.

5. A.D. Seine-Inférieure, C2121, Ludel, commissaire des poudres, *Projet sur la mendicité,* 1787.

6. J. Kaplow, *Elbeuf during the Revolutionary Period : History and Social Structure,* pp. 24-29.

7. A.D. Seine-Inférieure, C2111, *Rapport sur l'état du commerce* (1787).

8. *Ibid.*, folio 8.

9. M. Bouchet, *L'Assistance publique en France pendant la Révolution,* p. 72.

10. F. Dreyfus, *Notes sur les ateliers charitables de filature de 1789 à 1795,* p. 125.

11. A.D. Seine-Inférieure, C2121, lettre à la Commission intermédiaire de Rouen, 18 juin 1788.

12. A.D. Seine-Inférieure, C2173, réponse de l'assemblée municipale de Rouen à la minute de l'assemblée provinciale du 19 novembre 1787, sans date.

13. A.D. Rhône, 1L1170, loi du 19 décembre 1790 sur la construction d'ateliers de charité.

14. A.D. Rhône, 1L1170, *Lettres patentes du roi sur l'Assemblée nationale,* 31 août 1790.

15. A.N., F[16]936, décret de l'Assemblée nationale du 31 août 1790.

16. A.D. Rhône, 1L520, 522, documents sur les fortunes de l'industrie de la soie pendant la Révolution.

17. Arch. mun. Le Havre, F[2]7, statistiques sur le commerce du Havre pendant la période révolutionnaire. Déjà en 1790, les charpentiers des chantiers navals sont débauchés en raison de la récession du commerce de l'Atlantique, et en mars, ils se soulèvent pour protester (Arch. mun. Le Havre, F[2]8, lettre de la direction générale des Ports au conseil municipal du Havre, 13 mars 1790).

18. A.N., AD.XIV[6], Bosc (de l'Aube), *Rapport sur les moyens d'assurer du travail aux ouvriers pendant cet hiver et de raviver l'industrie* (16 brumaire VIII).

19. A.N., AD.XIV^{10}, Secours publics, distribution de fonds de secours, 22 janvier 1792.
20. A.D. Cher, L497, Ateliers de charité, compte des dépenses pour 1791.
21. A.N., AD.XIV^{6}, Ateliers de charité, lettres patentes de Louis XVI, datées du 18 juin 1790.
22. A.D. Loire, 842L, factures soumises en l'an II par les ouvriers employés aux travaux de conversion de ces trois églises en ateliers.
23. A.D. Loire, 842L, lettre d'un marchand de Saint-Etienne, Testenoire, au conseil municipal, 7 floréal III.
24. Voir chapitre 4.
25. A.N., AD.XIV^{6}, plan de Lafarge présenté à l'Assemblée nationale en octobre 1790.
26. A.N., AD.XIV^{6}, *Observations sur la Tontine Lafarge,* 1807.
27. A.N., AD.XIV^{6}, plan pour une caisse de secours pour les servantes travaillant à Paris, garantie par le conseil municipal, janvier 1790.
28. A.N., AD.XIV^{6}, le projet de Marsillac, médecin de l'hôpital, constitue un bon exemple.
29. A.N., AD.XIV^{6}, plan pour un atelier à l'usage des aveugles, présenté par Merlino (Aina), 25 prairial III.
30. A.N., F^{16}937, F. Nibelle, *Mémoire sur les moyens de bannir la mendicité à Mamers et dans les autres villes où il y a fabrique de toiles* (1791).
31. C. Bloch et A. Tuetey, *op. cit.*, p. 8.
32. A.D. Jura, L861, Département du Jura, minute du 10 janvier 1791.
33. A.N., F^{16}966, ateliers de charité proposés dans le district de Sedan (Ardennes), 1791.
34. A.D. Jura, L861, ateliers de charité proposés dans le district de Lons-le-Saunier (Jura), 1791.
35. A.N., AD.XIV^{6}, Liancourt (Oise), *Rapport fait au nom des Comités des Finances, d'Agriculture et Commerce, des Domaines, et de Mendicité,* 16 juin 1791, p. 7.
36. A.D. Bouches-du-Rhône, L863, lettre de la commune de Lambesc, 8 septembre 1790.
37. A.D. Loire, 842L, rapport de l'an II ; A.N., F^{16}966, rapport sur les ateliers de charité du district de Tarascon (Ariège).
38. C. Bloch et A. Tuetey, *op. cit.*, p. 178.
39. J.-P. de Smith, *Des ateliers de secours établis à Paris et aux environs* (1791).
40. F. Dreyfus, *Note sur les ateliers charitables de filature de 1789 à 1795,* p. 126.
41. *Ibid.*, p. 127.
42. *Ibid.*, p. 128.
43. A.N., F^{15}3567, Filature des Récollets, rapport pour l'an II.
44. A.N., F^{15}3578, rapport au conseil municipal de Paris sur les ateliers de filature, 23 octobre 1792.
45. F. Dreyfus, *op. cit.*, p. 128.

46. A.N., F^{15}3578, bordereau de factures présentées depuis 1790, en date du 14 janvier 1793.
47. F. Dreyfus, *op. cit.*, p. 127.
48. A.D. Bouches-du-Rhône, L863, Atelier de charité de Saint-Michel (Aix-en-Provence), documents sur la gestion, 20 octobre 1790-23 août 1793.
49. A.D. Rhône, 1L1170, Atelier de la paroisse Saint-Irénée de Lyon, rapport pour 1790.
50. A.D. Seine, VD1662, Section du Temple, lettre du département de Police, 4 janvier 1791.
51. A.N., F^{15}3567, rapport du chef d'atelier aux Récollets, 1791.
52. A.N., AD.XIV^{6}, Liancourt (Oise), *Rapport fait au nom des Comités des Finances, d'Agriculture et Commerce, des Domaines, et de Mendicité*, 16 juin 1791, p. 6.
53. A.D. Seine, 4AZ.269ter, *Pétition des travailleurs des travaux publics de la Section du Roule*, an II.
54. A.D. Cantal, L322, District d'Aurillac, rapport sur les travaux relatifs à l'établissement d'ateliers, 1792.
55. A.N., F^{15}3575, Filature des Jacobins, rapport au Bureau municipal, 18 juin 1793.
56. B.N., N.A.F.2654, Section du Mont-Blanc, registre des travaux publics, f. 93.
57. A.D. Seine, VD1661, Section du Temple, extrait des délibérations du 4 mai 1791.
58. B.N., N.A.F.2654, Section du Temple, registre des discussions, f. 142.
59. A.N., F^{15}3575, Section du Panthéon, pétition de la citoyenne Leclerc.
60. A.N., AD.XIV^{6}, Liancourt (Oise), *op. cit.*, p. 7.
61. F. Dreyfus, *op. cit.*, p. 129.
62. L. Accarias, *L'Assistance publique sous la Révolution dans le département du Puy-de-Dôme*, p. 71.
63. A.D. Bouches-du-Rhône, L863, District d'Aix, lettre des travailleurs de l'atelier de cordonnerie d'Aix-en-Provence, 18 floréal III

CHAPITRE 7

1. Vingternier, « Réponse à l'impertinente question : mais qu'est-ce qu'un sans-culotte ? », dans W. Markov et A. Soboul (éditeurs), *Die Sansculotten von Paris*, p. 2.
2. R.C. Cobb, « The revolutionary mentality in France », dans *A Second Identity*, p. 129.
3. O. Hufton, « Women in Revolution, 1789-1796 », *Past and Present* (1971), pp. 90 et suiv.
4. M. Gontard, *L'Enseignement primaire en France de la Révolution à la loi Guizot*, 2e partie.
5. A.N., F^{15}101, mémoire sur les Enfants Trouvés, daté de 1791.
6. A.N., AD.XIV^{7}, Montlinot, *Observations sur les Enfants-Trouvés de la généralité de Soissons* (Paris, 1790).

7. A.D. Haute-Vienne, L377, lettre du maire de Cussac, 5 floréal II.
8. O. Hufton, *The Poor of Eighteenth Century France, 1750-1780*, p. 319.
9. *Ibid.*, pp. 320-321.
10. M. Garden, *Lyon et les Lyonnais au XVIIIe siècle*, pp. 102-106.
11. R.C. Cobb, « A view on the street », dans *A Sens of Place*, pp. 79-135.
12. Arch. mun. Strasbourg, Div. III, liasse 73, déclarations de grossesse et applications pour l'admission aux Enfants-Trouvés, 1792-1793.
13. Arch. mun. Strasbourg, Div. III, liasse 73, rapport sur Jean Bastian, enfant trouvé, né le 12 mai 1792.
14. A.N., AD.XIV^{7}, Montlinot, *op. cit.*, p. 14.
15. C. Bloch et A. Tuetey (éditeurs), *Procès-verbaux et rapports du Comité de Mendicité de la Constituante, 1790-1791*, p. 30.
16. J. Tenon, *Mémoires sur les hôpitaux de Paris*, pp. 91-92.
17. C. Bloch, *L'Assistance et l'Etat en France à la veille de la Révolution*, p. 119.
18. A.N., F^{15}254, minute de l'hôpital Sainte-Elisabeth de Thionville (Marne), frimaire III.
19. A.N., F^{15}316, lettre du ministre de l'Intérieur au département du Lot-et-Garonne, 12 ventôse V. Un grand nombre de départements expriment la même idée en l'an V.
20. Loi du 28 juin 1793, rappelée en frimaire V. Le texte se trouve dans A. de Watteville, *Législation charitable*, I, p. 20.
21. Arch. mun. Marseille, Q^{3}17, Hospice des Orphelins de la Patrie, lettre du ministre de l'Intérieur, 21 thermidor IV.
22. A.N., F^{15}440, édit de la municipalité de Cambrai, 16 nivôse VIII.
23. M. Garden, *op. cit.*, p. 127.
24. A.D. Bouches-du-Rhône, C1733, *Mémoire sur les bâtards*, sans date.
25. B. Bellande, *L'Ancien Hôpital général d'Issoire*, pp. 182-183.
26. S.T. McCloy, *Government Assistance in Eighteenth Century France*, p. 239.
27. Cité dans B. Bellande, *op. cit.*, p. 186, note.
28. Le fait est nettement illustré par les statistiques de mortalité infantile à l'hôpital Gras de Sisteron :

Année	Admissions	Nombre de décès au-dessous de six ans
1767	16	12
1768	16	12
1769	19	13
1770	21	18
1771	14	11
1772	27	21
1773	17	15
1774	21	16
1775	11	10
1776	25	17
	187	145

Pourcentage de décès au-dessous de l'âge de six ans = 77,5 %

Source : A.D. Bouches-du-Rhône, C1733, tableau des bâtards de Sisteron, 1782.

29. A.N., AD.XIV^{17}, Montlinot, *op. cit.*, p. 12.
30. A.D. Cher, C36, *Discours prononcé en présence des souscripteurs du Bureau de Charité,* 27 juillet 1787.
31. J. Coiffier, *L'Assistance publique dans la généralité de Riom au XVIIIe siècle,* p. 135.
32. A.N., AD.XIV^{7}, Montlinot, *op. cit.*, pp. 6-10.
33. A.D. Rhône, 1L1139, loi du 10 décembre 1790.
34. F. Dreyfus, *L'Assistance sous la Législative et la Convention,* notamment pp. 64-65.
35. A.D. Bas-Rhin, 1L1592, décret du 12 brumaire II « relatif aux droits des enfants nés hors du mariage ».
36. A.N., F^{15}1862, correspondance avec la Trésorerie nationale.
37. L. Accarias, *L'Assistance publique sous la Révolution dans le département du Puy-de-Dôme,* p. 138.
38. A.D. Gironde, 11L27, Etat général des hospices de Bordeaux, prairial V.
39. A.D. Bouches-du-Rhône, L858, lettre du 14 octobre 1790.
40. A.D. Bouches-du-Rhône, lettre du 28 novembre 1790.
41. A.D. Bas-Rhin, 1L1593, lettre du 11 janvier 1793 du conseil municipal de Strasbourg.
42. Arch. mun. Marseille, Q^{3}2, lettre du 21 ventôse III des administrateurs de l'hospice de la Charité de Marseille.
43. Pour l'information qui suit sur l'allaitement à la fin du XVIIIe siècle, je suis redevable au docteur George D. Sussman d'Albany (New York), qui a travaillé à fond sur cet aspect de la charité sous l'Ancien Régime. Je lui suis particulièrement reconnaissant de m'avoir prêté deux documents inédits sur l'« Allaitement dans la France du XVIIIe siècle », et « Trois histoires sur les soins donnés aux nouveau-nés dans la France du XVIIIe siècle ». Ces articles étudient certains aspects du système en détail.

44. G.D. Sussman, « Wet-nursing in the eighteenth century », pp. 62-63.
45. *Ibid.*, pp. 45-49.
46. *Ibid.*, pp. 49-50.
47. *Ibid.*, p. 9.
48. A.D. Haute-Vienne, L377, Hôpital de Limoges, minute du 14 avril 1792.
49. A.N., F[15]1861, rapport sur la santé à la Pitié, 16 juin 1790.
50. Arch. mun. Toulouse, 3Q1, *Mémoire abrégé et situation actuelle de l'hôtel-Dieu de Toulouse*, 1790, pp. 6-8.
51. A.N., F[15]1861, Comité de mendicité, minute sur l'hôpital de la Trinité, 1790.
52. A.D. Bas-Rhin, 1L1593, Enfants-Trouvés de Strasbourg, rapport pour 1789-1790.
53. Arch. mun. Strasbourg, Div. III, liasse 73, « Etat des enfants pauvres qui le 13 juin 1793 ont été entretenus aux frais de la commune de Strasbourg ».
54. A.N., AD.XIV[8], La Rochefoucauld-Liancourt, *Rapport fait au nom du Comité de mendicité des visites faites dans divers hôpitaux, hospices et maisons de charité de Paris* (1790), p. 15.
55. A.N., F[15]276, Hôpital des enfants d'Epinal (Vosges), plan de comptabilité pour l'an III.
56. A.N., F[15]384, rapport du préfet de la Gironde sur les hôpitaux de Bordeaux, 25 vendémiaire IX.
57. A.N., F[15]259, Département de la Seine-et-Marne à la Commission des secours publics, 3 pluviôse III.
58. Les rapports hospitaliers rédigés sous le Directoire font couramment état de la situation des bébés qui sont « tous nuds », faute de fonds prévus pour les layettes. Destinés à attendrir les fonctionnaires du gouvernement, ils sont souvent exagérés, cependant, il n'est pas douteux qu'il y a pénurie de langes et autres vêtements pour enfants en bas âge. Voir, par exemple, A.N., F[15]336, rapport du Cantal en date du 23 frimaire VII.
59. A.D. Bas-Rhin, 1L1595, décret de Fricot, député en mission dans les départements du Rhin et du Mont-Terrible, 15 vendémiaire IV.
60. A.N., F[15]255, Hospice de Gray (Haute-Saône), rapport de l'économe pour l'an III ; A.N., F[15]268, lettre en date du 29 vendémiaire IV.
61. A.N., F[15]429, Hôpital civil de Castellane, lettre au département des Basses-Alpes, 18 ventôse V.
62. A.D. Bas-Rhin, 1L1595, Hospice des enfants naturels de Stephansfeld, minute du 21 fructidor II.
63. Arch. mun. Marseille, Q[3]17, Hospice des orphelins de la Patrie, minute du 4 ventôse IV.
64. A.N., F[15]440, rapport de l'hôpital de Valenciennes, 15 prairial VI.
65. A.D. Bouches-du-Rhône, L858, Hôpital Saint-Jacques, minute du 23 septembre 1791.
66. A.D. Bas-Rhin, 1L1593, Hospice des Enfants-Trouvés à Strasbourg, comptabilité, 1791-1793.

67. A.N., F^{15}1862, pétition de la commune de Bergerac (Dordogne), 12 floréal IV.
68. A.D. Haute-Garonne, L4068, Hospice de la Grave de Toulouse, rapports du 22 messidor V et vendémiaire V.
69. A.N., F^{15}440, pétition d'Angoulême (Charente), 27 fructidor VII.
70. A.N., F^{15}440, Commission des hospices civils de Reims, rapports du 6 nivôse VIII.
71. A.N., F^{15}430, lettre de l'hospice de Maurs (Cantal), 21 pluviôse VIII.
72. A.N., F^{15}440, pétition de La Fère (Aisne), 24 nivôse IV.
73. A.N., F^{15}1862, pétition du district de Brioude (Haute-Loire), 12 messidor III.
74. A.N., F^{15}1862, pétition de Mur de Barrès (Aveyron), 6 nivôse IV.
75. A.N., F^{15}440, pétition de Langres (Haute-Marne), 6 pluviôse IV.
76. L. Lallemand, *La Révolution et les Pauvres*, pp. 232-233.
77. *Ibid.*, p. 234.
78. A.N., F^{15}440, pétition de Langres (Haute-Marne), 6 pluviôse IV.
79. A.N., F^{15}430, rapport sur les enfants trouvés de l'hospice civil de Sedan, 25 frimaire VIII.
80. A.N., F^{15}440, pétition d'Angoulême (Charente), 27 fructidor VII.
81. A.N., F^{15}434, rapport de Metz sur les nourrices, 2 thermidor VII.
82. A.N., F^{15}377, rapport de Bagnères (Hautes-Pyrénées), 20 nivôse VIII.
83. A.N., F^{15}1862, lettre de Verneuil (Eure), 6 floréal IV.
84. A.N., F^{15}434, rapport de Metz, *op. cit.*, 2 thermidor VII.
85. A.N., F^{15}310, lettre du département de la Dordogne au ministre de l'Intérieur, 5 frimaire VI.
86. A.N., F^{15}440, lettre du canton de Port-la-Vallée (Maine-et-Loire) au ministre de l'Intérieur, 12 nivôse VIII.
87. Loi du 16 vendémiaire V, texte dans A. de Watteville, *op. cit.*, p. 41.
88. A.N., F^{15}377, lettre du ministre de l'Intérieur au département du Pas-de-Calais, 9 ventôse VIII.
89. A. de Watteville, *op. cit.*, pp. 44-45.
90. A.N., F^{15}429, pétition de la Commission des hospices civils à La Fère (Aisne), 24 nivôse VIII.
91. A.N., F^{15}382, lettre des Enfants-Trouvés de Blangy (Seine-Inférieure), 22 nivôse VIII.
92. A.N., F^{15}383, lettre du département de l'Aisne au ministre de l'Intérieur, 9 thermidor IX.
93. A.N., F^{15}384, lettre de l'hospice civil d'Auch (Gers) au ministre de l'Intérieur, sans date (réponse datée du 24 frimaire IX).
94. A.N., F^{15}430, rapport des Enfants-Trouvés de Marseille, 17 nivôse VIII.

CHAPITRE 8

1. Cette image est commune à une grande partie de l'historiographie révolutionnaire. Pour une version plus raffinée, voir A. Soboul, *L'Armée nationale sous la Révolution, 1789-1794.*

2. Parmi les études les plus intéressantes concernant l'impact de la Révolution et de ses théories égalitaires sur l'armée française, citons notamment A. Soboul, *Les Soldats de l'An II* ; J.-P. Bertaud, *La Révolution armée : les soldats-citoyens de la Révolution française ;* J.-P. Bertaud (éditeur), *Valmy, la démocratie en armes* ; S.F. Scott, *The Response of the Royal Army to the French Revolution.*

3. J.-P. Bertaud, *op. cit., annexes,* pp. 289 et suiv.

4. L. de Cardénal, *Recrutement de l'Armée en Périgord pendant la période révolutionnaire, 1789-1790,* pp. 134-136.

5. G. Lewis, *Life in Revolutionary France,* p. 154.

6. A.D. Bouches-du-Rhône, L2010, lettre du 5 juin 1793 à la section 21 de Marseille.

7. A.D. Rhône, 1L769, lettre de Louis Deroire, 13 thermidor II.

8. S.F. Scott, « The line army in the French Revolution ».

9. A.D. Seine, VD*1633, Section de la rue Beaubourg (de la Réunion) liste de recrutement pour 1793.

10. G. Sangnier, *La Désertion dans le Pas-de-Calais de 1792 à 1802,* p. 47.

11. J.G. Gallaher, « Recrutement dans le District de Poitiers, 1793 », pp. 252-255.

12. M. Giraud, *Levées d'hommes et acheteurs de biens nationaux dans la Sarthe en 1793,* p. 53.

13. A.D. Cantal, L248, rapport sur le recrutement à Marcolès, 13 mars 1791.

14. A.D. Cantal, L248, rapport de Larsquebrou, 13 mars 1793.

15. A.D. Bouches-du-Rhône, L736, texte de la loi du 7 février 1792.

16. A.D. Rhône, 1L760, exemptions de la réquisition.

17. R. Legrand, *Le Recrutement des armées et les désertions, 1791-1815,* p. 15.

18. B. Schnapper, *Le Remplacement militaire en France,* p. 16.

19. Cité dans J.-P. Bertaud, « Voies nouvelles pour l'histoire de la Révolution », p. 80, note.

20. A.D. Rhône, 1L216, lettre du 29 germinal II de la commune de Millery (Rhône).

21. Schnapper, *op. cit.,* p. 18.

22. J.-P. Bertaud (éditeur), *Valmy, la démocratie en armes,* p. 197.

23. A.D. Bouches-du-Rhône, L1171, liste de réquisition pour Ceyreste, avril 1793.

24. A.D. Rhône, 1L740, listes de volontaires, levée de 1792, district de Lyon-Campagnes. La liste contient 243 noms avec indication de profession et, dans 241 cas, l'âge des volontaires est également indiqué. Ce tableau donne le nombre d'hommes recrutés suivant la tranche d'âge :

Age	Nombre de recrues	Age	Nombre de recrues
17	1	27	6
18	61	28	8
19	23	29	1
20	21	30	6
21	22	31	2
22	25	32	2
23	14	33	1
24	10	34	1
25	18	35	9
26	14	36 et plus	6

25. A.D. Bouches-du-Rhône, L1171, listes de recrutement pour mars et avril 1793 pour la ville de Marseille.

26. A.D. Cantal, L252, recrutement des 300 000, correspondance de la commune de Saint-Martin-sous-Vigouroux.

27. A.D. Cantal, L251, délibération du district de Saint-Flour, 7 mars 1793.

28. A.D. Cantal, L250, pétition au district de Murat de la commune de Saint-Bonnet.

29. A.D. Cantal, L252, correspondance entre la commune de Saint-Martin-sous-Vigouroux et le district de Saint-Flour, 1793.

30. A.D. Cantal, L253, pétition de Pierre Charbonnel et Pierre Bonhomme d'Arpajon au district d'Aurillac.

31. A.D. Cantal, L253, pétition de dix citoyens du canton de Junhac, 31 mars 1793.

32. A.D. Cantal, L253, pétition de la commune de La Besserette, 31 mars 1793.

33. A.D. Cantal, L202, correspondance entre la commune de Saint-Etienne-de-Maurs et le district d'Aurillac, 1792.

34. A.D. Cantal, L253, lettre de Ruat de Saint-Flour au district de Saint-Flour, 7 mai 1793.

35. G. Vallée, *La Conscription dans le département de la Charente, 1798-1807*, p. 15.

36. L. de Cardénal, *op. cit.*, p. 204.

37. *Ibid.*, p. 170.

38. I. Woloch, *The French Veteran from the Revolution to the Restoration.* Pour les remarques qui suivent sur la politique révolutionnaire concernant les pensions des vétérans et sur les réformes apportées à l'Hôtel des Invalides, j'ai abondamment puisé dans les recherches du professeur Woloch.

39. *Ibid.*, p. 82.

40. *Ibid.*, p. 89.

41. *Ibid.*, pp. 83-84.

42. A. Cochin et M. de Boüard, *Précis des principales opérations du gouvernement révolutionnaire*, pp. 156-159.

43. I. Woloch, *op. cit.*, pp. 18-28.

44. *Ibid.*, pp. 67-73.

45. *Ibid.*, p. 159.
46. *Ibid.*, p. 100.
47. *Ibid.*, p. 183.
48. *Ibid.*, p. 91.
49. A.D. Rhône, 1L768, *Etat des dépenses relatives à la levée des réquisitionnaires.* Le tableau suivant fournit des indications sur ces dépenses. Il indique les frais d'équipement d'un certain Pierre Germain, un soldat de Villefranche enrôlé dans l'armée du Rhin le 10 avril 1793 :

	livres	sols	deniers
Veste avec deux paires de pantalons	138	5	3
Articles d'équipement	35	15	8
Chaussures, casquettes, guêtres	45	12	6
Chemises (3) paires de bas (2)	42	0	0
Fusils et fontes	17	0	0
	278	13	5
Versement de 20 sous à la signature et de 5 sous par jour par la suite	12	0	0
TOTAL	290	13	5

50. A.D. Bouches-du-Rhône, L2010, souscription des Amis de la Constitution pour les armées de la République, mars 1792.
51. Arch. Préfecture de police de Paris, $A^{A}59$, rapport des commissaires de police de la section des Arcis, 14 juin 1793.
52. Ce cas et ceux qui suivent sont relevés dans les pétitions adressées au Comité des secours publics par les veuves des soldats tués au combat. Voir A.N., $F^{15}2818$, *Secours publics, affaires concernant les militaires.*
53. A.D. Seine VD*890, Section des Lombards, adresse des citoyens-soldats du bataillon des Lombards au camp sous Cassel, mai 1793.
54. A.D. Rhône, 1L738, lettre du procureur-syndic du district de Roanne, 22 février 1792.
55. A.D. Rhône, 1L738, lettre du district de Lyon-Campagnes, 5 mars 1792.
56. A.D. Bouches-du-Rhône, L862, District d'Aix, mendicité, 1790-an II. La question d'imposer des itinéraires fixes aux soldats est débattue dans les minutes du 7 janvier et du 20 juin 1792.
57. A.D. Rhône, 1L743, lettre d'un officier de la police militaire, 5e bataillon de Rhône-et-Loire, au district de Lyon-Campagnes, 28 floréal II.
58. A.D. Cantal, L255, lettre du vice-procureur-syndic de Saint-Flour au conseil municipal d'Aurillac, 16 août 1793.
59. A.N., $F^{9}174$, Département de la Creuse, « Tableau des conscrits de l'an VIII », 22 vendémiaire IX.

60. A.N., F^{9}308, Département de la Haute-Loire, rapport du 23 nivôse VIII.
61. A.N., F^{9}156, Département de l'Ardèche, lettre du préfet au ministre de l'Intérieur, 10 thermidor VIII.
62. A.N., F^{9}199, Département des Landes, rapport sur la levée de l'an VII.
63. A.N., F^{9}239, rapports concernant les problèmes de conscription dans le Bas-Rhin ; F^{9}232, rapport sur les taux de désertion en l'an VIII pour le département du Pas-de-Calais.
64. A.N., F^{9}301, Département des Basses-Alpes, lettre au ministre de l'Intérieur, 9 fructidor VII.
65. A.N., F^{9}306, Département de la Haute-Garonne, lettre au ministre de l'Intérieur, 23 ventôse V.
66. A.N., F^{9}306, Département du Gard, rapport du 26 germinal VII.
67. A.N., F^{9}316, Département du Tarn, lettre au ministre de l'Intérieur, 11 prairial VIII.
68. A.N., F^{9}302, imprimé du département du Calvados, 5 fructidor VII.
69. A.N., F^{9}181, lettre du commissaire du Directoire dans l'Eure, 2 frimaire VIII.
70. A.N., F^{9}248, lettre du département de la Seine-Inférieure, 28 thermidor VII.
71. A.N., F^{9}236, lettre du département des Basses-Pyrénées au ministre de l'Intérieur, 18 fructidor V.
72. A.N., F^{9}190, lettre du préfet de l'Hérault au ministre de l'Intérieur, 11 thermidor VIII.
73. A.N., F^{9}318, lettre de l'agent national de Soullans (Vendée), 20 thermidor IV.
74. A.N., F^{9}199, rapport du préfet des Landes au ministre de l'Intérieur, 9 thermidor VIII.
75. A.N., F^{9}209, rapport du préfet de la Lozère, 5 avril 1806.
76. A.N., F^{9}225, rapport du département de la Nièvre, 12 septembre 1792.
77. A.N., F^{9}208, rapport du préfet du Lot-et-Garonne au ministre de l'Intérieur, 1er fructidor XIII.
78. R. Legrand, *op. cit.*, pp. 40-41.
79. A.N., F^{9}319, rapport du maire de Coulours (Yonne), 6 fructidor IX.
80. A.N., F^{9}314, lettre du commissaire du Directoire de la Saône-et-Loire au ministre de l'Intérieur, 5e jour complémentaire VI.
81. A.N., F^{9}225, rapport du préfet de la Nièvre au ministre de l'Intérieur, 9 thermidor VIII.
82. A.N., F^{9}237, rapport des Hautes-Pyrénées au ministre de l'Intérieur, 19 brumaire VI.
83. A.N., F^{9}309, lettre du commissaire du Directoire dans le Lot-et-Garonne au ministre de la Guerre, 21 prairial VII.
84. A.N., BB^{18}42, rapport des gendarmes de Marjevols, 4 pluviôse XII.

85. A.N., F^{9}232, rapport du général de brigade d'Arras, 2 brumaire XII.
86. A.N., F^{9}306, rapport de Dufour, général de division, de Bordeaux, 28 pluviôse IX.
87. Les départements où des municipalités sont accusées sont : la Dordogne (F^{9}176), la Gironde (F^{9}189), la Creuse (F^{9}174), l'Eure (F^{9}181), et le Pas-de-Calais (F^{9}232).
88. A.N., F^{9}241, rapport du préfet au ministre de l'Intérieur sur le département du Rhône pour l'an XI.
89. A.N., F^{9}189, rapport au ministre de la Justice, 25 prairial VI.
90. A.N., BB^{18}26, lettre du préfet de Haute-Garonne, 22 décembre 1807.
91. A.N., BB^{18}42, ministère de la Justice, division criminelle, rapports sur les procès criminels intentés pour infractions aux lois de conscription en Lozère, an VII-1814.
92. A.N., F^{9}319, rapport de Courlon (Yonne), 10 ventôse VII.
93. A.N., F^{9}301, rapport au ministre de l'Intérieur en provenance de Vicdessos (Ariège), 10 ventôse IV.
94. Différents cas sont cités dans A.N., F^{9}301-319, surtout F^{9}306, 308, 309, 310.
95. M. Chaulanges, *Les Mauvais Numéros*, p. 188.
96. *Ibid.*, p. 150.

CONCLUSION

1. L. Lallemand, *La Révolution et les Pauvres.*
2. A. Soboul, *Problèmes paysans de la Révolution, 1789-1848*, pp. 15-17.
3. P. Bois, *Les Paysans de l'Ouest*, pp. 331-344 ; G. Lefebvre, *Les Paysans du Nord*, pp. 406-507 ; M. Marion, *La Vente des biens nationaux pendant la Révolution, passim.*
4. M. Glover, *Collection complète des jugements rendus par la commission révolutionnaire établie à Lyon par les représentants du peuple en 1793-1794.*
5. D. Greer, *The Incidence of the Terror during the French Revolution*, p. 97.
6. G. Lefebvre, *Les Paysans du Nord*, p. 407 ; la plupart des études locales sur la paysannerie pendant la Révolution signalent le même effet.
7. T. Zeldin, *France, 1848-1945 ; II, Intellect, Taste and Anxiety*, chapitre 2, pp. 29-85.
8. J. Vidalenc, *Le Peuple des campagnes*, pp. 46 et suiv.
9. E. Weber, *Peasants into Frenchmen : the Modernisation of Rural France, 1870-1914*, pp. 45-51.

Bibliographie

SOURCES PRIMAIRES

A. SOURCES MANUSCRITES

Les documents pour cette étude se trouvent principalement dans la série révolutionnaire des Archives nationales de Paris et dans les archives départementales et municipales de plusieurs provinces. Parmi les autres sources consultées, citons notamment les archives de la préfecture de Police de Paris, les archives de l'Assistance publique, les archives de la chambre de commerce de La Rochelle et les archives de l'hôtel-Dieu de Lyon qui, contrairement aux autres hôpitaux, possède son propre département des archives.

1. ARCHIVES DÉPARTEMENTALES (A.D.)

Bouches-du-Rhône

C1733	Administration des hôpitaux, 1763-1784
L451	Hôpitaux militaires (période révolutionnaire)
L494	Hôpitaux, Comité de Bienfaisance
L736	Recrutement des volontaires, 1792
L785	Hôpitaux militaires, an II - an III
L856	Hôpitaux et maisons de charité, 1790 - an IV
L858	Hôpitaux et maisons de charité, District d'Aix
L862	Mendicité, District d'Aix, 1790 - an IV
L863	Ateliers de charité, District d'Aix, 1790 - an IV
L868	Secours : tableaux de distributions individuelles
L1062	Police des personnes logées en chambres garnies

L1171	Recrutement, 1793 : tableaux de jeunes gens
L1240	Hôpitaux et hospices de Marseille, 1792 - an IV
L1241	Hospices du District de Marseille : comptabilité
L1242	Œuvres de charité supprimées, District de Marseille
L1244	Livre de Bienfaisance, District de Marseille
L2009	Sections de Marseille : Comité de Bienfaisance
L2010	Sections de Marseille : souscriptions et dons patriotiques

Cantal

L161	Etats de population des districts par cantons et communes, soumis au Comité de Mendicité, 1790
L202	Listes des volontaires de 1792
L248	Recrutement pour la levée des 300 000 hommes, District d'Aurillac
L250	Levée des 300 000, District de Murat
L251	Levée des 300 000, District de Saint-Flour
L252	Levée des 300 000, Commune de Saint-Martin-sous-Vigouroux
L253	Pétitions au sujet du recrutement des 300 000
L255	Levée des 300 000 : déserteurs
L322	Travaux publics, 1792-1793

Charente-Inférieure

C219, 220	Dépôt de mendicité de La Rochelle : personnel des détenus, 1789

Cher

C36	Dépôts de mendicité, 1766-1788
C37	Bureau de Charité de Châteauroux : mémoires
C1340	Mendicité, bureaux de charité, 1768-1788
C1341	Dépôts de mendicité de Bourges, 1784
C1476	Fonds de charité : bureaux et ateliers, 1781-1790
L497	Ateliers de charité : rapports des ingénieurs, emploi des fonds, 1790 - an IV
L565	Dépôt de Mendicité, correspondance

Haute-Garonne

L4065	Etablissements de bienfaisance, 1790-an VIII
L4066	Etablissements de bienfaisance et hôpitaux civils de Toulouse, 1791-an III
L4068	Hospice de la Grave à Toulouse, 1790-an IV

Gironde

4L7	Procès-verbaux des séances extraordinaires du Conseil général du District de Bordeaux, 1792-1793
4L133	District de Bordeaux, hôpitaux, ateliers de charité, mendicité
4L134	Dépôt de mendicité de Bordeaux
5L56	District de Bazas, hôpitaux, secours
6L53	District de Bourg, hôpitaux, secours
7L97	District de Cadillac, hôpitaux, secours
8L70	District de La Réole, hôpitaux, secours
8L71	District de La Réole, secours aux indigents
9L64	District de Lesparre, hôpitaux
10L101	District de Libourne, hôpitaux, secours
11L27-31	Bordeaux Intra-muros, hôpitaux, dépôts de mendicité, bureaux de bienfaisance, an IV-an VIII
12L3	Procès-verbaux et correspondance de la Section Simoneau
12L18	Société des Amis de la Liberté et de l'Egalité de Bordeaux, correspondance générale, 1793-an II
12L28	Club national de Bordeaux, secours moraux et matériels, 1790-an III

Isère

L61	Département de l'Isère, procès-verbaux de l'administration, 1793-an II

Jura

L861	Hôpitaux, hospices, assistance aux indigents, 1789-an V

Loire

840L	Ateliers de Charité, District de Saint-Etienne

842L	Ateliers révolutionnaires, Saint-Etienne, an II-an III
843L	Assistance : hôpitaux et mendicité, 1790-an VI
844L	Hospices, assistance, Districts de Montbrison, Roanne et Saint-Etienne
845bisL	Décret de Javogues sur l'hôpital de Montbrison, 23 pluviôse II
846L	Soumission pour l'acquisition des biens des établissements hospitaliers, an III

Bas-Rhin

1L1592	Enfants assistés et abandonnés : instructions et correspondance générale, 1790-an VII
1L1593	Hospice des Enfants-Trouvés de Strasbourg, administration et comptabilité, 1791-1793
1L1594	Hospice des Enfants-Trouvés de Strasbourg, administration et comptabilité, an II-an VII
1L1595	Enfants assistés : Hospice des Enfants Naturels de la Patrie à Stephansfeld

Rhône

C6	Administration de la police, 1739-1789
C162	Hôpitaux de Lyon, 1672-1786
C163	Hôtel-Dieu de Lyon, correspondance, 1775-1789
C164	Hospice de la Charité, correspondance, 1768-1789
C175	Dépôt de Mendicité (La Quarantaine), 1773-1785
1L216	Levée des jeunes gens de la première Réquisition
1L217	Guerre et affaires militaires, déserteurs
1L221	Hôpitaux militaires, 1793-an III
1L257	Hôpitaux, vendémiaire-prairial II
1L520	Industrie et travail, circulaires et correspondance générale, 1791-an VIII
1L522	Industries textiles
1L738	Volontaires, correspondance, 1791-1793
1L739	Feuilles d'engagement, listes des volontaires, District de Lyon-ville
1L740	Listes des volontaires, District de Lyon-Campagnes
1L743	Volontaires, déserteurs
1L768	Etat des dépenses relatives à la levée des réquisitionnaires
1L769	Exemption de la réquisition

1L901	Hôpitaux militaires, instructions et circulaires, 1793-an V
1L903	Hôpitaux militaires, traitement des malades, 1791-an VIII
1L988	Siège de Lyon : pertes et suites du siège
1L989	Siège de Lyon : indemnités, déclarations des pertes, correspondance diverse, an II-an VII
1L990	Siège de Lyon : rôle de valuation des pertes
1L991	Indemnités arrêtées par la municipalité rebelle
1L1137	Hôpital de la Charité, rapport, 1790
1L1139	Enfants abandonnés, correspondance, 1790-1793
1L1142	Hôtel-Dieu de Lyon, mémoires et rapports
1L44	Hôtel-Dieu : gestion, demandes de secours, régie et vente des terrains aux Brotteaux
1L1145	Hôtel-Dieu de Lyon, comptabilité, 1790-an II
1L1146	Commission des hospices de Lyon, an V-an VII
1L1150	Hospice général des malades de Lyon : gestion, demandes de secours
1L1162	Assistance aux aliénés : l'Hospice de Fontaines, 1790-an VIII
1L1163	Aveugles, an IV-an VII
1L1167	Hospice des Pauvres Passants à la Guillotière, 1791
1L1170	Ateliers de charité, 1790-an IV
1L1174	Bureau de Bienfaisance : distribution de pain aux indigents an IV-an VIII
1L1176	Caisse des Indigents, gestion
1L1177	Salle des spectacles, perception d'un décime par franc sur les billets
1L1178	Grand Théâtre de Lyon, revenus des pauvres
1L1226	Dépôt de mendicité de Lyon, personnel, an II-an VIII
1L1228	Dépôt de Mendicité, régime intérieur, an VI-an VII
1L1229	Dépôt de Mendicité, gestion, correspondance, 1790-an VII
1L1230	Dépôt de Mendicité, comptabilité, 1790-an III
2L96	Police générale, vols et brigandages, 1791-an III
2L130	District de Lyon-ville, hôpitaux militaires, 1792-an III
2L154	District de Lyon-ville, assistance publique, 1791-an III
31L23	Section de la Concorde, pièces annexes
31L96	Section de la rue Juiverie, enregistrement des indemnités de pain, an II

31L160	Section de la rue Thomassin, enregistrement des indemnités, an II
3L143	District de Lyon-Campagnes, affaires militaires, 1792-an III
3L179	District de Lyon-Campagnes, assistance publique, secours et récompenses, 1791-an III ,

Seine

VD°948	Section du Mail, registre de correspondance
VD°969	Section du Mail, journal du Comité Civil
VD°890	Section des Lombards, registre de correspondance
VD°982	Section des Piques, registre des enrôlements des conscrits, 1793
VD°1633	Section de la rue Beaubourg, registre
VD°1661	Section du Temple, registre
VD°1662	Section du Temple, correspondance
VD°1715	Section des Tuileries, registre des enrôlements pour la levée des 300 000 hommes, 1793
4AZ269^{ter}	Dons et acquisitions : sections de Paris

Seine-Inférieure

C2111	Procès-verbal des séances de l'assemblée provinciale de la généralité de Rouen, 1787
C2121	Mémoires sur l'administration et la mendicité, 1786-1789
C2173	Correspondance sur le commerce, le secours, les indemnités, le bien public
C2284	Assistance publique, extinction de la mendicité, Intendance de Rouen, 1723-1786
L321	Police générale : mendicité, secours, passeports, 1790-1793
L1365	Dépôt de mendicité, affaires générales, 1790-an IV
L1366-1368	Dépôt de mendicité, correspondance, 1790-an IV
L1369	Dépôt de mendicité, registres, 1790-1791
L1371	Dépôt de mendicité, registres, an II
L1376	Dépôt de mendicité, quatrième registre d'entrées et de sorties
L2620	District de Rouen, secours publics
L2622	Secours publics, mémoire concernant les pauvres des paroisses de la ville de Rouen, 1790

Haute-Vienne

L316 Recrutement, déserteurs
L373 Assistance : Hôpital général de Limoges
L375 Hôpital militaire de Limoges
L377 Hôpital des Enfants-Trouvés
L382 Dépôt de Mendicité de Limoges

2. Archives hospitalières

Archives de l'Assistance publique à Paris

NS72 Documents sur les congrégations hospitalières

Archives de l'hôtel-Dieu de Lyon

E.HD.18 Registre des extraits des délibérations du Bureau de l'hôtel-Dieu, 1778-1791
E.HD.1613 Hospitalisation des militaires, états et correspondance, 1790-1802
E.HD.1618 Hôtel-Dieu, administration, période révolutionnaire
E.HD.1694, 1722, 1750, 1777, 1805, 1816, 1843, 1870, 1894 Recettes des droits d'entrées sur les vins, 1790
F.HD.227 Hôtel-Dieu, registre des entrées, 1793
G.HD.67 Hôtel-Dieu, Journal d'envoi des enfants de l'hôpital, 1787-1791

3. Archives municipales (arch. mun.)

Aurillac

sans cote Tableau des patriotes indigens, dressé conformément à la loi du 13 ventôse II

Bazas

BB2 Registre des délibérations de l'hôtel de ville de Bazas, 1765-1790

Bordeaux

H40	Hôpitaux militaires, congés, prisonniers
L66-68	Pièces comptables (Finances de la commune) : secours aux indigents, 1793, et répartition des sommes entre les sections
Q1	Hospices de bienfaisance et des Incurables, 1790-an III
Q4, 5	Hospices de Sainte-Croix, des Incurables et des Femmes enceintes, an IV-an VIII
Q6	Hôpitaux et hospices, 1790-an III
Q7	Hôpitaux et hospices, an IV-an VIII
Q8	Hôpital Saint-André, 1789-an IV
Q10	Hôpital des Enfants-Trouvés, 1789-an VII
Q14	Bureaux de charité des paroisses, 1791-an III
Q17	Ecole des Sourds et Muets, 1790-an VIII
Q18	Droit des pauvres, 1791-an VIII

Le Havre

$F^{2}7$	Commerce et industrie, renseignements statistiques, 1793-an VI
$F^{2}8$	Les ouvriers du Havre pendant la Révolution
$F^{2}9$	Commerce avec les colonies
Q1	Bureau de Bienfaisance, administration
Q3	Demandes et obtention de secours
Q4	Bureau de Bienfaisance, comptabilité
Q9	Secours aux indigents, 1793-an IV
Q10	Secours aux indigents, an II-an VI
Q12	Ateliers de charité, 1789-1791
Q15	Hôpital Général, administration, 1792-an VII
Q17	Hôpital Général, personnel congréganiste, 1792-an II
Q27	Hôpital Général, biens et revenus, 1790-an VII

Marseille

$Q^{3}1$	Hôpitaux de Marseille, 1790-1793
$Q^{3}2$	Hôpitaux de Marseille, an II-an IV
	Hôpitaux de Marseille, an IV-an VI
$Q^{3}14$	Hôtel-Dieu (Saint-Esprit), délibérations et correspondance, 1792-an V
$Q^{3}17$	Enfants abandonnés, 1792-1813

Saint-Etienne

3Q249	Assistance et prévoyance : hospices, budgets et comptes, an VIII-1895

Strasbourg

Division III archives hospitalières liasse 78	Enfants-Trouvés de Strasbourg : admissions, 1790-1796

Toulouse

3Q1	Hôtel-Dieu Saint-Jacques, 1790-an VIII
3Q2	Hôpitaux de Toulouse, an II-an VIII
3Q5	Hôpitaux de Toulouse, administration, an V : plaintes et dénonciations

4. Archives de la chambre de commerce de La Rochelle

Carton I, dossier 15, Charité et secours, 1786-1790

5. Archives de la préfecture de police de Paris

A^A59-62	Rapports des commissaires de police, section des Arcis, 1793-an IV

6. Archives nationales (A.N.)

Séries F^7 - Police générale

$F^7$3035	Mendicité et vagabondage

Séries F^9 - Affaires militaires

$F^9$150-261	Recrutement général : correspondance par départements, 1791-1837 (pour départements sélectionnés)
$F^9$286-287	Fraudes, an VI-1846
$F^9$297-319	Désertion, 1792-1813, série départementale (pour départements sélectionnés)

Séries F^{15} - hospices et secours

F^{15}101-4	Papiers provenant du Comité des secours, 1777-an IX
F^{15}129-30	Hôpitaux, secours, mendicité, 1790-an XIII, série départementale
F^{15}138	Projets sur la mendicité et la bienfaisance, 1775-1808
F^{15}247	Département de Paris, arrêtés du Comité des Secours Publics, correspondance avec le maire de Paris, an III-an IV
F^{15}249-60	Hospices : administration, biens, secours, 1791-an IV (série départementale)
F^{15}261-76	Hospices : administration, biens, secours, enfants trouvés, 1790-an VII (série départementale)
F^{15}277-304	Hospices : administration, biens, secours, enfants trouvés, an IV-an V (série départementale)
F^{15}305-33	Hospices : administration, biens, secours, enfants trouvés, an VI (série départementale)
F^{15}334-70	Hospices : administration, biens, secours, enfants trouvés, an VII (série départementale)
F^{15}371-82	Hospices : administration, biens, secours, enfants trouvés, an VIII (série départementale)
F^{15}383-93	Hospices : administration, biens, secours, enfants trouvés, an IX (série départementale)
F^{15}429-35	Dépôts de mendicité, enfants trouvés, monts de piété, 1781-an XIII (série départementale)
F^{15}436	Revenus des hôpitaux avant la Révolution (série départementale)
F^{15}440	Dépenses des nourrices, orphelins et enfants trouvés, an IV-an VIII
F^{15}441	Secours publics : filles-mères et secours individuels, an III-an VIII
F^{15}444	Monts de piété, assistance, rapports et pétitions, an II-1822
F^{15}1861	Hôpitaux de Paris, rapports et correspondance sur la mendicité, 1760-an IV
F^{15}1862	Bienfaisance et mendicité, correspondance et pétitions au ministère, 1791-an V
F^{15}1863	Bienfaisance et mendicité, correspondance, an V-1815
F^{15}2653	Comité des Secours publics, arrêtés, an III-an IV
F^{15}2790	Dépôts de mendicité, 1780-an VIII

F^{15}2811	Police des mœurs et de la mendicité, 1785-an III
F^{15}2818	Secours publics : affaires concernant les militaires blessés
F^{15}2820	Commission des Secours publics, pétitions et rapports, an III-an IV
F^{15}2868	Droit des pauvres, octroi de Paris, 1789-an VI
F^{15}2869	Secours aux familles des militaires et aux indigents, an III-an IV
F^{15}3336	Commission des Secours publics, correspondance et pétitions, an II-an IV
F^{15}3567	Filature des Récollets, rapports, états, correspondance, 1790-an II
F^{15}3575	Filature des Jacobins de Paris, rapports, correspondance, 1790-an II
F^{15}3576	Manufacture Sainte-Geneviève, rapports, correspondance
F^{15}3578	Ateliers de filature, correspondance, 1790-an II

Séries F^{16} - Prisons

F^{16}936	Mémoires sur la mendicité, 1789-1791
F^{16}937	Mémoires sur la mendicité, 1791-1810
F^{16}966-968	Tableaux de population et de mendicité, série départementale, 1790-an IV

Séries AJ^{2} - Fonds privés : Maison Nationale des Aliénés à Charenton

AJ^{2}59	Rapports, 1791
AJ^{2}60	Actes constitutifs
AJ^{2}87	Administration

Séries BB^{18} - Correspondance générale de la Division criminelle

BB^{18}1	Délits relatifs à la conscription-Ain
BB^{18}26	Délits relatifs à la conscription-Haute-Garonne
BB^{18}42	Délits relatifs à la conscription-Lozère
BB^{18}53	Délits relatifs à la conscription-Nord

Séries D^{XXVII} - Comité des secours

Il n'y a qu'un seul carton dans cette série de correspondance

7. Bibliothèque nationale (b.n.)

Série N.A.F. (*Nouvelles acquisitions françaises*)

N.A.F. 2654 Section du Mont Blanc, travaux publics

B. SOURCES IMPRIMEES

1. Archives nationales (a.n.)

Séries AD - Imprimés

AD.I^{88}	Imprimés sur le vagabondage et la mendicité
AD.VI^{63}	Imprimés sur les hôpitaux militaires
AD.XIV^{6}	Bienfaisance et assistance
AD.XIV^{7}	Hôpitaux civils, 1789-1815
AD.XIV^{8}	Hôpitaux civils, 1789-1815 ; série locale et départementale
AD.XIV^{9}	Mendicité et mendiants, nourrices, monts de piété, 1789-1815
AD.XIV^{10}	Secours publics en général, 1789-1815
AD.XIV^{11}	Secours et indemnités, 1789-1815
AD.XIV^{12}	Appendice : sociétés de charité

2. Autres sources imprimées

Le Moniteur.

Ballainvilliers, Bernard de, *Mémoire sur le Languedoc - hôpitaux* (Montpellier, 1788).

Bloch, C., et Tuetey, A. (éditeurs), *Procès-verbaux et rapports du Comité de Mendicité de la Constituante* (Paris, 1911).

Dupont de Nemours, P.S., *Idées sur les secours à donner aux pauvres malades dans une grande ville* (Paris, 1786).

Gorjy, J.-C., *Mémoire sur les dépôts de mendicité* (Paris, 1789).

Le Trosne, G., *Mémoire sur les vagabonds et sur les mendiants* (Paris, 1764).

Markov, W., et Soboul, A. (éditeurs), *Die sansculotten von Paris* (Berlin Est, 1957).

Montlinot, M., *Discours sur... quels sont les moyens de détruire la mendicité dans la ville de Soissons* (Lille, 1779).
— *Etat actuel du dépôt de Soissons* (Soissons, 1789).

— *Observations sur les enfants trouvés de la généralité de Soissons* (Paris, 1790).
NECKER, J., *De l'administration des finances de la France* (Paris, 1784).
SMITH, J.-P. de, *Des ateliers de secours établis à Paris et aux environs* (Paris, 1791).
TENON, J., *Mémoire sur les hôpitaux de Paris* (Paris, 1788).
— *Réflexions en faveur des pauvres citoyens malades* (Paris, 1791).
TUETEY, A. (éditeur), *L'Assistance publique à Paris pendant la Révolution,* 4 volumes, notamment III, *Les Hôpitaux et Hospices, 1791-an IV* (Paris, 1897).
WATTEVILLE, A. de, *Législation charitable de 1790 à 1863,* 3 volumes (Paris, 1863).
YOUNG, A., *Travels in France* (Cambridge, 1929).

SOURCES SECONDAIRES

Pour des raisons de place, j'ai délibérément limité cette bibliographie aux principaux ouvrages traitant du sujet et aux études locales sur le paupérisme au XVIIIe siècle. J'utilise l'abréviation A.H.R.F. pour *Annales historiques de la Révolution française.*

Pour une bibliographie plus exhaustive de la période prérévolutionnaire, voir les ouvrages secondaires cités dans *The Poor of Eighteenth Century France* d'OLWEN HUFTON.

ACCARIAS, L., *L'Assistance publique sous la Révolution dans le département du Puy-de-Dôme* (Savenay, 1933).
ADAMS, T.M., *An Approach to the Problem of Beggary in Eighteenth France - the dépôts de mendicité* (thèse PH. D. inédite, université de Michigan, Ann Arbor, 1972).
— « Mœurs et hygiène publique au XVIIIe siècle ; quelques aspects de dépôts de mendicité », *Annales de la Démographie historique* (1975).
ADHER, J., *Recueil de documents sur l'assistance publique dans le district de Toulouse de 1789 à 1800* (Toulouse, 1918).
BARRIÈRE, P., « Les Académies et la vie intellectuelle dans la société méridionale au XVIIIe siècle », *Annales du Midi,* 62 (1950).
BELLANDE, B., *L'Ancien Hôpital général d'Issoire* (Clermont-Ferrand, 1961).
BERTAUD, J.-P., *La Révolution armée : les soldats-citoyens et la Révolution française* (Paris, 1979).
— *Valmy - la démocratie en armes* (Paris, 1970).

— « Voies nouvelles pour l'histoire de la Révolution française - histoire militaire », *A.H.R.F.* 2L9 (1975).

BÉZARD, Y., *L'Assistance à Versailles sous l'Ancien Régime et pendant la Révolution* (Versailles, 1924).

BIEN, D., « The Army in the French Enlightenment », *Past and Present*, 85 (1979).

BLOCH, C., *L'Assistance et l'Etat en France à la veille de la Révolution* (Paris, 1908).

— *Inventaire sommaire des volumes de la collection Joly de Fleury concernant l'assistance et la mendicité* (Paris, 1908).

BOIS, P., *Les Paysans de l'Ouest* (Paris, 1962).

BOLOTTE, M., *Les Hôpitaux et l'Assistance dans la province de Bourgogne au dernier siècle de l'Ancien Régime* (Dijon, 1968).

BOUCHARD, G., *Le Village immobile : Sennely-en-Sologne au XVIIIe siècle* (Paris, 1972).

BOUCHET, M., *L'Assistance publique en France pendant la Révolution* (Paris, 1978).

BOUSSOULADE, J., *Moinales et hospitalières dans la tourmente révolutionnaire* (Paris, 1962).

BUCHALET, F., *L'Assistance publique à Toulouse au XVIIIe siècle* (Toulouse, 1904).

CAMERON, I., « The police of eighteenth-century France », *European Studies Review* (1977).

CARDÉNAL, L. de, *Recrutement de l'armée en Périgord pendant la période révolutionnaire, 1789-1800* (Périgueux, 1911).

CHAULANGES, M., *Les Mauvais Numéros* (Paris, 1971).

CASTAN, V., *Honnêteté et relations sociales en Languedoc, 1715-1780* (Paris, 1974).

CHOTARD, H., « L'assistance publique en Auvergne au dix-huitième siècle », *Revue d'Auvergne* (1896-1899).

COBB, R.C., *Death in Paris, 1795-1801* (Oxford, 1975).

— *Paris and its Provinces, 1792-1802* (Oxford, 1978).

— *The police and the people : French Popular Protest, 1789-1820* (Oxford, 1970).

— *Reactions to the French Revolution* (Oxford, 1972).

— *A Second Identity : Essays on France and French History* (Oxford, 1969).

— *A Sens of Place* (Londres, 1975).

— *Terreur et subsistances, 1793-1795* (Paris, 1965).

COCHIN, A. et BOÜARD, M., *Précis des principales opérations du gouvernement révolutionnaire* (Paris, 1936).

COIFFIER, J., *L'Assistance publique dans la généralité de Riom au XVIIIe siècle* (Clermont-Ferrand, 1905).

CORVISIER, A., *L'Armée française de la fin du XVII*ᵉ *siècle au ministère de Choiseul*, 2 vol. (Paris, 1964).
CRÉPILLON, P., « Un gibier des prévôts ; mendiants et vagabonds au dix-huitième siècle entre la Vire et la Dives », *Annales de Normandie*, 17 (1967).
CROS-MAYREVIEILLE, G., *L'Assistance publique et privée en Languedoc* (Montpellier, 1914).
DELASPRE, S., « L'émigration temporaire en Basse-Auvergne au dix-huitième siècle jusqu'à la veille de la Révolution », *Revue d'Auvergne*, 68 (1954).
DEPREZ, E., *Les Volontaires nationaux, 1791-1795* (Paris, 1905).
DESGRANGES, H., *Hospitaliers d'autrefois : l'Hôpital Général de Paris, 1656-1790* (Paris, 1952).
DREYFUS, F., *L'Assistance sous la Législative et la Convention, 1791-1795* (Paris, 1903).
— *La Rochefoucauld-Liancourt, un philanthrope d'autrefois* (Paris, 1903).
— « Note sur les ateliers charitables de filature, de 1789 à 1795 », *Revue philanthropique* (1904).
FAIRCHILDS, C.C., *Poverty and Charity in Aix-en-Provence, 1640-1789* (Baltimore, 1906).
FORREST, A., « The condition of the poor in revolutionary Bordeaux », *Past and Present*, 59 (1973).
— « La Révolution et les hôpitaux dans le département de la Gironde », *Annales du Midi*, 86 (1974).
— *Society and Politics in Revolutionary Bordeaux* (Oxford, 1975).
FORTIN, M., *La Charité et l'Assistance publique à Montbéliard sous l'Ancien Régime* (Besançon, 1933).
FOSSEYEUX, M., « Les comités de bienfaisance de Paris sous la Révolution », *Annales révolutionnaires*, 5 (1912).
FOUCAULT, M., *The Birth of the Clinic* (Londres, 1973).
— *Discipline and Punish : the Birth of the Prison* (Londres, 1977).
FURET, F., « Pour une définition des classes inférieures à l'époque moderne », *Annales* (1963).
GALLAHER, J.-G., « Recruitment in the District of Poitiers, 1973 », *French Historical Studies*, 3 (1963-1964).
GARDEN, M., *Lyon et les Lyonnais au dix-huitième siècle* (Paris, 1970).
GÉGOT, J.-C., « Etude par sondage de la criminalité dans le bailliage de Falaise », *Annales de Normandie*, 16 (1966).
GIRAUD, B., *Levées d'hommes et acheteurs de biens nationaux dans la Sarthe en 1793* (Le Mans, 1920).
GLOVER, M., *Collection complète des jugements rendus par*

la Commission Révolutionnaire établie à Lyon par les représentants du peuple en 1793-1794 (Lyon, 1869).

GONTARD, M., *L'Enseignement primaire en France de la Révolution à la Loi Guizot, 1789-1833* (Lyon, 1959).

GOUBERT, P. et DENIS, M. (éditeurs), *1789 : les Français ont la parole* (Paris, 1964).

GRANGE, H., *Les Idées de Necker* (Paris, 1974).

GREER, D., *The Incidence of the Terror during the French Revolution* (Cambridge, Mass., 1935).

GUTTON, J.-P., *L'Etat et la Mendicité dans la première moitié du dix-huitième siècle (Auvergne, Beaujolais, Forez, Lyonnais)* (Lyon, 1973).

— « Les mendiants dans la société parisienne au début du dix-huitième siècle », *Cahiers d'histoire,* 13 (1968).

— *La Société et les Pauvres : l'exemple de la généralité de Lyon, 1534-1789* (Paris, 1970).

HIGGS, D., « Le dépôt de mendicité de Toulouse, 1811-1818 », *Annales du Midi,* 86 (1974).

HIGONNET, P., *Pont-de-Montvert : Social Structure and Politics in a French Village, 1700-1914* (Cambridge, Mass., 1971).

HUFTON, O., *Bayeux in the Late Eighteenth Century : a Social Study* (Londres, 1967).

— « Begging, vagrancy, vagabondage and the law : an aspect of the problem of poverty in eighteenth-century France », *European Studies Review* (1972).

— « The life of the very poor in the eighteenth century », in COBBAN, A. (éditeur), *The Eighteenth Century* (Londres, 1969).

— « Women in Revolution, 1789-1796 », *Past and Present,* 53 (1971).

IMBERT, J., *Le Droit hospitalier de la Révolution et de l'Empire* (Paris, 1954).

— *Les Hôpitaux en France* (Paris, 1966).

JEORGER, M., « La structure hospitalière de la France sous l'Ancien Régime », *Annales* (1977).

JONES, C., « The Bon Pasteur and the repression of prostitution in Montpellier, 1691-1793 », *History Workshop* (1979).

— *Charity and Bienfaisance : the Treatment of the Poor in the Montpellier Region, 1740-1815* (Cambridge, 1982).

— *Poverty, Vagrancy and Society in the Montpellier Region, 1740-1815* (inédit, Oxford, thèse D. Phil., 1978).

— *Social Aspects of the Treatment of Madness in the Paris Region, 1789-1800* (inédit, Oxford, thèse BA, 1972).

— « The welfare of the French foot-soldier from Richelieu to Napoleon », *History,* 65 (1980).

KAPLOW, J., *Elbeuf during the Revolutionary Period* (Baltimore, 1964).
— *The Names of Kings ; The Parisian Labouring Poor in the Eighteenth Century* (New York, 1972).
— « Sur la population flottante de Paris à la fin de l'Ancien Régime », *A.H.R.F.* (1967).
LABROUSSE, E., *La Crise de l'économie française à la fin de l'Ancien Régime et au début de la Révolution* (Paris, 1944).
— *Esquisse du mouvement des prix et des revenus en France au dix-huitième siècle* (Paris, 1933).
LALLEMAND, L., *Histoire des Enfants abandonnés et délaissés* (Paris, 1885).
— *La Révolution et les Pauvres* (Paris, 1898).
LEBRUN, F., *Les Hommes et la Mort en Anjou aux dix-septième et dix-huitième siècles* (Paris, 1971).
LEFEBVRE, G., *La Grande Peur* (Paris, 1932).
— *Les Paysans du Nord pendant la Révolution française* (Lille, 1924).
LEGRAND, R., *Le Recrutement des armées et les désertions, 1791-1815* (Abbeville, 1957).
LE ROUX, C., *Le Vagabondage et la mendicité à Paris et dans le département de la Seine* (Paris, 1907).
LEWIS, G., *Life in Revolutionary France* (Londres, 1972).
LOUPÈS, P., « L'assistance paroissiale aux pauvres malades dans le diocèse de Bordeaux au dix-huitième siècle », *Annales du Midi*, 84 (1972).
— « Le clergé paroissial du diocèse de Bordeaux d'après la grande enquête de 1772 », *Annales du Midi*, 83 (1971).
— « L'hôpital Saint-André de Bordeaux au dix-huitième siècle », *Revue historique de Bordeaux et de la Gironde* (1972).
LUCAS, C., *The Structure of the Terror : the Example of Javogues and the Loire* (Oxford, 1793).
MACAULIFFE, L., *La Révolution et les Hôpitaux de Paris* (Paris, 1901).
MCCLOY, S.T., *Government Assistance in Eighteenth Century France* (Durham, Caroline du Nord, 1946).
— *The Humanitarian Movement in Eighteenth Century France* (Kentucky, 1957).
MCMANNERS, J., *French Ecclesiastical Society under the Ancien Regime : a Study of Angers in the Eighteenth Century* (Manchester, 1960).
— *The French Revolution and the Church* (Londres, 1969).
MARION, M., *La Vente des biens nationaux pendant la Révolution* (Paris, 1908).

MASSÉ, P., « Disette et mendicité en Poitou (XVIIIe-XIXe siècles), *L'Actualité de l'Histoire,* 27 (1959).
MATHIEZ, A., « Notes sur l'importance du prolétariat en France à la veille de la Révolution », *A.H.R.F.* (1930).
— *La Vie chère et le mouvement social sous la Terreur* (Paris, 1973).
MÈGE, F., « Notes et documents concernant l'histoire d'Auvergne : la Grande Peur », *Bulletin historique et scientifique de l'Auvergne* (1900).
MERLE, L., *L'Hôpital du Saint-Esprit de Niort, 1665-1790* (Fontenay-le-Comte, 1966).
MOURLOT, F., « La question de la mendicité à la fin de l'Ancien Régime », *Bulletin historique et philologique* (1902).
PARTURIER, L., *L'Assistance à Paris sous l'Ancien Régime et pendant la Révolution* (Paris, 1897).
PAULTRE, C., *De la répression de la mendicité et du vagabondage en France sous l'Ancien Régime* (Paris, 1906).
POITRINEAU, A., « Aspects de l'émigration temporaire et saisonnière en Auvergne à la fin du dix-huitième et au début du dix-neuvième siècle », *Revue d'histoire moderne et contemporaine,* 9 (1962).
— *La Vie rurale en Basse-Auvergne au dix-huitième siècle,* 2 vol. (Aurillac, 1965).
PRENTOUT, H., « Les tableaux de 1790 en réponse à l'enquête du Comité de Mendicité », *Révolution française* (1907).
QUIÉTIN, M., « L'hôpital d'Aurillac de 1649 à la Révolution », *Revue de la Haute-Auvergne,* 39 (1964-1965).
SAINT-JACOB, P. de., *Les Paysans de la Bourgogne du Nord au dernier siècle de l'Ancien Régime* (Dijon, 1960).
SANGNIER, G., *La Désertion dans le Pas-de-Calais de 1792 à 1802* (Blangermont, 1965).
SANTI, L. de, « Un épisode de l'histoire des maladies vénériennes au dix-huitième siècle », *Annales de dermatologie et de syphiligraphie* (1910).
SCHNAPPER, B., *Le Remplacement militaire en France : quelques aspects politiques, économiques et sociaux du recrutement au dix-neuvième siècle* (Paris, 1968).
SCOTT, S., « The regeneration of the line army during the French Revolution », *Journal of Modern History* (1970).
— *The Response of the Royal Army to the French Revolution* (Oxford, 1978).
— « Les soldats de l'armée de ligne en 1793 », *A.H.R.F.* (1972).
SÉE, H., « Les conceptions économiques et sociales du Comité de Mendicité de la Constituante », *A.H.R.F.* (1926).
— « Statistique des pauvres de Rennes vers la fin de

l'Ancien Régime, d'après les rôles de la capitation », *Annales de Bretagne,* 41 (1934).

SHEPPARD, T.F., *Lourmarin in the Eighteenth Century : a Study of a French Village* (Baltimore, 1971).

SOBOUL, A., *L'Armée nationale sous la Révolution (1789-1794)* (Paris, 1945).

— *Les Soldats de l'An II* (Paris, 1959).

— *Problèmes paysans de la Révolution française* (Paris, 1976).

SOL, E., « Les bureaux de charité en Quercy à la fin de l'Ancien Régime », *Annales du Midi,* 60 (1948).

SUSSMAN, G.D., *Three Histories of Infant Nursing in Eighteenth Century France* (texte d'un article inédit lu à la quatrième conférence du Berkshire sur l'Histoire des femmes au Collège de Mount Holyoke) (1978).

— *Wetnursing in the Eighteenth Century* (texte d'un article inédit prêté gracieusement par l'auteur).

TACKETT, T., *Priest and Parish in Eighteenth Century France* (Princeton, 1977).

VALLÉE, G., *La Conscription dans le département de la Charente, 1798-1807* (Paris, 1936).

VIDALENC, J., *Le Peuple des campagnes* (Paris, 1970).

VOVELLE, M., « De la mendicité au brigandage : les errants en Beauce sous la Révolution française », 86e *Congrès national des Sociétés Savantes* (1962).

— *Piété baroque et déchristianisation en Provence au dix-huitième siècle* (Paris, 1973).

— « Le prolétariat flottant à Marseille sous la Révolution », *Annales de la démographie historique* (1968).

— *Religion et Révolution : la déchristianisation de l'an II* (Paris, 1976).

WEBER, E., *Peasants into Frenchmen : the Modernization of Rural France* (Londres, 1977).

WOLOCH, I., *The French Veteran from the Revolution to the Restauration* (Chapel Hill, 1979).

ZELDIN, T., *France, 1848-1945,* 2 vol. (Oxford, 1973, 1977).

TABLE DES MATIERES

ACHEVÉ D'IMPRIMER
SUR LES PRESSES
DE L'IMPRIMERIE S.E.G.
33, RUE BÉRANGER
CHATILLON-SOUS-BAGNEUX

Numéro d'impression : 4140
Numéro d'éditeur : 738
Dépôt légal : septembre 1988

CHEZ PERRIN

La fin de l'Ancien Régime et la Révolution française

Jean-Paul Bertaud
Les amis du roi. Journaux et journalistes royalistes de 1789 à 1792

Benoist-Mechin
Bonaparte en Egypte

Pierre Bessand-Massenet
Récits des temps révolutionnaires

Frédéric Bluche
Danton

Gabriel de Broglie
Madame de Genlis

André Castelot
Marie-Antoinette
Louis XVII
Le rendez-vous de Varennes
Madame Royale
Vers l'exil
Talleyrand

Jean-François Chiappe
Cadoudal
La Vendée en armes :
* 1793
** Les géants
*** Les Chouans

A. de Contades
Hérault de Séchelles

Robert Darnton
L'aventure de l'Encyclopédie
La fin des Lumières

Michel de Decker
La princesse de Lamballe
La veuve Egalité

Ghislain de Diesbach
Madame de Staël
Histoire de l'Emigration
Necker

Pierre Escoube
Sénac de Meilhan

Max Gallo
L'homme Robespierre

Marina Grey
Hébert

Monique de Huertas
Madame Elisabeth

Steven L. Kaplan
Le pain, le peuple et le roi : La bataille du libéralisme sous Louis XV

Françoise Kermina
Madame Roland
Saint-Just
Fersen

Baron de la Tousche d'Avrigny
Messieurs de La Rochejaquelein

Louis Madelin
Les hommes de la Révolution
Fouché

André Montagnon
Les guerres de Vendée

Henry Paulin Panon Desbassayns
Voyage à Paris pendant la Révolution

Michel Poniatowski
Talleyrand aux Etats-Unis
Talleyrand et le Directoire
Talleyrand et le Consulat

Nicolas Ruault
Gazette d'un Parisien sous la Révolution

Jacqueline Sabattier
Figaro et son maître. Maîtres et domestiques au XVIIIe siècle.

Reynald Secher
La Chapelle-Basse-Mer, village vendéen. Révolution et contre-Révolution